친절한 트렌드 뒷담화 2022

마케팅 전문가들이 주목한
라이프스타일 인사이트

친절한 트렌드 뒷담화 2022

이노션 인사이트그룹
김나연 이상길 류현준 김태원 허은정 김은영 권정주 이현명
이지희 정승철 전준석 정다운 윤현중 김승지 이애린 이우빈 지음

싱긋

다양한 데이터 분석을 통해 라이프스타일의 변화 방향성을 탐색하다

2021년 상반기, 이노션은 직능 단위의 전통적인 광고회사의 조직구조를 탈피하여 사업부 체제로의 조직개편을 단행했다. 소비자들에게 보다 효과적으로 다가가고 마케팅의 효율성을 높이기 위해서는 조직 간의 유기적인 연계가 우선되어야 한다고 판단했기 때문이다. 마케팅 환경이 급변한 상황에서 조직체계의 변화는 불가피한 선택이었다.

클라이언트의 과제를 해결하기 위해 모든 부서가 함께 고민하고 긴밀한 협업을 통해 최적의 솔루션을 도출하는 사업부 체제와 함께, 인사이트그룹 또한 통합적 시각에서 신설된 조직이다. 소비자 조사 기반의 브랜드 커뮤니케이션 전략 컨설팅과 소셜 분석 기능을 하나의 그룹으로 묶어 전략 플래닝 서비스의 시너지를 낼 수 있도록 한 것이다.

이노션 인사이트그룹은 다양한 차원의 데이터를 기반으로 변화하는 마케팅 환경과 소비자 라이프스타일을 끊임없이 탐구하고, 이를 기초로 클라이언트에게 최적의 전략 서비스를 제공하는 것을 목표로 한다. 클라이언트의 전략 수립 파트너로서 데이터들을 다차원적으로 분석하고 거시적인 관점에서 시장변화의 흐름을 읽어나갈 예정이다.

올해 인사이트그룹 전체가 함께 많은 현업 프로젝트를 수행하며 고민하고 연구한 결과를 기초로 『친절한 트렌드 뒷담화 2022』를 준비하였다. 매년 하반기만 되면 다음해 트렌드를 예측하는 수많은 트렌드 책과 신조어가 쏟아지고 있지만, 트렌드에 대한 분석이 표면적이고 일시적인 유행을 나열하는 것에 그쳐서는 안 된다는 것이 우리의 출발점이며 다른 시각이다. 지난 몇 년간의 소셜 데이터 분석을 기초로 사회문화적 변화의 맥락을 탐색하고, 변화의 원인과 앞으로의 방향을 전망한 이번 트렌드 서적은 마케터나 브랜드 전문가들에게는 물론, 시대적인 변화의 흐름과 방향을 파악하고자 하는 독자들에게도 유의미한 인사이트를 줄 수 있을 것이라 기대한다.

이노션 월드와이드 국내비즈니스부문

부문장 김 태 용

위드 코로나 시대, 디지털 기반으로 변화되고 있는 시대상과 마케팅에 대한 속 깊은 이야기를 담다

2021년 말에는 끝날 것이라 기대했던 코로나 팬데믹이 끝도 없이 계속되면서, 이제는 포스트 코로나를 기다리는 것이 아닌 코로나와 함께 살아가는 위드 코로나 시대에 적응해야 한다고들 한다. 지난 2년간 각종 행사나 회의가 대부분 온라인으로 진행되어 소비자는 물론, 클라이언트와도 직접 만날 수 있는 기회가 점점 줄어들고 있다. 그뿐 아니라 회사 내부적으로도 재택근무가 일상화되다보니, 같이 일하는 동료들끼리 모두 모여 한 공간에서 이야기하거나 식사하기도 쉽지 않은 시대가 되었다. 강화된 사회적 거리두기는 집에서 보내는 저녁시간이 길어지게 만들었고, 그 결과 온라인에서 다양한 콘텐츠를 소비하거나 새로운 것들을 학습할 수 있는 기회가 이전보다 훨씬 더 많아졌다. 또한 남는 시간을 이용해 취미로 만든 작품을 온라인 플랫폼에서 판매하거나 프리랜서로 일하면서 추가 수입을 올리기도 한다. 이처럼 어느새 사람들은 코로나19 시대에 적응하며 삶의 방식을 바꾸어가고 있다.

이러한 변화 속에서 2021년 마케팅 가운데 가장 핫한 키워드를 꼽으라면 단연 '메타버스'일 것이다. 2021년 초 미국을 시작으로 우리나라에서도 폭발적인 인기를 끌었다가 잠잠해진 클럽하우스와 달리, 제페토나 로블록스는 점점 더 많은 관심을 받고 있다. 아바타를 꾸밀 수 있게 도와주는 패션 브랜드는 물론 자동차, 식음료, 유통, 심지어는 럭셔리 브랜드까지도 이러한 플랫폼에 앞다투어 뛰어드는 중이다. 코로나 팬데믹 초기, 불가피하게 오프라인 행사들을 온라인 공간으로 옮겨 라이브 스트리밍 형식으로 운영하던 수준을 넘어, 이제는 기업들도 빠르게 변화에 적응하며 가상의 공간에서 또하나의 새로운 생태계를 만들어가고 있는 것이다.

우리는 지난해 발간한 『친절한 트렌드 뒷담화 2021』에서 '부캐의 세계'가 오고 있음을 다루었다. 아바타 등 부캐를 이용하여 가상의 공간에서 또다른 라이프를 즐길 수 있게 해주는 메타버스 플랫폼의 성장은 이러한 트렌드를 더 심화시킬 것으로 예상한다. 취향저격의 다양한 패션 아이템을 구입하여 자신이 원하는 이상적인 자아를 아바타로 마음껏 표현하거나, 유명 연예인의 아바타를 만나고 그들의 공연을 같이 즐길 수 있게 해주는 등 진화된 가상의 세계는 이전에는 상상하지 못했던 새로운 문명을 창조해낼 것이다.

이 밖에도 이전 책에서 새로운 라이프스타일 트렌드로 지목했던, 자기관리가 중요해진다는 맥락에서의 '전지적 자기관리'나 과거 콘텐츠를 다시 즐기는 '소환 놀이', 그리고 본업 이외에 본인이 원할 경우 추가적인 직업을 찾는 긱 잡의 성장을 분석한 '긱 소사이어티', 뒷광고에 대한 제재로 인해 시작된 앞광고를 전망한 '포스트 뒷광고', 버추얼 인플루언서의 성장을 다룬 '브랜드 아바타' 등 많은 콘텐츠들이 지난 1년간 다양한 방식으로 발전해가는 모습을 볼 수 있었다. 예를 들어 비의 〈깡〉을 시작으로 과거의 콘텐츠를 소환하던 놀이는, 이제 소환에서 그치지 않고 자신의 예전 추억까지도 되새기며 즐기는 놀이로 한 단계 더 진화하였고, 자기관리 차원에서 멘탈케어는 점점 더 중요한 이슈가 되고 있다.

어느새 인사이트전략팀에서 트렌드 서적을 발간한 지 3년 차가 되었다. 이제는 연말에 책을 또 발행할 계획이 있는지를 묻고, 결과물을 기다려주는 독자층도 제법 생겼다. 우리 책이 필독서가 되었다는 기업 마케팅 담당자들의 이야기도 종종 듣는다. 이전 두 번의 출간 작업과 비교해보면, 올해는 준비하는 과정에서 모두가 조금 더 심리적으로 부담을 느꼈던 것 같다. 『친절한 트렌드 뒷담화』라는 이름의 두번째 책이라는 것도, 이전보다 더 깊은 통찰력으로 올해의 책을 기다려준 독자들의 기대에 부응해야 한다는 것도 우리에게는 큰 도전이자 자극이었다. 이전보다 더 나은 결과물을 만들기 위해 올해는 인사이트전략팀뿐 아니라 빅데이터를 분석하는 데이터커맨드팀도 함께 작업을 진행했다. 다양한 데이터를 분석하고 소비자 인사이트를 도출한다는 측면에서 직능상 공통점을 가지고 있는 이 두 팀이 '인사이트그룹'이라는 하나의 조직 아래 통합되었기 때문이다.

이번 『친절한 트렌드 뒷담화 2022』는 주목할 만한 트렌드의 원인을 현재 시점에서 파악하는 데 그치지 않고 빅데이터상에서 나타나는 변화의 흐름을 거시적으로 조망해보았다. 예를 들면 비건라이프와 사람들의 기부 문화는 과거에 대비해 어떻게 진화해가고 있는지, 그리고 우주에 대한 사람들의 인식은 어떻게 바뀌어가고 있는지 등 최근 몇 년간의 소셜 버즈량 분석을 통해 변화의 흐름을 살펴보고, 이러한 현상들이 앞으로는 어떠한 방향으로 흘러갈 것인지 예측해보았다. 위드 코로나 시대의 일상과 놀이문화, 각종 제도적 변화로 인해 달라질 세상의 모습, 사회문화적 환경 변화 속에서 도전받고 있는 마케팅 차원의 이슈들에 대해 치열하게 고민한 우리의 결과물이, 이번에도 같은 고민을 하고 있을 많은 동료들에게 유의미한 인사이트를 줄 수 있기를 기대한다.

이노션 월드와이드 인사이트그룹

그룹장 김 나 연

CONTENTS

Part 2 일상

Part 3 세상

Part 1 놀이

비즈니스 현장의 마케팅 전문가들이 주목한
라이프스타일 인사이트

추억 이즈 백:

끝나지 않는 소환 놀이

1

2021년 히트 콘텐츠로 상반기에는 영화 〈미나리〉, 중반기에는 'MSG워너비', 하반기에는 〈오징어 게임〉을 꼽는 것에 반대하는 사람은 거의 없을 것이다. 이 콘텐츠들은 2021년 코로나19로 지친 대한민국에 엄청난 활력소가 되어주었다. 특히 영화 〈미나리〉와 넷플릭스 드라마 〈오징어 게임〉은 2020년 아카데미 감독상을 수상한 봉준호 감독의 〈기생충〉 이후 다시 한번 대한민국 콘텐츠가 전 세계적으로 높은 관심과 사랑을 받을 수 있게 만들었다. 2021년 10월 현재 〈오징어 게임〉은 넷플릭스 순위가 집계되는 83개국 모두에서 1위라는 경이적인 기록을 세우기도 하였는데, 영화 콘텐츠뿐 아니라 '무궁화꽃이 피었습니다', '딱지치기' 등 한국의 전통적인 놀이와 문화에 대한 관심까지도 높이고 있다. 마치 작년에 〈기생충〉에 등장했던 채끝살 짜파구리가 전 세계적으로 큰 인기를 끌었던 것처럼 말이다.

『친절한 트렌드 뒷담화 2021』에서 우리는 과거 유명했던 스타나 콘텐츠를 지금 이 시대에 다시 불러내 그 시절의 추억을 공유하고 즐기는 것을 의미하는 문화를 '소환 놀이'라는 트렌드로 설명하였다. 이제 소환 놀이는 소비자들 사이의 놀이문화 이상으로 진화하고 있다. 기업이 의도적으로 과거의 아이템들을 들춰내어 비즈니스 아이템으로 활용하고 있기 때문이다. Z세대에게는 낯설고 재미있는 콘텐츠이면서, 밀레니얼 이상의 세대에게는 추억을 떠올리게 하는 콘텐츠들은 어쩌면 모든 것이 불확실한 시대에 흥행의 확실한 치트키가 되고 있는지도 모른다.

©Laura Fuhrman, Unsplash

과거, 현재가 되다

갑자기 다시 찾아온 추억

2021년, 드디어 싸이월드가 돌아왔다. 2000년대 초반, 미니홈피와 도토리, 미니미 등으로 우리의 일상을 지배하다가 어느 순간 기억 속에서 멀어져갔던 싸이월드의 서비스가 경영 악화로 인해 종료될지도 모른다는 소식이 몇 해 전부터 들렸다. 그러자 사람들은 과거의 추억과 사진을 되살릴 수 없다는 안타까움을 토로하며 미니홈피에 접속하여 사진을 다운로드할 수 있는 각종 방법을 찾아냈다. 미니홈피에 올렸던 사진이라면 자신의 하드디스크 어딘가에 분명히 남아 있을 파일임에도 마치 추억이 통째로 증발해버린 것처럼 속상해했다. 그러던 싸이월드가 싸이월드제트에 인수되며 서비스 리론칭을 준비하고 있다. 싸이월드제트에 따르면 2021년 8월, 아이디 찾기 등 일부 서비스를 재개한 지 11시간 만에 접속자 수가 400만 명을 넘어섰다고 한다. 아직 전체 서비스가 오픈되지 않았지만, 많은 사람들이 이전에 자신의 미니미를 꾸미고 미니홈피의 배경음악을 설정하고 주위 사람들과 소통하던 추억을 되새기며 메타버스 시대에 첨단기술을 기반으로 업그레이드될 싸이월드를 기대하고 있다.

이러한 소비자들의 기대에 부응하기 위해 싸이월드는 이전의 추억을 떠올릴 수 있는 마케팅활동을 이어가고 있다. 예를 들면, 미니홈피의 BGM 데이터를 분석하여 역대 Top 100곡을 선정하고 MZ세대가 좋아할 만한 정승환, 에일리, 원슈타인, 강다니엘, 하성운X펀치 등 인기가수들이 참여한 리메이크 음원을 발매하는 '싸이월드 BGM 2021' 프로젝트를 가동중이다. 이 프로젝트를 통해 2021년 12월까지 매주 한 팀씩 총 20개 팀이 음원을 발매하는데, 2000년대 초반에 활동하던 유명 가수들의 팬클럽들은 자신이 좋아하는 가수가 이 프로젝트에 투입되기를 응원하는 등 싸이월드에 열광하던 세대들의 관심이 이어지고 있다. 이 밖에도 유튜브 채널 〈피식대학〉과의 컬래버레이션을 통해 싸이월드 공식 유튜브 채널에 '싸이대학' 콘텐츠를 제작하였다. 〈피식대학〉의 김민수, 정재형 등 '05학번이즈백' 멤버들이 싸이월드와의 추억을 이야기하는 것이 주요 내용이다. 이 콘텐츠들은 갓 대학생이 되어 싸이월드를 열심히 이용하던 밀레니얼 세대의 향수를 자극하며 공감대를 불러일으키고 있다.

〈피식대학〉 '05학번이즈백' 멤버들과의 컬래버레이션을 통해 리론칭에 대한 기대감을 높인 싸이월드
(출처: 싸이월드 유튜브 채널)

이 밖에도 마치 약속이나 했던 듯, 2000년대 초반 영화들이 줄지어 재개봉하면서 아련했던 그 시절의 추억을 자극한다. 개봉 당시 400만 명 이상이 관람했던 해리포터 시리즈의 첫 편 〈해리포터와 마법사의 돌〉은 2018년에 이은 두번째 재개봉이었음에도 재개봉 당일 박스 오피스 4위를 차지할 만큼 인기를 끌었다. 메가박스는 20주년 재개봉을 기념하여 두 가지 타입의 오리지널 티켓을 발매하여 해리포터 팬층의 큰 관심을 받기도 하였다. 또한 갓 사회생활을 시작한 20대 여성들의 이야기로 그 연령층 타깃들의 공감대를 형성했던 2001년 개봉작 〈고양이를 부탁해〉 역시 20주년 기념으로 4K 리마스터링 상영을 확정 지었다. 재개봉을 예고하는 포스터의 "잘 있었니? 나도 네가 너무 보고 싶었어"라는 카피는 2000년대 초반 20대에 이 영화를 보고 현재 40대가 된 밀레니얼 세대에게 젊은 시절의 추억을 떠올리게 만들었다.

20주년 재개봉을 기념하여 메가박스에서 제작한 〈해리포터와 마법사의 돌〉 오리지널 티켓
(출처: 메가박스 오리지널 티켓북 트위터)

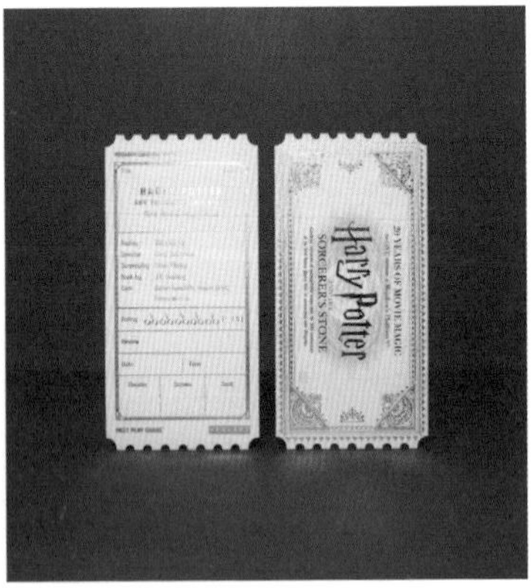

대세가 된 음원 차트 역주행

2020년에는 비와 양준일이 역주행의 아이콘이었다면, 2021년에는 단연 SG워너비와 브레이브걸스가 대표라고 할 수 있을 것이다. MBC의 〈놀면 뭐하니?〉는 2020년 '싹쓰리 프로젝트'에 이어 2021년에는 'MSG워너비 프로젝트'로 또다시 화제의 중심에 섰다. MSG워너비는 2000년대 초반 큰 인기를 끌었던 SG워너비의 뒤를 이을 목적으로 만든 프로젝트 그룹으로, 블라인드 오디션을 통해 선발된 가수, 개그맨, 배우 등으로 구성되어 있다. 8인의 멤버가 두 유닛으로 나누어 2000년대 초반에 활동했던 작곡가들에게 곡을 받아 그 시절의 감성으로 부른 노래는 음원 차트에서 오랜 기간 1, 2위를 차지하는 등 많은 사랑을 받았다. 그뿐 아니라 이 프로젝트를 계기로 SG워너비, 빅마마 등

MSG워너비 한정판 앨범 재킷
(출처: MBC 페이스북)

2000년대 초반 인기를 끌었던 가수들이 다시 재결합하여 방송에 출연하고 신곡을 내는 등 활발한 활동을 이어가는 모습에 이들을 기다리던 팬들은 기뻐했다. SG워너비의 대표곡들은 거의 20년 만에 음원 차트를 역주행하여 10위권에 진입하였으며, 멤버 전원이 교수로 활동하고 있는 빅마마는 '교수돌'이라는 애칭으로 불리며 과거에는 그들을 알지 못했던 젊은 세대에게까지 큰 사랑을 받았다.

한편 해체를 결심했다가 대세가 된 브레이브걸스는, 군복무 시절 위문공연에서 본 그녀들의 공연을 추억하는 남성 팬들의 힘으로 4년 만에 음원 역주행에 성공하고, 음악 프로그램에서 1위에 오르게 되었다. 힘든 상황에서도 씩씩하게 전국 곳곳의 군부대를 찾아다니며 공연했던 이들을 기억하는 많은 예비역들이 자신들의 군대생활에 큰 에너지가 되어준 것에 보답할 기회라며 한 유튜버가 올린 〈롤린〉 댓글 모음 영상에 '좋아요'를 누르고 응원의 댓글을 달기 시작하면서 알고리즘을 타고 많은 사람의 눈에 띄게 된 것이다. 노래와 더불어 힘든 상황을 이겨낸 역경 극복기는 코로나19로 어려움을 겪고 있는 젊은 세대에게 공감과 위로가 되어주었다.

고전의 부활

몇 년 전부터 계속되고 있는 레트로의 열풍은 식품업계에서도 쉽게 찾아볼 수 있다. 과거에 인기를 끌었던 상품들의 재출시가 줄을 잇고 있다. 롯데칠성음료는 1980~90년대 대표적인 가정용 주스였던 델몬트 주스의 유리병을 미니 병 형태로 만들어 한정판으로 판매했다. 어린 시절 냉장고를 열어 힘겹게 꺼내던 묵직한 주스병에 대한 추억이 있는 사람들이 이 한정판 상품에 관심을 가지면서 초도 물량이 출시되자마자 완판되는 기록을 세우기도 했다.

이 외에도 팔도는 1990년대 말 어린이와 청소년의 큰 사랑을 받았던 뿌요소다를 재출시하였다. 어느덧 부모가 된 30~40대가 어린 시절의 추억을 소환하여 자녀들과 함께 즐기면서 뿌요소다는 재출시하자마자 이전 못지않은 인기를 누리고 있다.

이렇게 식품업계에서 직접적으로 과거의 인기상품을 재출시하는 경우도 있지만, 영화나 드라마 속 콘텐츠로 인해 과거의 아이템이 소환

가정용 주스의 대표격이었던
유리병의 오렌지주스를 미니 사이즈로
재출시한 델몬트 (출처: 칠성몰)

되는 경우도 있다. 2021년 후반 최고의 히트작으로 떠오른 〈오징어 게임〉의 인기로 전 세계적으로 달고나가 큰 인기를 끌고 있다. G마켓에 따르면 〈오징어 게임〉이 공개된 후 약 2주간의 달고나 판매량이 전월 같은 기간보다 270%가량 증가한 것으로 나타났으며, 편의점 CU에서도 달고나의 재료인 설탕 판매량이 갑자기 증가한 것으로 나타났다. 해외에서는 아마존이나 이베이를 통해 달고나 만들기 세트가 불티나게 팔리고 있다고 한다. 해외에서 달고나는 처음 보는 생소한 간식거리로 보이겠지만, 우리나라의 30대 이상 소비자들에게는 어린 시절의 추억이 담겨 있는 대표적인 간식이다.

이처럼 기업들이 주도적으로 과거의 향수를 불러일으키는 상품들을 재출시하거나, 드라마 등의 콘텐츠를 통해 그동안 잊고 지냈던 추억을 되새기게 함으로써 사람들에게 새로운 놀잇거리를 만들어주고 있다.

(출처: 〈오징어 게임〉 메인 포스터)

과거 인기상품의 부활이 식품업계에 한정된 것은 아니다. 게임업계에서도 과거의 히트 아이템들이 다시 소비자들의 관심을 받고 있다. 얼마 전, 25년 전에 발매되었던 닌텐도의 '슈퍼 마리오 64' 미개봉 카트리지가 미국 경매업체인 헤리티지 옥션에서 약 18억 원에 낙찰되며 전 세계적으로 큰 화제가 되었다. 이는 이틀 전에 닌텐도 '젤다의 전설' 카트리지가 약 10억 원에 낙찰된 기록을 바로 경신한 것이었다. 높은 완성도로 구현되는 게임들이 연이어 출시되는 중인데도 과거의 게임에 대한 관심이 급속도로 높아지고 있다. 레트로 열풍과 함께 LP판이 관심을 받는 것처럼 게임업계에서도 1990년대 인기를 끌었던 게임 카트리지가 재조명받고 있다. 물론 미개봉 패키지를 구매하는 것은 실제 게임 목적이 아닌 컬렉션을 위한 것으로 추정되지만 이 정도의 고가로 낙찰되는 것은 분명 이후의 경제적 가치가 상승할 것이라는 판단이 있었을 것으로 예상된다.

게임업계의 레트로 열풍은 사실 새로운 트렌드가 아니다. 몇 년 전부터 '리니지', '카트라이더 러쉬플러스' '마구마구' 등 과거에 사랑받았던 게임들이 디지털 리마스터링되어 출시되며 많은 중년층의 어린 시절에 대한 향수를 자극했다. 그리고 2021년 9월에는 2000년대 초반 PC방에서 엄청난 인기를 끌었던 '디아블로 2: 레저렉션'이 재출시되어 많은 게임 유저를 즐겁게 했다. PC방 게임 전문 리서치 서비스를 제공하는 게임트릭스에 따르면, '디아블로 2: 레저렉션'은 출시되자마자 PC방 점유율 순위권에 오르더니 약 열흘 만에 2위를 차지하는 등 과거 PC방 게임의 영광을 재현하고 있다고 한다. 수많은 새로운 게임이 출시되는 중에도 이처럼 고전 게임들이 관심을 받는 것은, 게임이 주는 재미와 더불어 게임과 함께했던 추억이 담겨 있기 때문이다.

추억의 콘텐츠가 계속 사랑받는 이유

불안한 시대에 대한 위로

코로나19, 부동산 가격 폭등, 경기침체 등 최근 몇 년간 사회적인 분위기는 소비자들을 불안하게 만들기에 충분했다. 감염에 대한 공포 때문에 마음껏 사람들을 만나거나 여행을 다닐 수 없게 되었고, 코로나19로 인해 일거리를 잃게 된 사람도 많이 생겨났다. 이렇게 사회적으로 위축된 분위기 속에서도 부동산 가격은 정부의 각종 규제정책에도 상승세가 줄어들지 않아, 많은 30~40대의 내 집 마련의 꿈을 꺾어버렸다. 사람들은 가장 힘든 시기를 겪으면 좀더 나은 상황을 기대하고 상상하며 위안을 얻고 싶어하지만, 다가올 미래가 그러한 기대를 충족시킬 수 없을 것이라는 사회적 분위기가 이미 어느 정도 형성되어 있는 것으로 보인다.

백신 접종자가 증가하고 있지만 2021년 10월 기준 코로나19의 감염자 수는 줄어들지 않고 있고, 이제는 포스트 코로나가 아닌 위드 코로나 시대라고도 이야기한다. 이노션 인사이트전략팀의 자체 소비자 조사 결과에서도 내년에도 코로나19가 사라지지 않을 것이라고 전망한 사람은 약 53% 정도로, 절반 이상이 부정적인 미래를 예상하고 있는 것으로 나타났다. 특히 30~34세는 59%로 다른 연령대와 비교하여 가장 부정적으로 인식하고 있었다. 이들은 미래에서는 희망을 찾기 힘들기 때문에 가장 즐겁게 지냈던 어린 시절의 추억을 소환하며 마음의 위로를 찾고 있다. 자유롭게 친구들과 어울려 여행을 다니고, 현실적인 고민보다는 낭만을 꿈꾸던 시절의 모습을 되새기며 현실에서의 걱정을 잠시나마 잊으려고 하는 것이다.

확실하게 검증된 투자

기업들 또한 그 어느 때보다 비즈니스하기 어려운 환경을 경험하고 있다. 모든 활동이 대부분 온라인에서 진행되면서 소비자들을 직접 만나기 힘들어졌기 때문에 소비자들이 진정으로 원하는 것을 면밀하게 파악하는 것은 쉽지 않다. 신상품을 만들어도 제대로 홍보하기 어렵고, 소비자들 또한 쉽게 지갑을 열지 않게 된 상황에서 과거에 성공했던 상품으로 눈길을 돌리는 것은 기업의 생존을 위한 불가피한 전략일 수 있다. 과거의 즐거웠던 기억을 떠올릴 만한 아이템은 대부분의 시간을 집안에서 보내는, 추억에 대한 소환 놀이를 즐기는 소비자들의 구매욕을 자극할 수 있기 때문이다.

과거에 성공했던 상품을 재출시하는 것은, 대부분의 쇼핑이 온라인에서 이루어지는 상황에서 수많은 선택지 사이에 놓인 소비자들에게 자신의 브랜드를 선택하도록 하는 명분을 제공하기도 한다. 잘 알고, 이미 경험했고, 심지어 좋은 기억을 가지고 있는 브랜드라면 직접 보고 구매할 수 없는 상황에서 굳이 리스크를 감수하지 않고도 안전하게 선택할 수 있기 때문이다. 이러한 이유로 실제 재출시된 브랜드들이 좋은 성과를 보이는 사례를 많이 찾아볼 수 있다. 앞서 살펴본 식음료나 게임업계는 물론이고 패션 브랜드들도 과거에 인기를 끌었다가 사라진 브랜드들을 재출시하며 새롭게 주목받고 있다. 예를 들면, 1990년대 인기를 끌었던 데님 브랜드 리(Lee)나 2000년대 초 프리미엄 진 브랜드로 엄청난 사랑을 받았다가 사라진 트루릴리전도 재출시되었다. 16년 만에 재출시된 리는 2021년 7월 무신사에서 진행된 라이브커머스 '무신사 라이브'를 통해 한 시간 만에 약 1억 5,000만 원의 매출

(출처: Lee 코리아 공식 웹사이트)

(출처: 트루릴리전 웹사이트)

을 올렸을 뿐 아니라 무신사 라이브 방송 중 역대 최고의 방송 시청중 구매전환율을 달성한 것으로 기록되었다.

소비자들이 자유롭게 활동하고 다양한 경험을 즐기던 시기에는 재출시되는 브랜드들이 그다지 주목받지 못하고 새롭게 떠오르는 브랜드들의 그늘에 가려지는 게 일반적이었다. 하지만 이처럼 모든 것이 불확실한 시대에는 오히려 완전히 새로운 브랜드를 알리기 위해 많은 마케팅 예산을 투입하기보다는, 기존에 크게 성공했지만 유행의 변화 등의 이유로 잠시 기억 속에서 사라진 브랜드들을 다시 등장시키는 것이 오히려 소비자들의 마음을 사로잡을 수 있는 것이다.

다차원으로 쉽게 연결되는 콘텐츠

이미 몇 년 전부터 과거의 콘텐츠들이 소환되어왔는데 그 끝이 보이기는커녕, 매년 새로운 콘텐츠들이 등장하고 있다. 한때 큰 인기를 끌었던 〈응답하라〉 시리즈의 경우 사람들의 기억에 남아 있던 콘텐츠와 기록사진 등으로 1990년대 시절의 추억을 소환했기 때문에 개인들이 추가로 정보를 찾아내거나 공유하기가 쉽지 않았다. 단지 TV 프로그램을 보며 '맞아. 저땐 저랬지'라고 끄덕일 뿐이었다. 그러나 인터넷이 본격적으로 등장한 2000년 전후의 콘텐츠들은 디지털 환경에서 제작되었기에 각종 아카이브를 통해 원하는 영상 콘텐츠를 쉽게 찾아볼 수 있고 주변 사람들과도 공유할 수 있다. 그 시절을 직접 경험하지 않았더라도 영상을 통해 쉽게 윗세대의 추억 속으로 들어갈 수 있는 것이다. 예를 들어 2007년 방영된 MBC 시트콤 〈거침없이 하이킥〉을 본 적이 없는 Z세대가 배우 나문희를 '호박고구마 할머니'로 기억한다. 대부분의 Z세대가 스마트폰을 가지고 있고 소셜미디어를 사용하기 때문에 또래 집단 사이에서 해당 영상이 재미있는 콘텐츠로 확산될 수 있었다. 신난다는 의미로 사용되는 '무야호' 역시 마찬가지다. 이미 11년 전 〈무한도전〉의 한 에피소드에서 우연히 등장했던 이 단어는 몇 년 전 합성 짤방*의 도구로 사용되면서 당시의 〈무한도전〉을 거의 본 적이 없는 젊은 세대들 사이에서도 많이 사용하는 감탄사가 되었다.

과거 해당 프로그램을 봤던 세대들은 지금처럼 아무때나 다시 볼 수 있는 환경이 아닌, 방송 시간에 맞춰 TV를 보던 시절을 회상하며 추억에 잠긴다. 그리고 그 시절의 다른 콘텐츠를 찾아보며 자신의 추억을 연결하고 확장시킨다. 코로나19로 집에서 많은 시간을 보내는 상황에서 과거로의 추억여행은 소소한 재미를 더한다. 또한 현시점에서 과거의 콘텐츠를 접한 젊은 세대는 흥미롭게 본 과거의 영상을 자신의 콘텐츠로 소화하면서 그들만의 새로운 추억을 쌓아가고 있다. 이렇게 쌓인 추억은 미래의 어느 날 다시 또 그들의 추억으로 소환될 것이다.

합성 짤방 짤방이란 짤림 방지의 줄임말로, 사진과 동영상 전용 게시판에 사진이나 동영상 없이 글을 올릴 경우 삭제되는 것을 방지하기 위해 내용과 상관없는 사진이나 동영상을 합성해서 올리는 것을 의미. 최근에는 글에 첨부되는 이미지를 통칭하기도 함

2021년 8월 말 출시된 갤럭시 Z폴드3와 Z플립3는 출시 39일 만에 두 제품의 국내 판매량 합계가 100만 대를 돌파할 정도로 선풍적인 인기를 끌고 있다. 특히 Z플립3는 과거 피처폰 같은 배경화면을 만들 수 있는 기능으로 소비자들에게 색다른 재미를 준다. 삼성전자는 2021년 1월 갤럭시 버즈 프로를 출시할 때도 애니콜처럼 보이게 하는 케이스를 출시하여 30~40대 소비자들의 많은 관심을 받았다.

레트로 그리고 레트로에서 진화하여 새로움을 주는 뉴트로가 마케팅의 트렌드가 된 지는 이미 수년째이다. 이렇게 '아날로그 감성'이라는 이름으로 오래전 유행했던 아이템들이 다시 주목받고 있는 것은 이것이 Z세대 젊은층에게 낯설기 때문에 새롭게 느껴지는 이유 때문만은 아닐 것이다. 물론 기존에 애니콜이나 피처폰을 접하지 못한 세대에게는 매우 신박한 아이템일 수 있다. 하지만 소비의 주 계층인 30~40대에게는 이러한 것들이 단지 과거의 부활이 아닌, 어렵고 힘든 현실을 잠시나마 잊고 즐거웠던 시절을 기억하게 해주는 추억이 담긴 스토리이다. 몇 년째 지속되고 있는 과거 콘텐츠의 소환 트렌드를 단지 유행의 관점으로 바라보고 마케팅활동에 일시적으로 반영하는 수준에 그치기보다는 이러한 현상이 지속되는 원인과 그 이면에 담긴 소비자의 심리를 파악하여 소비자들과 더욱 긴밀하게 관계를 맺는 데 적극적으로 활용해야 할 것이다.

자기 유형 탐구 놀이:

나를 찾아서

2

'당신은 어떤 사람입니까?'
단순한 만큼 어렵고, 어려운 만큼 흔한 질문이다. 이 질문의 답을 알고 있는 사람이 과연 몇 명이나 될까? 사람들은 누구나 자기 자신을 알고 싶어한다. 자기 자신을 알아가는 것은 인생의 숙제이자, 내일을 살아갈 방법을 제시해주기 때문이다. 자신이 무엇을 위해서 존재하는지 알고자 우리는 많은 시간을 소모하지만 여전히 나 자신이 누구인지 모르는 채 헤매기도 하고, 때로는 타인이 내리는 평가에 의존한 채 살아가기도 한다. 이는 MZ세대도 마찬가지이다.

자기 자신을 알고 표현하는 것이 점점 더 중요해지는 사회적 분위기 속에서, MZ세대는 코로나19에서 비롯된 제약을 뚫고 스스로 알아가고 표현할 새로운 방식이 필요해졌다. 타인과의 교류를 통해서 자신을 알아가는 것도, 타인을 알아가는 것도, 그리고 자신을 드러내는 것도 어려워졌기 때문이다. 그래서일까, MBTI*와 성향 테스트같이 자신의 정체성을 탐색하고 규정하거나 자신을 표현하는 다양한 활동이 선풍적인 인기를 끌기 시작했다.

사실 혈액형, 별자리, 십이지, 문·이과 등의 '나'를 유형화하는 기준은 이전에도 존재했다. 이러한 기준은 자신을 알아가고자 하는 욕구를 어느 정도 채워주는 도구로서 꾸준한 관심을 받아왔으나, 그 어떤 것도 자신을 알아가고 세분된 취향을 찾기 위한 과정을 넘어선 놀이로 진화하지는 않았다. 어쩌다가 스스로를 알아가고 표현하는 행동이 놀이가 되고 한 세대의 문화가 됐을까?

©Taras Chernus, Unsplash

★

MBTI 마이어스 브릭스 유형 지표(Myers-Briggs-Type Indicator)는 카를 융의 분석심리학을 바탕으로 개발된 성격유형 지표인데, MBTI는 두 개의 태도 지표 외향(E)-내향(I), 판단(J)-인식(P)과 두 개의 기능 지표 감각(S)-직관(N), 사고(T)-감정(F)에 대한 개인 선호도를 기반으로 개인의 성격유형을 제시함

당신은 어떤 칵테일입니까?

타인이 아닌 내가 정의하는 나

MZ세대 대부분은 주변인에게 '우리 OO는 B형이라서 다혈질이 심해'와 같은 말을 듣고는 '그럼 세상에 혈액형이 같은 사람들은 성격도 다 똑같게?' 하면서 질색해본 경험이 있을 것이다. 그런 MZ세대가 MBTI에 열광하다니, 이 얼마나 모순적인가? 요즘 MZ세대는 자기소개에 자신의 MBTI를 꼭 포함할 만큼 MBTI에 몰입한다. 질문에 답하고 그 결과를 보며 자신을 인지하고 유형화하는 과정에서 재미를 느끼기 때문이다.

기존의 성격유형화의 예시로는 십이지, 혈액형, 별자리 등이 있다. 이것들은 태어났을 때 주어진 생일이나 유전자 결괏값을 기반으로 구성된 지표로, 최근에 유행하는 MBTI나 성향 테스트와는 성격이 꽤 다르다. MBTI나 성향 테스트는 결괏값은 물론, 문항에 답변하고 결괏값을 도출하는 과정에서도 자기 자신을 알아갈 수 있다는 점에서 기존의 지표들과 차이를 보인다. 이런 측면에서 MBTI와 각종 성향 테스트는 불안정한 시대 속의 MZ세대가 불확실한 형태의 자기 정체성을 규정하는 일종의 게임인 것이다. MZ세대 입장에서 봤을 때, 이러한 테스트들은 사람의 내면과 본질에 가까운 형태의 무언가를 토대로 본인과 상대를 이해하는 것을 가능케 한다. 즉 MBTI나 성향 테스트의 결과물은 기존의 학벌, 외모, 직업, 경제력으로 타인과 비교하면서 스트레스를 유발하는 지표가 아닌, 내적 가치와 관계성에 기반한 지표가 되어준다. 경제불황과 취업난 사이에서 고립감을 느끼는 MZ세대에게 코로나19로 한층 더 불안해진 사회 분위기는 큰 부담이다. 그 불안 속에서 MBTI 및 기타 성향 테스트가 주는 해방감 및 유대감은 MZ세대에게 매력적이지 않을까?

코로나19 장기화로 인하여 외출하거나 타인과 대면으로 접촉하는 시간이 줄어들고 온라인 환경에 체류하는 시간이 늘어난 상황에서 이러한 테스트는 MZ세대에게 좋은 놀잇거리가 되었다. '잘 지내?' 같은 안부 대신, '나는 소띠야'라고 말하는 사람은 없었다. 하지만 최근에는 안부인사 대신에 MBTI나 성향 테스트 결과 링크를 공유하고는, '나는 세상의 소금형*이래!' 또는 '나는 욕망덩어리 좀비*야!' 하며 자신의 성향을 인증하곤 한다. 본인의 결과를 공유한 후에는 상대방의 유형이 무엇인지 추측하고 검증하여 상대방과 자신의 유형 궁합이 얼마나 좋은지 확인해보며 소소한 대화를 나눈다. 그리고 '나는 귀차니스트 문어인데, OO는 순두부 재질 듀공이래! 우리랑 라이온피시가 궁합이 좋다던데, 거 어디 없습니까?' 하며 또하나의 인증용 콘텐츠를 생성하기도 한다. 이렇듯 MZ세대에게 자아 확인 놀이는 타인과의 연결 고리이자 개성 표현의 수단이 되고 있다.

세상의 소금형 MBTI 유형 중 하나인 ISTJ에 대한 설명

욕망덩어리 좀비 넷플릭스 좀비 유형 테스트의 결과물로 도출되는 16개 유형 중 하나

일상생활에서의 활용

이러한 테스트를 놀잇거리, 스몰토크에서 더 나아가 일상에 적용하는 사람들도 있다. 실제로 MBTI나 성향 테스트를 통해 주변인들을 더 잘 이해할 수 있게 되었다고 주장하는 사람들이 있다. 예컨대, '잔 다르크형' INFP가 나무보다 숲을 보는 사람이라면, '세상의 소금형' ISTJ는 숲보다 나무를 보는 사람이라는 것을 이해하게 됨으로써 직장 동료를 대하는 방식을 바꿔서 업무 효율을 높였다는 사람부터, MBTI 결과 분석을 읽고 나서 비로소 나와 마찰이 있던 타인이 틀린 것이 아니라 나와 다르다는 것을 인정할 수 있게 되었다는 사람들도 있다.

MZ세대는 MBTI를 기반으로 세상을 탐색하기도 한다. 나와 같은 유형을 가진 사람이 어떤 직업을 가지고 있는지, 무슨 공부를 했는지, 이 직업군에서는 어떤 역할을 하고 있고, 저 분야에서는 어떤 삶을 사는지 등을 보면서 본인의 미래나 진로에 대한 계획을 구축하기도 한다. 어떻게 보면 MBTI는 기존의 '문과야, 이과야?'가 세분되어 발전된 형태로, 미래 계획의 레퍼런스 포인트로 삼는 매개체라고 할 수도 있다.

다양한 유형

틀에 갇혔던 기존의 성격·성향 콘텐츠와는 다르게 MBTI는 16개라는 상대적으로 많은 항목으로 분류되며, 각 항목별 비율까지 알 수 있다. 또한 단편소설 분량의 상세 결괏값을 볼 수도 있다. 이러한 MBTI의 디테일이 MBTI 결괏값을 더욱 공감되는 지표로 만들어줄 수 있기 때문에 이해하기 어렵던 자기 자신과 주변인의 성격을 보다 명확하게 설명해주는 지표가 된다.

변종 MBTI로 불리는 성향 테스트들도 진행 방식은 비슷하다. 테스트 전개에 맞춰 주어진 상황에서 어떤 행동을 할지 선택하면 그에 따른 결괏값이 나온다. 〈나는 어떤 호구일까?〉, 〈찐국적 테스트〉, 〈강아지 테스트〉, 〈나는 어떤 꽃일까 테스트〉, 〈고양이로 태어난다면〉 등 나열하는 것만으로도 한나절이 걸릴 만큼 다양한 성향 테스트가 있으며, 각 테스트마다 고유의 결괏값과 해석이 존재한다. 짧은 기간 동안 여러 종류의 테스트가 엄청나게 생성된 만큼, 각 성향 테스트 하나하나는 MBTI보다 대중성이나 범용성이 떨어진다. 하지만 MBTI보다 짧고 접근성이 좋다는 측면에서 많은 사랑을 받고 있으며, 종종 크게 화제가 되는 테스트도 있다. 예를 들어, 〈내가 명품이 된다면?〉 테스트는 엄청난 인기몰이를 했으며, 한동안 여러 커뮤니티에 '인간 마르니 찾습니다', '인간 프라다 찾습니다' 등과 같이 자신과 궁합이 좋은 '인간 명품'을 찾는 게시글이 활발히 올라오기도 했다.

성격에 기반하여 나의 진짜 국적을 유추하는
〈찐국적 테스트〉의 유형 예시 (출처: 푸망)

무한한 콘텐츠 생성의 창고

추측 놀이로 확장되는 콘텐츠

성향 테스트 콘텐츠의 확장은 어디서 멈출지 모른다. 본인 및 주변 인물의 성향이나 유형뿐 아니라, 연예인 및 세일러문, 해리포터, 디즈니, 마블 등의 가상인물 관련 콘텐츠로도 무한하게 생성·소비되기 때문이다. MZ세대는 주변인 외에도 본인이 관심을 갖고 있는 대상이 실존인물이든 가상인물이든 상관없이 그들의 MBTI 성향을 궁금해하기도 하며, 그들이 한 행동이나 말 등을 토대로 덕질* 삼아 그들의 MBTI 유형을 추측하곤 한다. 특정 유명인이 MBTI나 타 성향 테스트의 결과를 공개하면, 그 결과는 팬들로 인해 공유되고 나무위키 프로필에도 추가되는 등 다양한 방식으로 확산된다. 어떤 개인의 MBTI가 그의 최애* 와 일치하는 경우 매우 기뻐하는 모습을 흔히 볼 수 있으며, 유명인이 팬들이 추측했던 것과 다른 결과를 공개해 화제가 된 적도 있다.

또한 여러 가지 단서들을 모아 한 인물의 MBTI를 추정한 후 어떻게 해당 결론에 도달하게 되었는지 정리해서 인터넷에 공유하기도 한다. 사람들은 그 결과를 보면서 어떤 부분이 맞고, 어떤 부분이 틀렸는지 논의한다. 유명인사나 가상인물의 성격이나 성향에 대한 분석 콘텐츠에 대해 '나도 같은 유형'이라며 공감하는 내용부터 '나는 다른 유형인

★

덕질 좋아하는 분야와 관련된 것들을 수집하거나 그것에 파고드는 것
최애 '최고로 애정한다'의 줄임말로, 특정 집단 내 가장 좋아하는 대상을 뜻함

데 해당 인물과 성격이 비슷하다'면서 해당 인물 유형에 대한 추측이 틀렸다고 제시하는 내용까지 다양한 댓글을 확인할 수 있다. 그뿐 아니라 MBTI 유형에 기반하여 해당 인물이 어떤 상황에 처한다면 어떤 반응을 보일지 추측하는 글을 작성하고 공유하는 등 캐릭터가 속한 세계관을 연장하는 경우도 보인다. 예를 들어, 유명 영화 시리즈인 〈해리포터〉의 캐릭터 헤르미온느의 MBTI는 ESTJ로 추정되는데, ESTJ들은 자기의 성격을 좋아하기 때문에 헤르미온느가 MBTI 검사를 실제로 했을 때 본인도 결과에 만족했을 것이라거나, 본인도 ESTJ이기 때문에 헤르미온느와 같은 호그와트 기숙사를 배정받았을 거라는 등의 상황극을 펼치며 해리포터 세계관을 확장하고 몰입하는 것이다.

자기 자신의 콘텐츠화

퍼스널 브랜딩을 즐기고 추구하는 사람의 비중이 더 높아진 MZ세대에게 있어서 MBTI 및 성향 테스트 결과는 여러모로 활용하기 좋은 재료다. 이들은 자기 자신을 콘텐츠화하여 자기의 존재를 어필하곤 한다.

해리포터 시리즈의 주인공인 헤르미온느 캐릭터 MBTI 해석
(출처: 만복 유튜브 채널)

또 '나'라는 존재의 이미지 구축을 위해 나만의 브랜드를 만들고 운영하고자 하는 욕구도 있다. 이런 그들에게 MBTI는 활용도가 높다. MBTI의 결과를 통해 해당 유형의 라이프스타일을 추구하는 것을 보여줄 수 있기에, 자기 자신의 SNS 프로필 등에 '나는 이런 사람이다'라는 식으로 선언하기도 한다. 또는 개인 굿즈*를 만들어서 친구들과 공유할 때 자신의 사진, 이름과 함께 MBTI 결과를 각인하는 경우도 있다. 이러한 행동은 자신의 브랜드에 다양한 속성을 덧붙이려는 니즈라고 해석할 수 있다.

너도 INFP야? 공통점으로 집결된 온라인 살롱 문화

MBTI 테스트가 인기를 끌면서 MBTI 유형별 행동과 반응 등을 다루는 콘텐츠도 급증했다. 웹툰, 인스타그램, 유튜브를 포함한 다양한 채널에서 이러한 콘텐츠를 흔히 접할 수 있다. 특히 〈OTR〉, 〈이십세들〉, 〈에익쿠〉 등 MBTI 관련 콘텐츠를 생성하는 유튜브 채널들이 지속적으로 인기를 끌고 있다. 이들의 콘텐츠는 〈MBTI 여름나기〉, 〈MBTI 16유형 아침인사〉 등 모두가 공감할 수 있거나 쉽게 이입할 수 있는 일상적인 주제부터 소비자들의 높은 관심을 받는 핫한 콘텐츠를 대입한 〈부부의 세계: MBTI별 바람핀 걸 알았을 때〉 등 다양하게 구성되어 있다. 소비자들은 이 콘텐츠들을 보며 본인의 유형은 물론, 특정 상황에서 본인은 어떻게 행동할지를 댓글로 공유하곤 한다. 예를 들어, '다들 다른 사람들한테 화내는데, 인프피는 자기 자신에게 화가 나 있어',

* **굿즈** 아이돌, 영화, 드라마, 소설, 애니메이션 등을 바탕으로 팬들을 위해 기획된 상품

'인프제: 선 넘으면 끝장임' 같은 댓글에는 적게는 몇백 개, 많게는 만 개 이상의 '좋아요'와 다양한 대댓글들이 달려 있다. 공감하는 사람들 사이에 작은 커뮤니티가 생성되는 것이다.

MBTI에 기반한 공유 및 소통 활동은 트윗 목록, 에브리타임 게시판, 페이스북 그룹, 카카오톡 오픈채팅 등에서 쉽게 볼 수 있다. 자기의 유형에 특화된 게시글 또는 방을 찾아가는 경우도 있고, 본인의 특성 몇 개를 제시하고는 MBTI를 맞춰보라는 글도 있다. 특히 디지털 문화에 익숙한 MZ세대는 일면식도 없는 상대와 테스트 결과가 같다는 공통점만으로 서로 소통하며 소속감을 키워가기도 한다. 오프라인의 친구들보다 확실한 공통분모를 가진 인친*들이 본인의 경험과 고민에 더욱 잘 공감해줄 때가 있다고 생각하기 때문이다.

다양한 MBTI 상황별 반응 영상 목록 (출처: OTR 유튜브 채널)

★

인친 인터넷 친구의 약자

유튜브, 왓챠, 애플뮤직처럼 유저 플레이리스트를 공유할 수 있는 플랫폼들을 보면 다양한 유저들이 생성한 MBTI 유형별 영화 및 음악 플레이리스트들을 쉽게 찾을 수 있다. '집이 좋은 ISFP의 여유로운 플레이리스트', 'INFP의 뒤척이는 밤'처럼 플레이리스트 제목에 자신의 유형별 특징을 붙이는 것이다. 이러한 플레이리스트에 들어가보면 해당 MBTI에 속한 사람들의 다양한 반응을 즐길 수 있다. 예를 들면, '역시 엔프피는 잔잔하면서도 빵빵한 사운드를 좋아한다' 등의 공감형 댓글이 달리기도 한다.

MBTI의 활용은 여기서 그치지 않는다. 때로는 MBTI와 전혀 관련 없는 게시글에서도 MBTI에 기반한 댓글이 달리는 등 다양한 상황에서 소비되고 있다. MBTI 결과에 개인의 해석과 경험이 연결되면서 콘텐츠는 더 다양해지고, 이러한 콘텐츠가 많은 공감을 받으면 해당 유형을 대표하는 밈*이 되기도 한다.

MBTI끼리 각자 플레이리스트를 비교하는 영상 (출처: 팔레타운 유튜브 채널)

밈(Meme) 온라인에서 유행하는 패러디물 등을 뜻함

MBTI 및 성향 테스트 마케팅 사례

MBTI 및 성향 테스트가 MZ세대의 놀이로 빠르게 부상하면서 이를 활용한 다양한 마케팅이 쏟아지고 있다. 이렇게 탄생한 마케팅은 재미와 흥미만 보장된다면 소비자들의 자발적 공유를 통해 배포되며, 다양한 사람들의 참여를 유도할 수 있다. 이 과정에서 소비자는 해당 브랜드에 대한 친숙도나 호감이 자연스럽게 높아지기도 한다. 그러나 이러한 마케팅은 대부분 오락성으로 그치는 경우가 많고, 실제 구매나 매출로는 직결되기 어렵다는 의견도 있다. 무수한 사례 중 성공한 사례는 무엇이 있으며, 성공 요인은 무엇일까?

자주(JAJU)의 MBTI 〈일상재질 테스트〉

자주는 개인의 성향, 라이프스타일, 건강 등 세 가지 카테고리에 걸쳐서 구성한 〈일상재질 테스트〉를 에스아이빌리지 내 자주 온라인몰에 출시하였다. 출시 후 3주 동안 25만 명이 넘는 소비자가 해당 테스트에 참여하였으며, 그중 80%는 MZ세대였다고 한다. 해당 테스트는 단순히 참여율만 높았던 것이 아니라 매출 또한 지난해 같은 기간보다 96% 증가하는 효과를 보였다.

'느긋한 판다 재질의 동지인', '바쁜 꿀벌 재질의 엑셀인', '아이돌 센터 재질의 선팔인' 등 24가지 유형의 결과가 있었으며, 자주는 결과에 따라서 맞춤형 상품을 추천해주고 생활정보를 제공하였다. 예를 들면, 느긋한 판다에게는 쿠션을, 바쁜 꿀벌에게는 무선청소기와 같은 제품을 제시한 후 할인 혜택을 제공한 것이다. 그뿐 아니라 각 유형별 맞춤형 키워드 #집콕러, #컨디션케어, #개인위생 등을 기반으로 다양한 상품도 제안했다. 테스트에 참여한 고객들은 웬만한 심리 테스트보다 잘 맞고, 의외로 딱 필요한 상품들을 추천해줘서 놀랐다는 반응을 보였다.

유행이라고 해서 단순히 MBTI 및 성향 테스트를 도입하기보다는, 자주의 사례처럼 테스트의 결과가 얼마나 개인화되었는지, 도출된 결과물에 소비자가 얼마나 공감할 수 있는지를 고려하여 기획하는 것이 더 중요하다.

자주의 〈일상재질 테스트〉
(출처: 자주)

우리은행의 〈#기억하_길〉과 그린피스(Greenpeace)의 〈바다동물 테스트〉

우리은행의 〈#기억하_길〉은 삼일절 기념으로 출시된 테스트로, 과거 역사를 각색한 상황에서 테스트 참여자가 내리는 선택에 따라서 어떤 독립운동가 유형인지 도출해낸다. 이 테스트는 역사의 직접적인 체험 및 만세운동의 재현으로 화제 몰이를 했다. 해당 캠페인은 SNS에 공유될 때마다 독립운동가와 후손들을 위해 1,000원씩 기부되는 방식으로 진행되었는데, 테스트가 오픈된 이후 각종 유명인에게 공유되고, 커뮤니티, 트위터 등의 실시간 검색어에 오르면서 화제가 되어 오픈한 지 72시간 만에 목표 기부액이었던 3,000만 원을 달성했다고 한다.

국제환경보호단체 그린피스는 해양보호 캠페인 홍보를 위하여 방구석연구소와 〈바다동물 테스트〉를 론칭했으며, 오픈한 지 한 달 만에 100만 참여자를 돌파하며 엄청난 화제가 되었다. 우연히 바닷속에 빨려들어간 테스트 참여자는 여러 위기 상황을 마주하는 질문들에 답하게 되고, 응답값에 따라서 위험에 처한 해양동물 16종 중 본인과 가장

역사 체험은 물론 기부까지 가능하게 만든 테스트
(출처: 방구석연구소)

〈바다동물 테스트〉의 16개 유형 예시
(출처: 방구석연구소)

닮은 한 가지가 결과로 도출된다. 소비자들은 결과와 함께 이 동물의 특징과 성향에 대한 정보를 접할 수 있다. 해당 테스트와 함께 진행된 SNS 해시태그 캠페인 '#바다야_파랑해'는 참여자의 20%가 공유하는 이례적인 결과를 이뤄냈다.

이 두 캠페인의 성공은 가치소비*를 추구하는 MZ세대의 특성과 성향 테스트에 대한 관심도가 맞물린 결과로 볼 수 있다. 평소에 겪지 않았거나 생각해보지 못한 상황에서 자기 자신이 어떻게 행동할지 탐구할 수 있을뿐더러, 테스트 이후 공유하는 행동도 기부와 같은 특별한 의미를 가질 수 있다.

넷플릭스의 〈좀비 테스트〉와 〈좀비펫 테스트〉

새로운 좀비쇼의 론칭을 앞두고 넷플릭스는 두 가지 테스트를 공개했다. 하나는 본인이 어떤 유형의 인간 또는 좀비인지 알아보는 테스트이고, 다른 하나는 나의 반려동물이 어떤 유형의 좀비펫인지 확인하는 테스트이다. 여러 가지 특수효과와 소리를 삽입하여 긴장감을 고조시킨 〈좀비 테스트〉는 기존의 성향 테스트들보다 한층 강화된 게임 성격 때문인지 극찬을 받았다. 이 테스트는 2021년 9월 기준으로 50만 명 이상이 참여

반려동물의 성향을 좀비펫의 유형으로 확인시켜주는 좀비펫 테스트 (출처: 푸망)

★

가치소비 가격이나 품질을 절대 기준으로 삼는 기존의 소비 행태와는 다르게 윤리나 취향에 따른 소비를 뜻하는데, 이중 대표적인 것은 '착한소비'로 ESG(환경Environment+사회구조Society+지배구조Governance) 책임 실현과 관련된 제품이나 브랜드를 선호하는 소비 행태를 뜻함

하였으며, 타 성향 테스트보다 높은 공유 빈도를 자랑하고 있다. 사람을 대상으로 하는 기존의 테스트와는 달리 동물에게 유형화를 확장시킨 〈좀비펫 테스트〉는 반려동물을 키우는 많은 사람들의 관심을 끌 수 있었다.

어느덧 우리는 "안녕하세요, 저는 ENTP입니다. 당신의 MBTI는 무엇인가요?"라고 묻는 것이 어색하지 않은 시대에 살게 되었다. MBTI뿐 아니라 MBTI 변종 테스트가 유행하고 있기 때문에 내게 어울리는 반려견이 무엇인지부터 내가 반려견이었다면 무슨 종일지까지도 확인할 수 있다. MBTI를 다수가 소비 및 공유하고, 이를 토대로 개인이 다시 콘텐츠를 가공하여 밈을 생성하고, 여기에 기업들까지 합세하여 만들어진 '나 자신 찾기' 트렌드는 끝없이 확산되는 추세다.

아마 앞으로도 자기 자신에 대한 탐구 놀이는 지속될 것이고, 지금보다 더 진화할 것이다. 이미 이 놀이는 하나의 문화로 자리잡으며, 소비의 영역까지 꿰차고 있다. 소비자에게 MBTI나 성향 테스트는 자기 자신을 알아가고, 표현하고, 이를 공유함으로써 관계를 형성할 수 있는 일거양득의 콘텐츠이고, 기업에게는 '우리 브랜드의 상품은 너와 특성이 비슷한 맞춤 상품이야!'를 어필할 수 있는 절호의 기회가 된다.

조만간 자기 자신을 탐구하는 놀이는 메타버스 같은 플랫폼에서 더욱 구체화된 형태로 이뤄지지 않을까 하는 생각도 해본다. 그렇게 되면 기업들이 어떻게 더 현실적이고 구체적인 자아 탐색의 지도를 제공하게 될지, 그리고 그것이 어떤 놀이로 이어질지 매우 기대된다.

취미더머니:

취미를 사고파는 사람들

3

지금 우리는 자신만의 취미생활이 곧 경쟁력이 되는 시대로의 전환을 몸소 경험하고 있다. 단편적인 예로, 유튜브에서 먹방, 게임 등 자신의 취미로 콘텐츠를 생산하는 크리에이터의 수익은 웬만한 직장인 수익보다 높다. 또한 인스타그램에 자신만의 베이킹 레시피를 공유하면, 해당 상품을 구매하고 싶다는 댓글이 달린다. 단순히 즐기려는 목적으로 시작했던 취미생활이 자신만의 경쟁력이 되어 부가적인 수익의 가능성으로, 나아가서는 제2의 직업까지 될 수 있는 시대로 전환되고 있다.

코로나19의 지속적인 영향으로 사람들의 여유시간이 증가하면서 취미를 즐기는 방식에도 다양한 변화가 나타나고 있다. 단순히 취미를 즐기는 차원을 넘어, 취미를 타인에게 판매할 수 있는 커머스 영역까지 의미가 확장되고 있다. 취미생활에 기반하여 상품이나 콘텐츠를 적극적으로 생산하려는 판매자와 이들이 생산한 상품과 콘텐츠를 소비하려는 구매자와의 만남은 기존과는 다른 상품시장을 형성하고 있다는 점에서 주목할 만하다. 특히 최근에 사람들은 제품 그 자체보다 제품이 부여하는 새로운 가치나 이색적인 경험을 원하고 있다. 이에 따라 개인과 개인이 만나 서로의 취미생활을 공유하고, 나아가 거래까지 할 수 있게 되면서 취미로 파생되는 시장은 다양해지는 동시에 더욱 성장할 것으로 전망된다.

©Annie Spratt, Unsplash

취미생활, 의미가 확장되다

돈 쓰는 취미에서 돈 버는 취미로

취미생활에 시간과 돈을 소비하는 일은 과거에도 있었으며, 현재에도 여전히 많은 사람의 라이프스타일 가운데 중요한 부분을 차지한다. 하지만 과거와 다르게 오늘날의 취미생활은 단순히 소비하고 즐기는 차원을 넘어 취미로 만든 제품을 판매하는 사람들이 증가하고 있다. 이노션 인사이트그룹의 데이터커맨드팀에서는 취미로 수익을 추구하는 사람들을 알아보기 위해 최근 3개년의 소셜 버즈량 데이터를 분석하였다. 분석 결과에 따르면, 취미 담론 내 '수익' 또는 '돈 벌다'의 키워드가 지속적으로 상승 추세를 나타냈다.

그렇다면 재미와 수익까지 챙길 수 있는 취미는 무엇이 있을까? 대표적으로는 아이패드와 같은 태블릿 PC 및 펜슬 제품 등의 보편화와 애플리케이션의 발전으로 인해 접근이 쉬워진 디지털 드로잉 취미를 주목해볼 만하다. 예를 들어, 당근마켓, 아이디어스와 같은 플랫폼을 중심으로 적은 돈을 받고 '하찮은 그림'을 그려주는 사례가 이에 해당된다. 해당 그림이 하찮은 그림이라 불리는 이유는 정교하고 세밀하게 묘사한 전문가의 그림이 아닌, 일반인들이 가벼운 취미로 태블릿 PC

등을 이용해 그린 그림이기 때문이다. 최근에는 Z세대를 중심으로 아이패드로 캐릭터를 직접 그려 다이어리 꾸미기용으로 판매하거나, 이모티콘을 직접 만들어 카카오톡 판매에 도전하려는 사람들이 증가하고 있다. 그 결과로 취미와 관련된 온라인 클래스를 제공하는 플랫폼에는 이모티콘 클래스가 매우 다양하게 개설되었다.

본인의 취미에 부가가치를 더해 상품화와 콘텐츠화를 할 수 있다면 누구든지 수익까지 실현할 수 있는 세상이다. 실제로 2020년 잡코리아 조사 결과에 따르면, 직장인 5명 중 1명은 취미생활을 통해 부가적인 수익을 얻고 있는 것으로 나타났다. 이와 같이 본업 외에도 취미를 통해 부가 수익을 실현하는 사람을 'N잡러'*라고 한다. 코로나19 이후 이들의 활동은 더욱 활발히 나타나고 있다. 소셜 버즈량 분석 결과에서도 N잡러에 대한 담론은 코로나19 이전 기간보다 코로나19 기간에 약 230.4% 이상 증가한 것으로 나타났다. 지금도 취미로 수익을 올리려는 N잡러들의 수는 지속적으로 증가하고 있다.

'하찮은 그림'을 판매하는 사람들 (출처: 아이디어스)

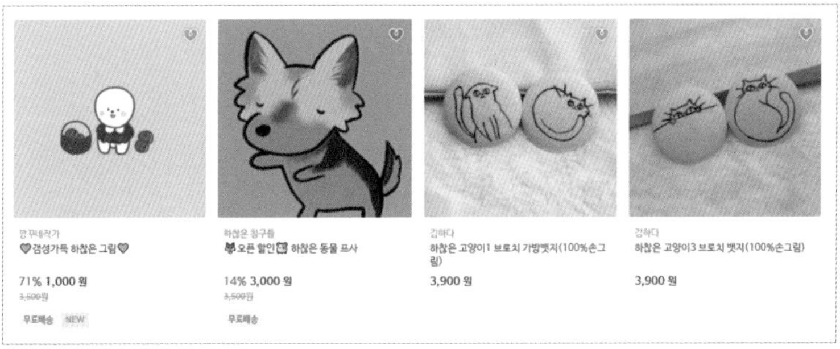

N잡러 본업 외에도 여러 부업과 취미활동을 즐기며 시대 변화에 언제든 대응할 수 있도록 복수의 일을 하는 사람들

N잡러 버즈량 및 버즈량 추이 (출처: 이노션 데이터커맨드팀)

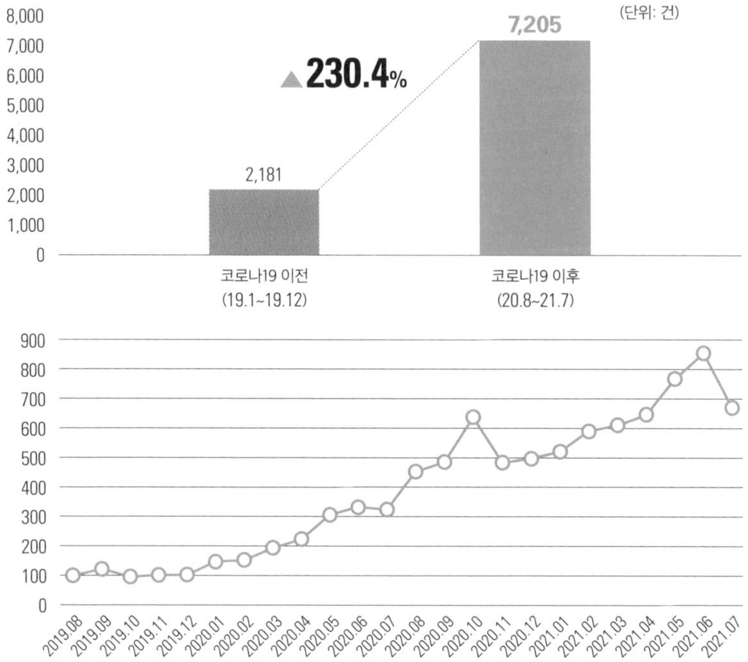

소셜 버즈량 분석을 통해 살펴본 N잡러의 라이프스타일

취미활동을 통해 모두가 쉽게 돈을 벌 수 있는 것은 아니다. 각자의 노하우와 남들과 차별화되는 포인트가 분명 존재할 것이다. 그렇다면 취미생활을 통해 재미와 부가적인 수익까지 모두 가져가는 N잡러는 어떠한 특별한 능력이 있는 것일까? 2020년 잡코리아에서 직장인을 대상으로 실시한 조사에 따르면, '직장인들이 수익을 창출하는 취미 Top

5'에 유튜브와 같은 SNS, 헬스/요가 등의 운동, 소설/에세이 창작활동 등이 상위에 오른 것으로 나타났다. 이러한 취미들은 모두 콘텐츠 재화의 성격을 갖는다. 이는 자신의 취미생활을 콘텐츠로 만들 수 있는 능력이 중요함을 시사한다.

이들의 라이프스타일을 보다 구체적으로 알아보기 위해 소셜 버즈량 분석 기반의 라이프스타일 콘텍스트 분석을 활용했다. 분석 결과에 따르면, N잡러는 비범한 재능을 지닌 특별한 사람이 아니라 일상에서 쉽게 마주할 수 있는 직장인, 대학생, 주부 등이다. 이들은 일상 또는 퇴근시간 등 자신의 여유시간을 주로 활용하고, 자신의 활동에 대한 물리적 장소에 큰 제약을 받지 않는다. 집, 카페, 자신만의 아지트 등 특별한 공간이 아닌 일상에서 마주할 수 있는 공간에서 주로 활동한다. 이들은 수익, 재능 공유, 재미, 또다른 부캐* 실현이라는 다양한 이유로 플랫폼 환경에서 자신만의 콘텐츠를 만들어내려는 니즈가 높은 것으로 보인다.

소셜 데이터로 바라본 N잡러의 라이프스타일 (출처: 이노션 데이터커맨드팀)

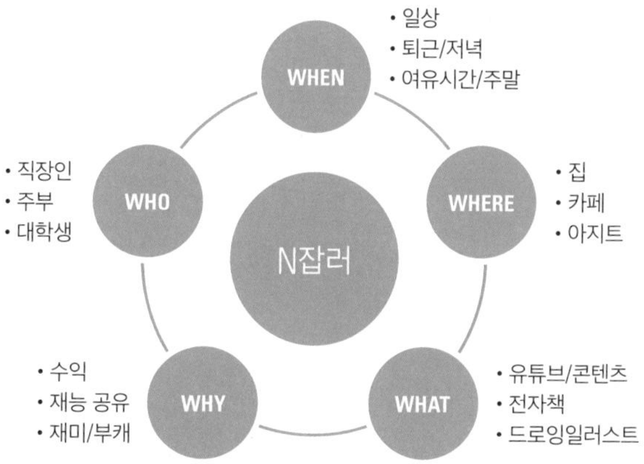

부캐 평소와 다른 새로운 모습이나 캐릭터로, 개인이 상황에 맞게 다른 사람으로 변신해 다양한 정체성을 표현할 때 활용

최근에는 텍스트 기반의 PDF 전자책 콘텐츠가 급부상하고 있다. 특히 동영상 콘텐츠가 범람하는 오늘날과 같은 환경에서 텍스트 기반의 전자책이 뜨고 있는 것은 주목할 만하다. 생산자 입장에서 전자책은 출판사의 도움 없이 자신만의 경험 및 노하우 등을 글로 전달할 수 있는 것이 특징이다. 반면, 구매자 입장에서는 무거운 주제가 아닌 다양한 취미 소재를 중심으로 가볍게 소화할 수 있는 장점이 있다. 현재 전자책은 다양한 주제로 판매되고 있는데, 예를 들면 '미니멀 감성 캠핑 방법', '노래 잘 부르는 법', '드로잉으로 이모티콘 쉽게 만들기' 등이 있다. 디자이너 등 전문 프리랜서를 필요로 하는 다양한 기업 주체들에게 연결 서비스를 제공하는 플랫폼인 크몽에서는 약 2,500개 이상의 취미와 관련된 노하우가 담긴 전자책을 제공하고 있다. 궁금한 내용은 크몽 메신저를 통해 저자와 상담이 가능한 것도 특징이다. 사람들이 새로운 취미를 발견하고 누군가의 경험과 노하우를 구매할 수 있다는 점에서 크몽의 전자책 서비스는 사람들에게 큰 호응을 얻고 있다.

다양한 주제의 PDF 전자책을 판매하는 사람들
(출처: 크몽 웹사이트)

취미생활로 돈 버는 사람들이 증가하는 이유

남들에게 인정받는 또다른 행복

취미생활로 돈을 버는 사람들이 증가하는 데에는 다양한 이유가 존재할 수 있겠으나, 우선적으로는 소소한 성취를 통해 얻는 행복감을 빼놓을 수 없다. 요즘에는 비싼 무언가를 구매하는 행동만으로는 더이상 삶의 확실한 행복이 될 수 없다. 비싼 명품을 구매하고 SNS에 자랑하는 행복은 일시적이기 때문이다. 최근에 사람들은 자신의 경험을 통해 얻은 무언가를 공유하는 과정에서 또다른 행복을 느끼고 있다. 특히 취미와 관련된 콘텐츠에 관여도가 높은 MZ세대들은 자신이 경험한 무언가를 공유해야 의미가 있다고 생각하는 경향이 높다. 실제로 2020년 오픈서베이의 조사 결과에 따르면, SNS를 쓰는 가장 큰 이유로 '취미 및 관심사의 공유(46.8%)'가 가장 높게 나타났다. 과거에는 내가 소유한 제품이 나를 표현하는 수단이었다면, 지금은 내가 경험한 무언가가 나를 표현하는 또다른 수단이 되고 있는 것이다. 사람들은 자신만의 경험을 통해 얻은 재능과 노하우를 인정받기 위해 자신의 취미를 타인에게 공유하고 상품화하고 있는 것일지도 모른다. 인스타그램 내에서 취미를 통해 수익을 실현했다는 과시성 담론은 이러한 결과를 방증한다.

불안한 미래에 대한 새로운 생존 방식

취미생활을 통해 수익을 실현하려는 사람들이 증가하는 또다른 이유는 고용이 보장되지 않는 상황에 대한 불안감 때문일 수 있다. 다시 말해, 변화된 사회 분위기에 적응하는 생존 방식의 차원이라고 이해해볼 수 있다. 실제로 통계청의 발표에 따르면, 2011년 기준으로 직장을 그만둔 이유 중 정년퇴직의 비율은 10.9% 정도였으며 그만둔 나이도 평균 53세였다. 그러나 10년이 지난 2021년 직장을 그만둔 이유 중 정년퇴직의 비율은 7.5% 정도에 불과했다. 게다가 그만둔 나이도 평균 49세로 이전 대비 매우 낮아졌다. 이는 고용이 완전하게 보장되지 않는 사회를 단편적으로 보여준다. 이러한 사회 분위기는 코로나19로 더욱더 극명하게 드러나고 있다. 재택근무로 인해 사람들의 몸과 마음은 편해졌지만, 재택근무가 지속되면서 일에 대한 성과는 조직 구성원들에게 더 투명하게 보이기 시작했다. 이러한 근로 분위기는 장점과 함께 자신의 직업 존속에 대한 불안감도 한층 가중시켰다. 실제로 2020년 알바몬이 20대 성인 남녀를 대상으로 한 조사 결과에 따르면, 20대 10명 중 7명은 코로나 블루를 겪고 있으며(70.9%), 그 이유로 일자리 감소에 대한 불안감(35.3%)을 꼽았다. 사람들은 전반적으로 불안한 사회 분위기로 인해 무엇이라도 준비해야 한다는 불안감을 갖고 있는 것이다. 그 때문에 본인의 취미생활을 있는 그대로 즐기지 못하고 돈이 되는 취미를 점점 더 추구하고 있는 것일지도 모른다.

내 안의 '또다른 나'를 발견하기 위한 수단

마지막으로는 취미생활을 통해 새로운 자신을 발견하려는 욕구 때문일 수도 있다. 최근 밀레니얼 세대를 중심으로 다양한 역량이 자신을 설명한다는 '멀티 커리어리즘(Multi-Careerism)'이 부각되고 있다. 취미에 관심이 많은 밀레니얼 세대는 기존 세대와 다르게 회사나 조직을 자신과 동일시하지 않는다. 이들은 '내가 어떤 역량을 가지고 일들을 해낼 수 있는지'에 기반하여 자신을 설명하려고 한다. 또한 다양한 분야의 학습과 경험을 통해 소위 부캐라고 하는 다양한 페르소나를 갖기를 원한다. 2020년 잡코리아가 진행한 설문조사에 따르면, 직장인 4명 중 3명은 회사에서의 모습이 평상시와 다르다고 응답했다. 특히 이 응답은 40대 이상 직장인(71.2%)보다 밀레니얼 세대인 20대(80.3%)와 30대(78.0%)에서 더 높게 나타났다. 이러한 결과는 젊은 세대일수록 자아를 분리해서 생각하는 경향이 높다는 것을 의미한다. 따라서 이들에게 취미를 통한 수익활동은 단순한 경제적 가치가 아니다. 자신에게 삶의 의미와 이유를 찾아주는 새로운 자아실현 수단이 되는 것이다. 이러한 관점에 비추어 본다면, 향후에는 본인이 즐기는 취미를 아예 본업으로 대체하여 창업 또는 사업을 하려는 젊은 하비프러너*가 더 증가할 것으로 전망된다.

★

하비프러너(Hobby-Preneur) 자신이 좋아하는 취미를 일로 전문적으로 기획하여 사업으로 확장하는 사람들

취미를 사고팔 수 있는 플랫폼

개인이 취미생활을 통해 상품이나 콘텐츠를 생산하면서 이에 관심을 갖고 구매하려는 소비자들도 늘어나고 있다. 특히 이러한 거래가 가능할 수 있게 된 배경에는 디지털 환경 변화에 따른 플랫폼이 그 중심에 있다. 최근 주목받고 있는 취미 관련 커머스 플랫폼은 '무형의 경험'과 '유형의 상품' 형태로 서비스를 특화해나가고 있다.

나만의 드로잉이 굿즈로 탄생하다: 마플샵

그림과 드로잉 중심의 취미생활을 즐겨 하는 사람이라면 자신의 작품을 활용해 굿즈를 만들 수 있는 곳이 있는데, 바로 마플샵이다. 현재 공격적인 마케팅을 전개하고 있는 마플샵은 향후 크게 성장할 것으로 예상된다. 실제로 마플샵은 2020년 2월 오픈 직후, 1년간 약 35억 원의 매출을 달성하면서 900%의 성장률을 기록했다. 해당 플랫폼에서는 자신이 창작한 작품에 대한 일련의 심사를 통해 누구나 사업자가 될 수 있는 기회를 제공한다. 1인 사업자가 된 셀러 고객의 디자인 및 드로잉에 기반하여 주문, 굿즈 제작, 배송 등 원스톱 커머스 솔루션 서비스를 지원하는 것이 가장 큰 특징이다. 기존에는 콘셉트와 디자인이 있어도 유형의 상품으로 탄생하기에는 여러 가지 비용이 존재했다. 하지만 마플샵은 셀러 고객에게 발생할 수 있는 비효율을 큰 폭으로 감소시켰다. 이러한 장점으로 인해 셀러 고객은 창작활동에만 집중하면 된다. 또한 개별 상품이 아닌 다양한 상품 라인에 창작물을 적용할 수 있기 때문에 여러 고객의 니즈를 만족시킬 수 있다. 예를 들어 타투가 직업인 크리에이터는 해당 타투 디자인을 티셔츠, 에어팟 등 다양한 제품 라인에 확장·적용할 수 있는 것이다.

반면에 구매자 입장에서는 기존 기업 브랜드 중심의 대중적인 디자인이 아닌 개인 크리에이터의 세계관과 감성을 투영한 다양한 디자인을 만나볼 수 있다. 또한 적은 수량으로 생산되기 때문에 자신만의 희소한 제품을 얻을 수 있는 장소가 되기도 한다. 그렇기에 기존과는 다른 차원의 새로운 가치처럼 느껴질 수 있다.

최근에는 유튜브와 함께 동영상 카탈로그 서비스도 제공하고 있다. 동영상 클립에 노출된 상품이 콘텐츠 하단에 배너처럼 공개되어 이를 시청자들이 바로 클릭해 구매할 수 있게 해주는 서비스인데, 이러한 기능은 구매자와 판매자 중심의 거래 관계가 아닌 인플루언서와 팬의 관계를 더욱 고려한 것이다. 유튜브와 같은 콘텐츠 환경에서는 인플루언서와 개인 간에 형성되는 팬덤 관계가 무엇보다 중요하다. 마플샵과 같은 플랫폼은 콘텐츠 기반의 상품을 매개로 이들의 관계를 더 강화하는 역할을 할 수 있다.

다양한 크리에이티브로 수익을 실현할 수 있는 플랫폼 마플샵 (출처: 마플샵 유튜브 채널)

하늘 아래 같은 핸드메이드는 없다: 아이디어스

취미로서 가장 일반적인 재능은 바로 손재주이다. 이로 인해 탄생한 제품은 마치 장인이 만든 걸작을 연상시키기도 한다. 아이디어스는 손재주로 탄생한 작품과 이와 관련된 취미 클래스를 모두 이용할 수 있는 플랫폼이다. 아이디어스는 지난 2014년 국내 수공예 작가 100여 명과 함께 시작하여 지금까지 꾸준히 성장중이다. 아이디어스는 가죽 공예, 패션 액세서리, 도자기, 인테리어 소품 등 수공예품뿐 아니라 수제 먹거리와 반려동물 간식 등 2만 4,000여 명의 작가가 참여하여 약 33만 개의 제품을 선보이고 있다. 아이디어스의 재구매율은 80%에 육박하며 가파른 성장세를 보이고 있는데, 2021년 5월에는 누적 거래금액이 5,200억을 돌파하기도 했다.

과거 핸드메이드는 소수 마니아들의 취미였다. 하지만 현재는 모두가 선망하는 취미생활로 자리잡고 있다. 핸드메이드 시장을 리드하고 있는 아이디어스는 어떠한 비결로 고객의 마음을 사로잡았을까? 우선적으로 핸드메이드 제품 특성상 품질 문제가 불거질 우려가 있기 때문에 아이디어스는 내부의 엄격한 심사를 거쳐 작가의 입점을 허용한다. 입점 후에는 댓글과 평점 등의 고객 평가로 제품의 품질을 관리한다. 또한 작가와 고객이 소통할 수 있는 스토리, 1:1대화 등의 기능도 마련했다. 단순 구매자·판매자의 관계가 아닌 작가와의 팬덤 관계까지 확장될 수 있는 연결점을 확보한 것이다.

소비자들이 작가가 만든 제품이나 취미 클래스와 같은 콘텐츠를 소비하는 과정에서 작가에 대한 팬덤까지 형성된다면, 기존의 기업 브랜드는 플랫폼에서 활동하는 작가와 협업이 가능하다. 실제로 배우 박기

웅은 취미로 그린 그림 실력을 인정받아 작가로서 국내 스니커즈 브랜드 AGE와 협업하기도 하였다. 또한 29CM은 클래스101의 작가 6명과의 협업을 통해 필름 사진, 수채화, 디지털 드로잉 등 총 6가지의 취미 클래스를 무료로 제공하는 이벤트를 실시하기도 하였다. 이는 기존 라이프스타일뿐 아니라 취미 라이프스타일이라는 콘텍스트에서도 브랜드의 가치와 경험이 고객에게 전달될 수 있음을 시사한다.

아이디어스는 상품 판매를 넘어서 손재주와 관련된 취미를 배우고 싶은 사람들을 대상으로 온라인 클래스 서비스도 병행하고 있다. 온라인 클래스는 입점 작가들이 직접 교육하는 동영상 강의 서비스이다. 미술, 요리, 뷰티 등 다양한 클래스의 영상 강의가 등록되어 있다. 배우 김재경은 '재경공방'이라는 이름으로 활동하는 아이디어스의 대표 작가 중 한 명이다. 수준급의 뜨개질 내공을 바탕으로 반려동물 아이템을 만들어볼 수 있는 온라인 클래스를 진행하여 화제가 되기도 했다. 오늘날처럼 외부활동이 자유롭지 못한 상황에서 손재주와 관련된 취미 클래스를 오프라인으로 듣는 것은 사실상 불가능하다. 이러한 환경에서 아이디어스는 대중에게 생소할 수 있을 법한 핸드메이드 취미를 더욱 친근하게 만들고 있다.

배우 김재경이 운영하는 '재경공방'
(출처: 아이디어스 웹사이트)

MZ세대의 일상을 채우는 취미 공간: 솜씨당

코로나19로 여유시간이 늘어나면서, 지루한 일상을 싫어하는 MZ세대를 중심으로 취미 클래스에 대한 관심이 증가하고 있다. 솜씨당은 반복적인 일상을 탈피하여 새로운 것을 배우려는 20~30대 중심으로 원데이 클래스 콘텐츠를 제공하여 소비자들로부터 큰 호응을 받고 있다. 소셜 버즈량 데이터 분석 결과에 따르면, 솜씨당의 버즈량은 코로나19 이전보다 코로나19 이후 약 186.8% 이상 증가한 것으로 나타났다. 해당 플랫폼에서는 레터링 케이크 만들기, 프리미엄 인센스 만들기 등의 다양한 콘텐츠가 인기를 끌고 있다. 원데이 취미 클래스를 즐기는 과정에서 재료 준비는 소비자에게 번거로운 단계일 수 있다. 하지만 솜씨당에서는 취미생활에 필요한 재료를 '솜씨키트'로 구성하여 간편하게 배송 서비스까지 제공한다. 또한 최근에는 국내 취미활동 플랫폼으로는 최초로 자체 간편결제 솔루션까지 선보이기도 했다. 이는 번거로운 절차를 싫어하는 주 이용자층인 MZ세대를 직접 겨냥한 서비스이다. 온라인 취미 클래스는 오프라인 클래스 대비 선택의 폭이 넓기 때문에 새로운 경험을 하려는 MZ세대들에게 큰 인기를 얻고 있다. 또한 적은 비용으로 반복 수강할 수 있다는 장점이 있다. 취미 클래스를 통해 솜씨당은 새로운 경험을 원하는 사람들의 일상을 채워가고 있다.

이제는 취미도 돈이 될 수 있는 시대다. 과거에는 혼자 즐기는 목적이었던 취미가 이제는 또다른 수입원이 될 수 있기 때문이다. 취미를 매개로 구매자와 판매자가 만나 '취미마켓'이라는 거래 공간을 탄생시킨 배경에는 디지털 환경 변화에 따른 '취미 커머스 플랫폼'이 그 중심에 있다.

판매자 입장에서는 자신의 취미 관련 상품 또는 콘텐츠를 누군가에게 판매할 수 있게 되면서 자신이 즐기던 취미생활이 부가적인 수익이 되고, 나아가서는 제2의 직업 전환점을 맞이할 수 있는 기회가 되기도 한다. 한편 구매자 입장에서는 취미를 매개로 새로운 상품과 경험을 구매할 수 있다. 작가만의 새로운 세계관과 감성이 들어가 소량으로 생산된 제품은 대중적인 것을 기피하는 사람들에게 새로운 가치를 제공한다. 또한 새로운 취미를 배우려는 사람들에게 온라인 취미 클래스는 단순히 학습이 아닌 일상을 가치 있게 채울 수 있는 새로운 경험이 된다.

사람들은 코로나19로 소비가 위축되는 환경에서도 자신이 즐길 수 있는 취미생활을 위해서는 아낌없이 지갑을 열고 있다. 누군가는 코로나 블루를 극복하기 위한 일시적인 처방이라고 말한다. 하지만 코로나19가 지나가더라도 우리가 즐기는 취미는 양적으로 더 다양해질 것이다. 앞으로 취미마켓에서 어떠한 상품 또는 콘텐츠가 파생될지 기대된다.

정의로운 돈쭐생활:

새로운 기부 문화의 탄생

4

"해당 업체는 제가 직접 돈쭐을 내주러 가야겠어요."
왜 이전에 알지 못했던 식당에 갑자기 사람들이 몰려가서 주문을 했을까? 그리고 그동안 유명하지 않았던 브랜드를 어떻게 갑자기 알게 되었을까? 최근 1년간 온라인에서 가장 화제가 되고 있는 단어 중 하나가 '돈쭐'이다. 돈쭐이라는 키워드는 2019년부터 온라인 커뮤니티를 중심으로 일부 소비자들이 사용하기 시작했다. 사람들이 처음 돈쭐이라는 단어를 접하면 '혼쭐'이라는 단어와 유사해 부정적인 의미로 인식하기도 한다. 하지만 돈쭐은 '돈'과 '혼쭐내다'의 합성어로 '어떠한 사람/소상공인/기업이 사회적으로 참된 행동을 했을 때 돈으로 혼나야 한다'라는 긍정적인 뜻으로 만들어진 신조어이다. 즉 자신이 얻을 수 있는 금전적인 손해를 떠나 타인에게 필요한 선행을 하였을 때, 사람들이 선행자를 혼이 날 정도로 바쁘게 만들어 매출을 올려주려는 행동이다.

대중들의 이러한 돈쭐 문화 참여가 늘어나고 있다. 도와준다는 의미가 내포된 돈쭐 문화는 새로운 기부 패러다임으로 보이지만 사실 이러한 기부 형태는 완전히 새로운 것은 아니다. 과거에도 '착한소비', '바이콧★' 등 여러 단어들로 존재하고 있었다. 이 단어 모두 기업들이 먼저 선행을 하면 소비자들이 그에 따른 대가로 구매하는 모습들을 표현했다. 하지만 왜 갑자기 이러한 돈쭐 문화가 부상하고 있는지 그 변화의 중심과 흐름에 관심을 가질 필요가 있다.

©Zounghyauk, Pixabay

★

바이콧(Buycott) 어떤 상품을 사는 것을 적극적으로 권장하는 행동을 의미한다.
보이콧(Boycott)의 반대 개념

돈쭐 문화가 대세가 된 요인들

기부 문화의 새로운 방향성

기부 문화가 크게 변화하고 있다. 통계청의 '2019년 사회조사'에 따르면, 기부 경험자는 2013년 34.6%에서 2019년 25.6%로 크게 감소한 것으로 나타났다. 사람들이 기부 참여를 꺼리는 이유 중 하나는 기부에 대한 부정적인 인식이 자리잡고 있기 때문이다. 이전에는 통상적으로 시민들이 모금단체를 통해 기부해왔었다. 기부금은 목적에 맞게 투명하게 사용이 되어야 하지만 일부 유명 기부단체들의 기부금 횡령 등 비윤리적인 행보가 더러 보여 사람들의 인식이 나빠진 것으로 볼 수 있다. 이로 인해 모금단체에 기부하는 것은 줄어드는 반면, 대상자에게 직접 기부하는 형태가 2013년 12.8%에서 2019년 17.0%로 증가하는 것을 확인할 수 있다.

2019년 사회조사 (출처: 통계청)

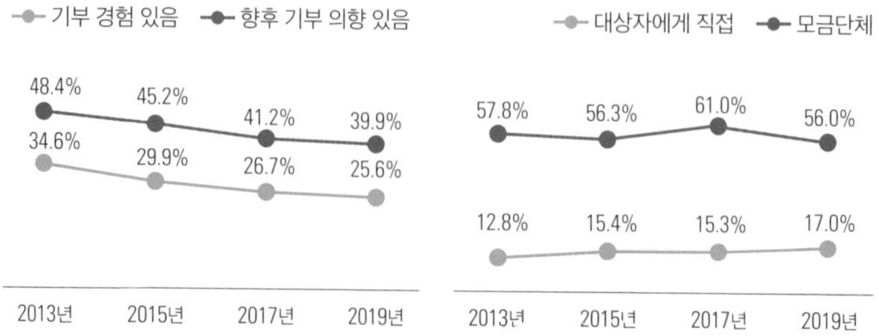

이노션 인사이트그룹의 데이터커맨드팀이 분석한 기부 관련 소셜 버즈량 분석에서도 이 같은 변화를 확인할 수 있다. 최근 5년간 기부 관련 버즈량을 살펴보니 매년 감소하고 있는 것으로 나타났으며, 특히 5년 전 대비 최근 1년간 '기부'에 대한 언급량이 약 18% 하락하였다. 이는 기부에 대한 언급과 관심이 멀어지고 있다는 것을 의미한다. 추가

기부 온라인 버즈량 추이 (출처: 이노션 데이터커맨드팀)

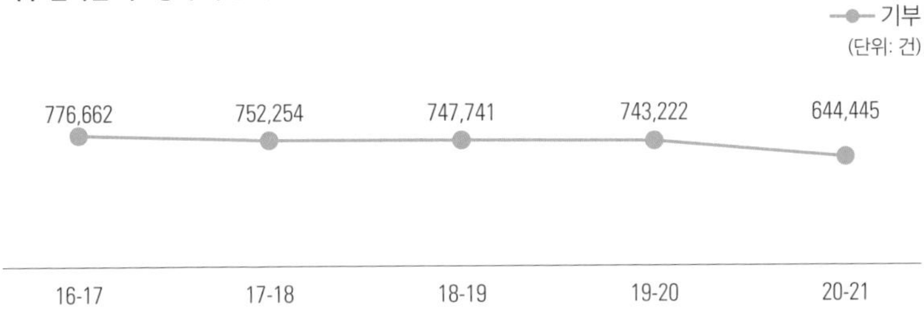

기부 관련 하락한 주요 연관어 (출처: 이노션 데이터커맨드팀)

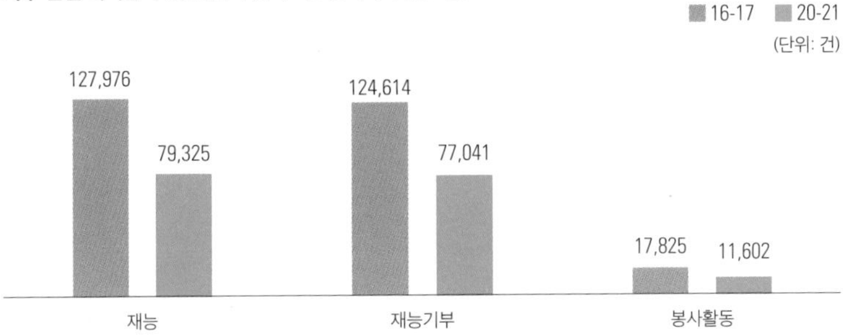

기부 관련 증가된 주요 연관어 (출처: 이노션 데이터커맨드팀)

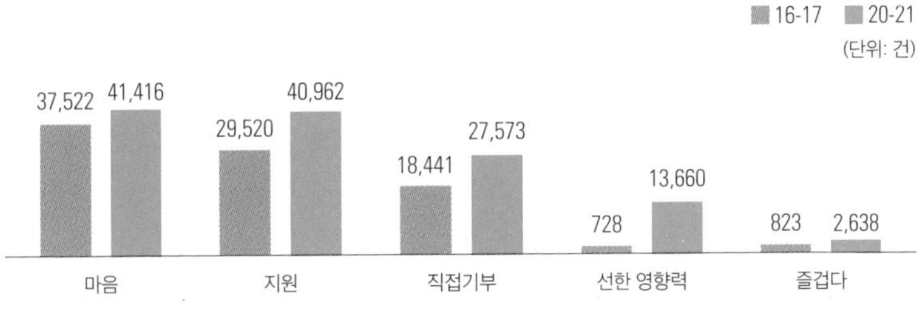

로 최근 1년과 5년 전 기부 관련된 담론을 비교 분석해보니, 기부 방식이 달라지고 있음을 확인할 수 있었다. 5년 전에는 '재능기부/봉사/후원' 중심으로 이루어져 있었던 반면, 최근 1년간은 '선한 영향력/직접지원' 중심으로 버즈가 이루어지고 있다. 또한 '재능기부/봉사활동' 관련 키워드들은 급감하였으나 '마음/지원/기부금'은 급증한 것을 확인할 수 있었다. '선한 영향력' 키워드는 16~17년(728건)에서 20~21년(13,660건)으로 5년 전 대비 18배 증가한 것이 특징이다. 추가로 '즐겁다'라는 키워드가 16~17년(823건)에서 20~21년(2,638건)으로 5년 전 대비 3.2배 증가했다. 오늘날 대중들에게 기부는 이제 재미있고 쉽게 영향력을 행사할 수 있는 것으로 인식이 변하고 있는 것이다.

왜 기부 문화가 바뀌고 있는지 보다 심층적으로 살펴보면, 기부 방식이 최신 트렌드에 맞춰 나날이 진화하고 있음을 알 수 있다. 예전처럼 ARS/단체 기부와 같은 전통 방식이 아닌 직접적으로 기부하는 방식에 관심이 커짐에 따라 기부는 SNS/앱/플랫폼 중심으로 활성화되고 있다. 또한 플랫폼에 기반하여 재미(Fun)와 기부(Donation)를 결합한 '퍼네이션(Funation)'이 새롭게 등장하며 기부의 방식이 다변화되고 있다. 러닝 이벤트에 참가하며 기부하는 방식, 포털활동에서 적립한 포인트로 기부하는 방식 등 사람들은 다양한 방식으로 재미있게 기부하고 있다. 최근에는 돈쭐에서 보여준 것처럼, 배달 앱 결제를 통해 새로운 방식의 기부가 이루어지고 있다. 선한 영향력을 보여주었던 업체들의 배달 앱 리뷰들을 보면 주문 후 맛에 대한 평가도 있지만, '선한 영향력을 보여주어서 감사하다'라는 리뷰들도 포함되어 있다. 이러한 댓글과 관련 게시글을 보고 사람들은 재미와 감사함을 느끼며 또다른 돈쭐 이벤트 발생시 참여를 생각할 수 있다.

선한 영향력이 중요해진 환경

오른손이 하는 일을 왼손이 모르게 하라. 사람들에게 잘 알려진 성경 구절이다. 선한 일을 함에 있어 드러내고 자랑하지 말라는 의미다. 선한 영향력은 한 사람이 의도했든 의도하지 않았든 진정성 있는 행동이나 언행이 사회적으로 그리고 다른 사람들에게 긍정적인 영향을 주는 것이다. 기존에는 유명 연예인이나 스포츠 스타, 정치인, 기업, 브랜드들만 선한 영향력을 행사할 수 있을 거라고 생각했다. 하지만 MZ세대는 자신들이 주체가 되어 선한 영향력을 행사할 수 있다고 생각한다. 2020년 시장조사 전문 기업 '엠브레인'이 1,000명을 대상으로 가치소비 관련 인식을 조사한 결과에 따르면, 응답자의 78.1%는 물건을 구매할 때 개념 있는 소비를 하며, 70.5%는 '내 소비가 누군가에게 도움이 된다면 그것만으로 행복하다'고 답했다. 이처럼 MZ세대는 큰돈을 기

선한 영향력 소셜 버즈량 추이 (출처: 이노션 데이터커맨드팀)

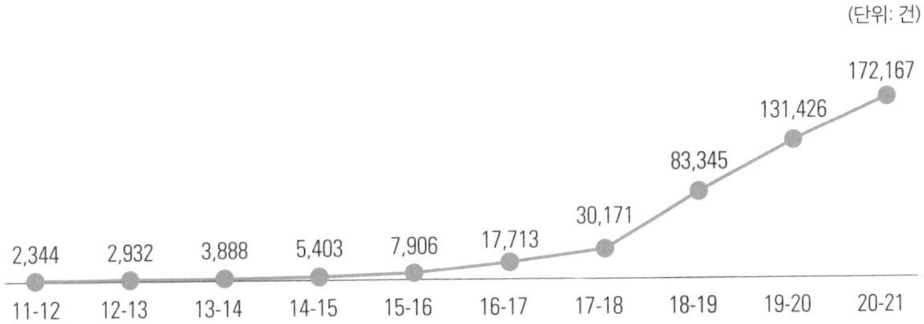

부하거나 봉사활동 등을 통해 선한 영향력을 펼치는 것이 아닌 직접 소비를 통해 선한 영향력을 행사하는 모습을 보인다.

선한 영향력에 대한 관심은 지속적으로 높아지고 있다. 최근 10년간 '선한 영향력' 버즈량은 매해 증가하고 있으며, 특히 2018년 이후 언급량이 급격하게 증가하는 것을 확인할 수 있다. 특히 최근 1년간 '선한 영향력' 검색에 대한 연령대 비중을 보면 20~30대가 62%를 차지해 MZ세대의 관심이 높다는 것을 알 수 있으며, 앞으로도 이 MZ세대를 중심으로 선한 영향력을 추구하는 사람들이 더 증가할 것으로 전망된다.

선한 영향력 온라인 검색량 추이
(출처: 이노션 데이터커맨드팀)

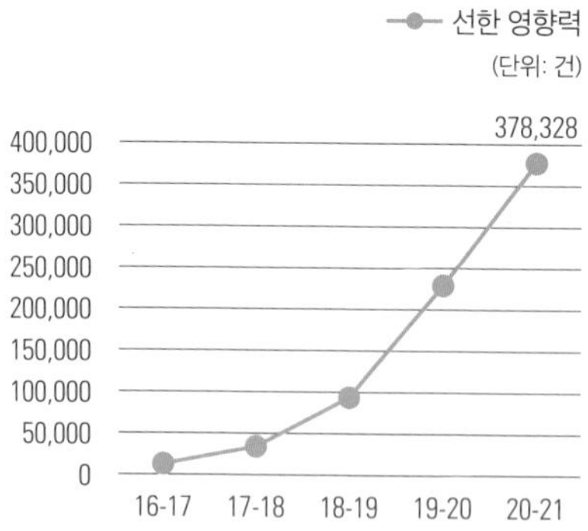

선한 영향력 온라인 검색량 연령대별 비중
(출처: 이노션 데이터커맨드팀)

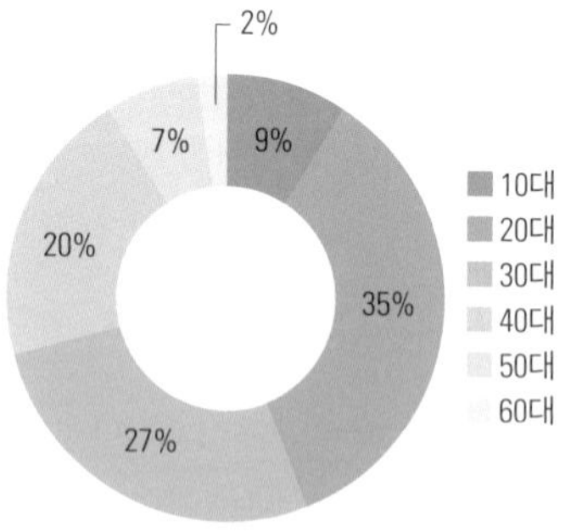

돈쭐 문화의 중심, MZ세대

행동으로 보여주는 MZ세대

MZ세대는 다른 세대와 다르다. MZ세대는 공정한 사회를 좋아한다. 그리고 자신의 신념과 가치를 다른 사람들에게 적극적으로 표현한다. MZ세대는 그들의 소신에 맞는 제품/브랜드/사회적 이슈에 과감하게 투자나 소비를 하거나 본인에게 맞지 않는 것들은 거부한다. 그들은 사회적으로 도움이 되는 소상공인/기업들에게 호의적이지만, 사회적으로 비판을 받는 기업들은 쇼핑 리스트에서 배제하기 시작했다. 즉 본인이 일상적으로 사용하던 제품일지라도 사회적으로 문제가 된 기업의 제품이라면 대체재를 찾아 구매하는 것이다. 이러한 행동들은 '돈쭐'에서 잘 드러난다.

돈쭐 이외에 '금융치료'*라는 신조어도 달라진 소비자들의 행동을 잘 보여준다. '금융치료'는 '돈쭐' 키워드와 반대로, 좋은 뜻을 갖고 있는 키워드로 보이지만 부정적인 의미가 더 강하다. 어떠한 사람, 브랜드, 기업이 사회적으로 좋지 못한 영향을 끼쳤을 때 실질적으로 크게 영향을 줄 수 있는 불매운동을 전개하는 것이다. 즉, 제도나 법으로 어찌할 수 없는 일은 돈으로 병폐(악덕)를 치료하겠다는 것이다. 문제가

금융치료 사회 법규에 맞지 않는 행동을 한 사람/단체/기업에게 경제적으로 손해 보게 하는 것을 의미하는 신조어

되는 이슈들은 온라인에서 유저들 간의 공분과 질타가 모여 빠르게 불매운동으로 전환된다. 한 사례로 역사왜곡으로 논란이 되었던 드라마가 몇 회 방영하지 못하고 방영 중지된 것을 들 수 있다. 온라인에서 해당 드라마의 광고주 리스트가 빠르게 공유되었고 사람들은 자발적으로 광고주들에게 항의 전화와 글을 올려 광고를 내리게 하였다. 이렇듯 MZ세대들은 문제를 바로잡기 위해 빠르게 공유하고 행동으로 옮겨 원하는 바를 쟁취하려고 한다.

'돈쭐'과 '금융치료' 두 신조어는 서로 상반되는 의미의 키워드지만 MZ세대가 돈을 활용하여 목소리를 내기 시작했다는 것을 잘 보여준다. 이처럼 MZ세대는 옳고 그름의 사회적 문제에 대해서 직접 행동하며 적극적으로 의사를 표현한다.

#돈쭐 #성공적 #사장님많이파세요

"사장님처럼 선한 사람이 많아지길 바랍니다. 비록 소액이지만 먹은 걸로 하겠습니다." 돈쭐 문화가 커진 핵심적인 요인은 SNS 인증샷이다. 소셜미디어를 중심으로 인증샷 문화가 확산된 지금, 사람들은 배달 주문 리뷰 스크린숏이나 직접 방문해 먹은 인증 사진을 올린다. 트위터, 인스타그램, 커뮤니티, 카페 등 다양한 온라인 채널에서 MZ세대가 돈쭐 문화에 참여하면서 이러한 인증이 끊임없이 유행하며 화제가 되었다. 2021년 9월 기준으로 돈쭐과 관련된 게시글을 찾으면 인스타그램에서 1,000건 이상 그리고 트위터에서 10,000건 이상 올라오는 것을 확인할 수 있다. 그뿐 아니라 개인 블로그, 클리앙, 뽐뿌 등 다양한 유명 커뮤니티에서도 관련 참여 인증 게시물들이 많이 작성되고 있다. MZ세대는 게시물을 공유해 나 자신도 의미 있는 소비를 행사한다는 것을 과시하고 있으며, 이러한 게시글은 보는 사람들에게 동참하도록 자극하기도 한다.

왜 MZ세대가 이러한 행동들을 하는 것일까? MZ세대는 타인과의 연결을 중요시한다. 이들은 일상적으로 온라인상에서 자신의 생각과 행동을 다른 사람들과 공유한다. 이전에도 '텀블러/실리콘 빨대를 사용하는 모습', '봉사활동', '기부 레이스 참여' 등의 모습을 담은 게시글들을 올렸다. 이런 글들은 나 자신이 어떤 사회적 영향력에 관심이 있는지 다른 사람들에게 노출하는 행동이다. 그들은 다른 사람들에게 보여짐으로써 행복감을 느끼기도 한다. 이러한 MZ세대에게 돈쭐 문화 참여는 새로운 인증 콘텐츠로 자리잡았다. 돈쭐내러 가는 행위는 MZ세대에게 새로운 놀이가 되었으며 그들은 다양한 SNS 채널들을 통해 즐거움을 공유하고 있다.

다양한 커뮤니티 인증 게시물
(출처: 클리앙, 뽐뿌)

돈쭐 문화의 선한 사례들

편백나무 방향제

2018년 한 인터넷 쇼핑몰에서 판매된 편백나무 방향제에 여러 유명 커뮤니티 이용자들이 몰리면서 대란이 일어났다. 한 게시판에 방향제 상품에 대한 정보가 올라왔고 그 글의 작성자는 공기 순환이나 향에 도움이 될 것이라며 추천했다. 이 글 하나로 판매량이 급격하게 올라가자 해당 업주는 게시판을 찾아 커뮤니티 유저들에게 감사하다는 말을 전했다. 이후 커뮤니티 유저들은 그 업체가 장애인 고용 및 다양한 사회공헌활동을 하고 있다는 것을 확인하였고, 그뿐 아니라 판매수익의 일부를 다양한 기부단체들을 통해 기부한다는 사실이 알려지자 돈쭐 행동이 지속적으로 일어났다.

이후 점차 시간이 지나 편백나무 방향제 업체에 대한 관심이 자연스럽게 사라지고 있었다. 하지만 2021년 한 온라인 커뮤니티에 '편백나무 대란 사장님 근황'이라는 제목의 글이 올라왔고 해당 업체는 사람들에게 다시 관심을 받게 되었다. 한 고객이 "암 투병중이라 도움이 될까 해서 구매했는데, 향이 진하고 좋네요. 감사합니다"라고 제품 리뷰를 남겼다. 이에 업주는 "선물이지만 어려운 회사 사정으로 공짜로 보내드릴 순 없고 비싼 값을 받도록 하겠습니다. 보내드린 선물의 가격은 완쾌입니다."라는 진정성 있는 답글을 단 것이 밝혀졌다. 이러한 답글이 사람들에게 다시 알려지자 "돈쭐내러 가야겠다", "사장님 마음대로 폐업하지 마라", "천천히 보내주셔도 된다" 등의 반응을 보였다. 이 업체는 2018년 이후 대중의 관심이 사라지면서 매출 하락으로 폐업 위기를 맞았으나, 이러한 선행이 다시 알려지며 출고가 지연될 만큼 관심과 주문이 폭발적으로 늘어나게 되었다.

진짜파스타

"우리는 결식아동카드 안 받아요." 2019년, 홍대의 한 파스타 전문점 트위터에 올려진 공지이다. 어느 날 해당 사업주는 구청에 다녀와 결식아동 꿈나무카드의 존재를 알게 되었다. 꿈나무카드는 결식아동에게 적립된 한도 내에서 식사를 할 수 있게 지원하는 카드다. 하지만 아이들은 사용상 제약이 많아 쉽게 사용하지 못하고 있었다. 사업주는 본인의 사업장에서도 꿈나무카드를 사용할 수 있는지 알아보았으나 정산받는 것이 어렵다는 것을 확인하였다. 이러한 사정을 파악한 사업주는 해당 아동들에게 비용을 안 받기로 결심하였고, 트위터에 결식아동들에게 식사를 지원한다는 내용의 트윗을 올렸다. 이 트윗은 커뮤니티와 언론사를 통해 널리 공유되어 많은 네티즌의 공감을 얻으며 큰

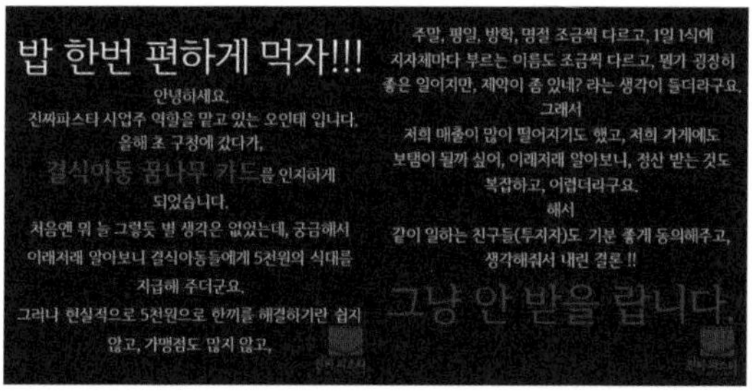

진짜파스타 트위터 공지
(출처: 진짜파스타 트위터)

화제가 되었다. 사장은 결식아동뿐 아니라 소방관, 헌혈 증서를 기부한 고객들에게도 무료 식사를 제공하였는데, 이러한 선행이 밝혀진 후 다양한 외식업체로부터 결식아동에게 무료 식사를 제공하는 사회적 행동에 동참하겠다는 메시지를 받게 되었다. 업주는 선한 영향력 스티커를 제작하여 참여하는 업체들에게 배포하였다. 이 스티커를 부착한 매장은 결식아동들에게 식사를 제공하는 업체임을 나타낸다. 이로 인해 결식아동들은 해당 업체가 무료 식사 제공을 하는 곳인지 확인할 수 있었고 꿈나무카드 이용 여부와 관계없이 해당 매장에서 식사를 할 수 있게 되었다. 2021년, 현재 총 2,749개의 업체들이 이러한 행동에 참여하고 있다. 사람들은 스티커를 확인하고 해당 업체에서 돈쭐을 행사하며 선한 영향력에 동참하고 있다.

철인7호 치킨

"5,000원밖에 없는데, 조금이라도 좋으니 치킨 5,000원어치만 먹을 수 있을까요?" 어릴 때 부모를 잃고 할머니를 모시고 사는 7살 터울의 형제 이야기다. 2020년 어느 날 동생이 치킨을 먹고 싶다고 떼를 쓰자 수중에 5,000원밖에 없었던 형은 치킨골목의 여러 가게를 전전하여 5,000원어치의 치킨 구매를 요청하였다. 하지만 대부분의 매장들은 거절했다. 한 치킨집 문 앞에서 머뭇거리는 형제를 발견한 치킨 가게 업주는 그들이 먹고 싶었던 치킨을 돈을 받지 않고 정성 들여 대접하였다. 이후 형 몰래 한 번씩 찾아온 동생에게 치킨을 먹이고, 근처 미용실에 데려가는 등 따뜻한 마음을 베풀었다. 그리고 1년 뒤 형제는 감사의 편지를 치킨 가게의 본사에 보냈고, 이 글은 유튜브 채널을 통해 세상에 알려졌다.

이러한 미담이 알려진 후, 사람들은 돈쭐을 내주자며 해당 업체를 방문/배달 주문하여 매출이 급격하게 증가했다. 이뿐 아니라, 매장이 멀어 치킨을 받지 못하는데도 불구하고 기부 차원에서 주문하는 타 도시의 사람들도 있었다. 주문이 아닌 감사의 선물을 매장에 놓고 가는 손님들도 있었으며 응원 전화와 메시지가 쏟아졌다. 이후 점주는 손님들로부터 받은 후원금과 사비를 보태 기부하며 SNS를 통해 감사 인사를 전하였다.

철인7호 치킨 편지
(출처: Jaehuip 인스타그램)

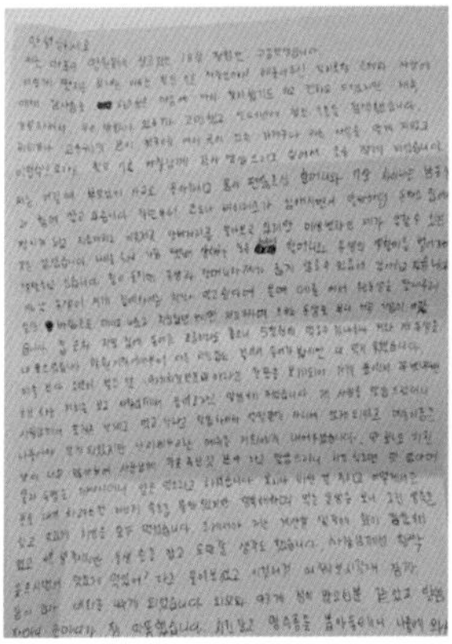

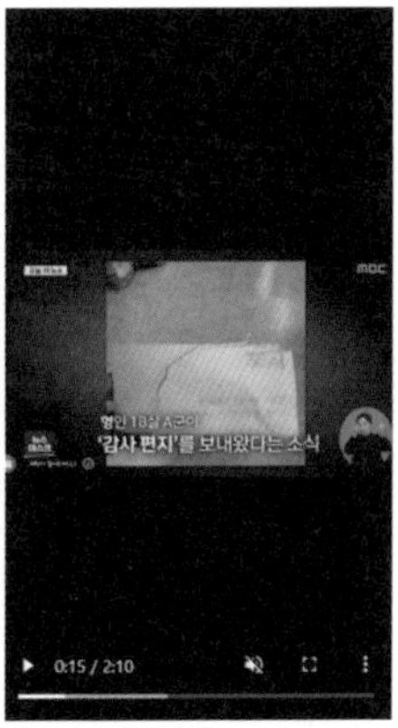

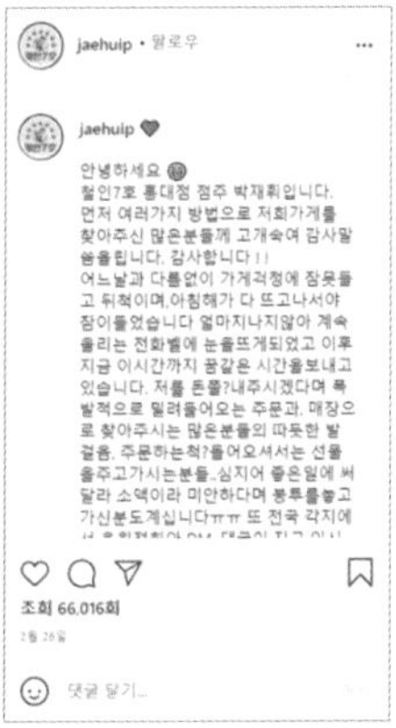

피자나라 치킨공주

"7세 딸을 혼자 키우는데 당장 돈이 없어 부탁드립니다. 20일 기초생활비 받는 날 드릴 수 있습니다. 꼭 드릴게요." 7세 딸의 생일을 맞아 "뭘 먹고 싶냐"라는 질문에 딸은 "케이크, 피자, 치킨"을 말했다. 하지만 코로나19로 인해 직장을 잃은 아빠의 통장 잔고에는 571원밖에 없어 이러한 음식들을 구매할 수가 없었다. 그럼에도 아빠는 딸의 생일을 기념하기 위해 이전에도 몇 차례 주문했었던 가게에 정중히 부탁했다. 점주는 이와 같은 상황을 파악하고 고객의 부담을 줄이고자 무료로 피자를 제공했고 피자 상자에 "부담 갖지 마시고 따님이 피자를 먹고 싶다고 하면 언제든지 연락 달라"는 글귀를 적었다.

이러한 선행이 미디어를 통해 알려지자 사람들은 해당 피자 매장을 돈쭐내주기 위해 주소를 찾아 공유하였다. 해당 매장이 있는 지역을 연고지로 둔 SSG랜더스도 사연을 듣고 주문 행렬에 동참했다. 또한 시민들과 다양한 사회단체들이 그 가족에게 금전적인 후원에 나섰으나, 아빠는 딸과 상의해 지원받은 금액을 자신보다 더 어려운 이웃을 돕기 위해 기부했다. 그리고 가게 사장도 돈쭐내겠다는 사람들의 돈과 수익금을 기부했다. 자신들이 받은 선의를 다른 사람에게 다시 베푼 이들의 행동은 미디어와 대중에게 크게 회자되었다.

피자나라 치킨공주 상자
(출처: SBS)

진천몰

"진천군민의 따뜻한 마음에 감사드립니다." 진천군에서 운영하는 '진천몰'에 올라온 한 구매후기 글이다. 2021년 8월 말, 충청북도 진천군의 지역특산물을 전문으로 파는 온라인쇼핑몰인 '진천몰'이 사람들의 많은 관심과 감사 인사를 받으며 온라인에서 크게 회자되었다. 아프가니스탄 탈레반 정권 수립 이후 한국으로 탈출한 특별기여자들을 받아준 진천군에 사람들이 감사함을 표현한 것이다. 종교적인 이슈와 문화 차이로 인해 난민을 받는 것을 어려워한 지자체들이 많았으나, 진천군과 진천군 주민들은 이들을 품어주었다. 이런 선한 영향력을 보여준 진천군에 사람들은 돈쭐을 행사하였다. 진천몰에 대한 관심이 폭발하여 쇼핑몰에 방문자수가 급격하게 증가하였고 전 상품 주문이 폭발적으로 늘어났다. 이로 인해 진천몰은 주문량을 소화할 수 없어 급작스럽게 판매를 일시중단하였고 대중에게 감사함을 담은 인사를 올렸다.

돈쭐 문화는 선의가 선행을 낳아서 선순환이 이루어지는 모습으로 대중에게 큰 영향을 미쳤다. 앞서 언급되었던 다섯 가지 사례들 모두 소비자들 사이에서 자발적 돈쭐 참여가 시작된 것을 알 수 있다. 이들 모두 잘 알려지지 않은 업체였지만 업주 또는 단체의 선한 행동들이 감동을 낳고 온라인을 통해 널리 알려져 대중들의 관심을 받게 된 것이다.

2021년 현재 ESG*경영이 전 세계적으로 가장 큰 화두가 되고 있다. ESG 경영이란 기업이 환경보호에 힘쓰며 사회공헌활동 및 사회적 약자에 대한 지원을 하며, 법과 윤리를 준수하는 경영을 실천하는 것을 의미하는데, MZ세대를 중심으로 ESG를 잘 실천하는 기업들에게 조금 더 관심을 갖는 경향이 증가하고 있다. 기업이 사회적으로 물의를 일으키면 불매운동으로 빠르게 번지고, 잘한 행동에 대해서는 소비자들이 적극적으로 구매하고 응원하는 것이 최근의 트렌드이다.

돈쭐 문화가 일시적인 유행에 그칠 것인지는 그 누구도 예측할 수 없다. 하지만 분명한 것은 소비자들은 사회적으로 긍정적인 도움을 준 소상공인/기업들에게 좋은 이미지를 갖게 된다는 것이다. 돈쭐 문화로 인해 사회 구성원으로서 기업의 활동이 앞으로 어떤 패턴으로 진화 혹은 변화될지 기대가 된다.

★

ESG Environment(환경), Society(사회), Governance(지배구조)의 약자

“

돈쭐과 **금융치료** 두 신조어는

서로 상반되는 의미의 키워드지만

MZ세대가 **돈을 활용**하여

목소리를 내기 시작했다는 것을 잘 보여준다.

MZ세대는 옳고 그름의

사회적 문제에 대해서 **직접 행동**하며

적극적으로 **의사를 표현**한다.

”

Part 2 일상

비즈니스 현장의 마케팅 전문가들이 주목한
라이프스타일 인사이트

비건 비긴즈:

완벽하지 않은 비건이라도 괜찮아

1

'비건(Vegan)'은 본래 'Vegetarian' 철자의 앞 3자(veg)와 뒤 2자(an)의 조합으로, 어떤 동물성 제품도 허용하지 않는 '완벽한 채식주의자'를 뜻한다. 이러한 음식 철학을 기반으로 동물 윤리를 앞장서서 주장하던 집단이었다. 이런 비건은 오랫동안 까다로운 취향과 엄격한 윤리의식을 가진 비주류로 취급되어왔다. 하지만 현재 비건은 여러 차원에서 변화하며 트렌드를 이끄는 주역이 되고 있다.

코로나19의 장기화로 인해 대중적으로 건강에 대한 관심이 높아지고, MZ세대 10명 중 8명은 자신을 '가치소비자'라 칭할 정도로 책임 있는 소비에 대한 의식이 커지면서, 자신이 비건임을 선언하는 목소리가 점점 많아지고 있다. 특히 최근에 범지구적 문제와 관련한 환경 감수성이 중요하게 거론되며 '1명의 완벽한 비건보다 10명의 어설픈 비건이 더 가치 있다' 라는 관점이 확산되고 있다. 이로 인해 완벽하지 않더라도 비건의 생활양식과 가치관을 '지향'하는 소위 '비건지향 라이프'라는 새로운 개념도 등장했으며, 산업 곳곳에 큰 영향을 미치고 있다.

비건은 더이상 단순히 소수집단의 채식생활을 뜻하지 않는다. 개인의 건강뿐 아니라, 사회에 이로운 생활 신념을 실천하는 하나의 라이프스타일로 떠오르고 있다. 서구권에서 시작된 비건이 우리나라에 확산되는 과정에서 변천사를 겪으며 나타난 '한국형 비건'에 대한 이해는 필수이며, 앞으로 생활 곳곳에 녹아들 비건의 사회 영향력에 대해서도 주목해야 한다.

©Monika Grabkowska, Unsplash

신세대가 된 비건

웰빙? 이젠 비건이 대세다

2000년대 초부터 '건강한 삶'의 대표 개념어로 사용되던 '웰빙(Well-Being)'은 지난 10년간 온라인에서도 매해 10만 건 이상 꾸준히 언급되어왔다. 하지만 최근 3년 사이 '비건'이 새로운 지각변동을 일으키고 있다. 이노션 인사이트그룹의 데이터커맨드팀 소셜 버즈량 분석에 따르면, '비건'의 버즈량은 2019년부터 '웰빙'의 버즈량을 추월한 후 2021년에는 4배 가까이 격차가 벌어졌다. 이전까지는 연평균 약 300건에 불과했던 비건 언급량 역시 2019년부터 32배 이상 급증하며 미디어의 집중 조명을 받기 시작했다.

[웰빙] vs [비건] 온라인 버즈량 추이 (출처: 이노션 데이터커맨드팀)

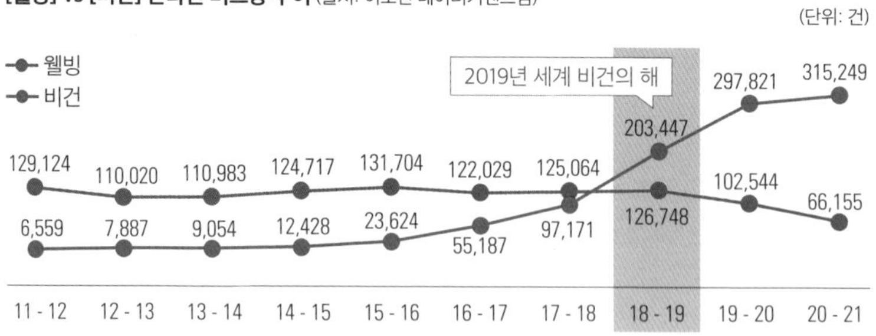

한국채식연합에 따르면, 실제로 국내 채식 인구는 2008년 15만 명에서 2021년 250만 명으로 16배 이상 늘었다. 이는 우리나라 인구 중 약 5% 수준으로, 채식주의가 보편화된 서양권 채식 인구 비율 10%와 비교했을 때 향후 더 증가할 것으로 전망된다. 시장에서도 그 변화가 나타나고 있다. 일례로 2016년부터 국내에 비건 식품을 빠르게 선보인 마켓컬리의 최근 3년 비건 관련 상품의 매출을 살펴보면, 2018년부터 2021년 상반기까지 반기마다 평균 57%씩 증가하며 빠른 성장곡선을 그리고 있는 것으로 나타났다.

MZ세대의 뜨거운 관심

현재 비건은 새로운 가치관과 라이프스타일에 열려 있고 빠르게 수용하는 MZ세대 중심으로 확산되고 있다. 이들은 기존 기성세대의 '비건이란 소수가 고집하는 비정상적인 식생활'이라는 고정관념에서 탈피하고 재해석해 새로운 문화를 만들어나가고 있다.

이노션 인사이트그룹의 MZ세대 관심사에 대한 글로벌 패널 데이터 분석 결과, 총 64개의 관심사 항목 중에 M세대(25~34세)와 Z세대(16~24세) 모두에게 관심 있는 주제 10위 내에 비건이 포함된 것으로 나타났다. 소셜미디어 내 비건에 대한 버즈 역시 MZ세대가 주 사용자인 인스타그램에서 66%가 발생하고 있다. 2021년 9월 기준 #비건 해시태그 수는 약 65만 건에 달하는데, 소위 인스타그램 감성으로 촬영한 다양한 비건 음식과 비건 용품 인증샷이 앞다퉈 올라오고 있다. 이

중 흥미로운 점은 약 6만 건가량 누적된 #나의비거니즘일기 해시태그다. 비건을 단발적으로 소비하는 게 아니라, 자신의 일상 속에서 지속적으로 실천하고 인증하려는 행태를 엿볼 수 있다.

인스타그램과 유튜브 내 인플루언서의 활약 역시 크다. 비건계 MZ세대 인플루언서 '초식마녀'는 2만 5,000명의 인스타그램 팔로워와 1만 6,000명 이상의 유튜브 구독자에게 아기자기한 일러스트 그림과 잔잔한 브이로그 영상을 통해 자신의 비건 실천 스토리와 다양한 비건 정보를 공유하고 있다. 79만 명의 구독자를 거느린 운동 전문 유튜버 '소미핏'이 비건 경험을 공유한 영상은 14만 건의 조회수와 800건 이상의 댓글을 기록하며 비건 미입문자들의 관심을 모으기도 했다.

미식이 된 비건푸드

채식 중심에서 맛 중심으로, 비건의 변화

비건푸드에 대해 여전히 채소 위주의 샐러드만 떠올린다면, 그건 아직 비건푸드의 신세계에 입문하지 못해서이다. 최근에는 다양한 비건식품과 외식 장소가 공급되면서 비건은 다채로운 미식 문화로 발전하고 있다. 비건에 입문한 30세 직장인 A씨는 주중에는 퇴근 후 야식으로 쿠팡에서 주문한 비건만두를 만들어 먹고, 주말에는 비건레스토랑에서 비건버거를 즐긴다. 이것이 바로 오늘날 우리나라 비건의 일부 모습이다.

이노션 데이터커맨드팀의 비건에 대한 소셜 버즈량 분석 결과, 5년 전 채식 중심의 건강식에서 최근 1년간 맛 중심의 미식으로 주요 담론이 변화한 것을 파악할 수 있었다. 5년 전 비건 연관어 1위는 '채소'로, 상위 10위 모두 '로푸드(생식)', '샐러드', '디톡스'와 같은 채식 중심으로 이루어졌다. 그러나 최근 1년 비건 연관어 1위는 '맛'으로 나타나 '채소'를 앞질렀으며, 비건 관련 '빵', '고기', '디저트'가 순위권에 진입했다. 또한 비건 관련 '카페', '베이커리', '식당' 등 장소에 대한 언급이 차트의 40%를 차지하였고, '맛있다'는 감성어 역시 5년 전 대비 무려

2,192% 증가하였다. 부담없이 즐길 수 있는 먹거리에 비건이 결합되면서 맛에 대한 긍정적인 평가가 증가한 것이다.

비건 소셜 버즈 연관어 5년 전 vs 최근 1년 (출처: 이노션 데이터커맨드팀)

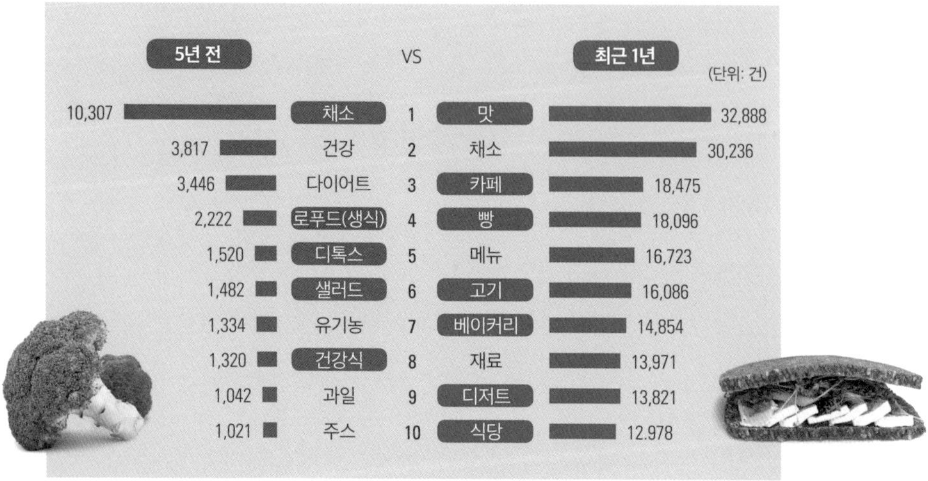

현재 비건시장의 주역, 대체육

최근 1년간 비건 버즈 연관어 10위 중 특이하게 여겨볼 포인트는 아이러니하게도 '고기'가 순위권에 들었다는 것이다. 더욱이 최근 1년간 가장 큰 증가율을 보인 비건 연관어 10위권에는 '육포, 패티, 소시지' 등 육류 제품이 무려 7건을 차지한다. 비건푸드 시장의 초창기 성장을 주도하던 비건베이커리류와 유제품류 버즈량의 증가가 둔화된 것과는 대비되는 독보적 증가세이다. 특히 '대체육'은 최근 비건푸드 시장 내 급부상한 가장 뜨거운 키워드다. 대체육이란, 콩, 곡물, 식물성, 세포 단백질로 일반 고기의 식감과 모양을 그대로 재현한 식품을 일컫는다.

비건 소셜 버즈 연관어 최근 1년간 증감률 10위 (출처: 이노션 데이터커맨드팀)

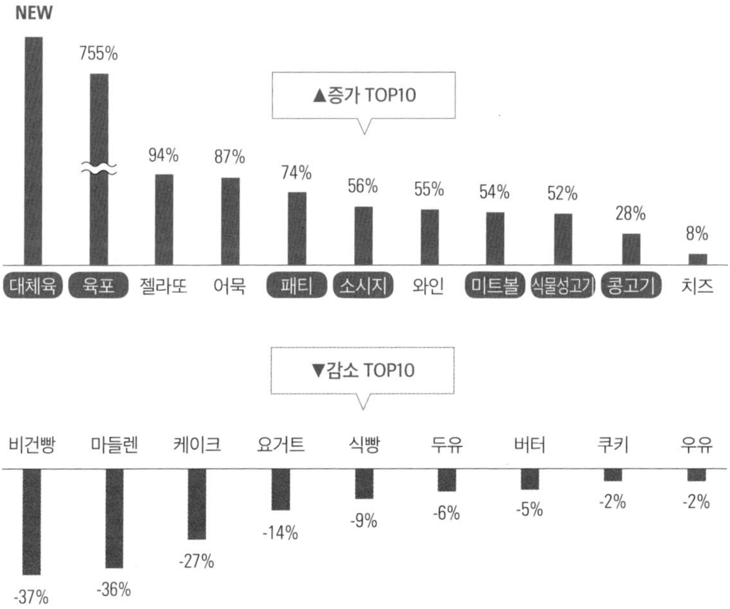

전 세계 대체육 시장은 2020년 기준 한화 약 6조 원 규모에 이르며, 한국무역협회에서는 2030년에 전 세계 육류 시장의 30%를, 2050년에는 60% 이상을 차지할 것으로 긍정적인 전망을 내놓기도 했다. 실제로 미국 시장에서 대체육은 2018년부터 2020년까지 연평균 31% 성장률을 보이며 채식주의자가 타깃인 틈새시장에서 벗어나 주류시장으

로 진입하고 있다. 또한 '비욘드미트'와 '임파서블푸드' 등의 대체육 스타트업이 기업가치 1조 원 이상의 유니콘 기업으로 등극했을 정도로 시장의 큰 관심을 받고 있다.

국내 대체육 시장 규모는 약 200억 원 수준으로 추산되며, 초기 시장을 선점하기 위해 주요 식품 기업에서 대체육 브랜드를 잇달아 론칭하며 출사표를 던지고 있다. 농심은 자체 비건 식품 브랜드 '베지가든'을 론칭해 떡갈비, 완자, 만두 등 18개 제품을 출시했으며, 동원 F&B는 글로벌 1위 대체육 브랜드인 '비욘드미트'를 국내에 독점 공급하고 있다. 특히 미생물 단백질을 활용해 닭고기 식감을 구현한 노브랜드버거 '노치킨 너겟'은 출시 한 달 만에 누적 판매량 10만 개를 돌파하며 대체육의 인기를 증명하기도 했다. 국내 여러 스타트업도 남다른 기술력과 마케팅 역량을 바탕으로 잇달아 뛰어들고 있다. 대표적으로 곡물을 활용한 대체육을 개발하고 유통하는 푸드테크 스타트업 '지구인컴퍼니'는 대표 브랜드 '언리미트'를 내세워 2020년 와디즈 크라우드 펀딩 달성률 6,239%를 달성하고, 2021년 1월에는 시리즈 B★ 투자 유치에 성공했다.

온·오프라인의 비건 프렌들리 상권

비건식을 하기로 마음만 먹으면, 이번 주말에 비건식당에 찾아가고 오늘 당장 온라인에서 대체육 상품을 주문하는 것은 이제 어려운 일이 아니다. 물론 여전히 비건식당과 제품의 공급이 부족한 것은 사실이지

★

시리즈 B 스타트업 투자 단계로 시장 진출 단계에서의 투자인 시리즈 A에서 어느 정도 인정을 받은 후 비즈니스 확대를 위해 받는 투자

만, 비건에 대한 지속적인 관심과 수요가 증가하고 있기에 앞으로 더 대중화될 것으로 보인다.

초기 비건베이커리와 카페로 시작된 오프라인 상권은 최근 홍대, 강남을 중심으로 보다 다양한 비건메뉴를 선보이는 음식점들이 증가하고 있다. 또한 비건전문식당이 아니더라도 메뉴에서 육류 성분을 뺄 수 있는 '비건 옵션' 선택이 가능한 식당도 점점 증가하는 추세다. 실제로 서울시가 추산한 비건카페 및 음식점은 2021년 1,555개소에 이르며, 이는 2010년 150여 곳에서 10배 이상 증가한 숫자이다. 대표적으로 서래마을의 비건전문레스토랑 '푸드더즈매터'는 직접 만든 대체육을 사용한 비건버거와 비건타코를 선보이고 있으며, 비건술집으로 포지셔닝한 홍대 인근 '드렁큰비건'은 '후라이드 컬리플라워'와 같은 비건 안주 메뉴와 비건와인을 제공하고 있다.

온라인 상권 역시 커지고 있다. 쿠팡, 이마트몰 등 기존의 온라인 식품 유통 플랫폼뿐 아니라, 비건전문 유통 플랫폼들이 문을 열기 시작하면서 비건제품에 대한 접근성이 한층 높아지고 있다. 국내 최초 채식 정보 공유 플랫폼 '채식한끼'를 운영하던 비욘넥스트에서는 2021년 초 비건전문쇼핑몰 '채식한끼몰'을 공식 론칭했는데, 오픈한 지 수개월 만에 회원수가 6,000명을 훌쩍 넘어섰다. 또한 20년 전통 채식 전문 기업이라는 사실을 내세운 '베지푸드'는 직접 개발한 비건제품을 중심으로 전문몰을 운영하고 있다.

대체육 패티를 사용한 비건버거
(출처: 푸드더즈매터)

환경보호를 위해 비건을 합니다

소고기를 줄이면 지구를 살릴 수 있다

우리가 가족, 친구들과 함께 쉽게 소비하는 소고기 1kg은 이를 생산하는 과정에서 60kg의 온실가스가 배출되고, 1.5만 리터 이상의 물이 소비된다. UN 통계에 따르면 전 세계에서 약 15억 7,000마리의 소가 공장식 대규모 축산업 형태로 사육되고 있으며, 이로부터 다방면으로 막대한 환경 피해가 발생하고 있다. 연간 온실가스 배출량 중 17%가 축산업에서 발생하며, 이는 전 세계 모든 교통수단이 발생시키는 온실가스 배출량 13.5%보다 많은 수준이다. 또한 가축들의 트림, 배설물에서 나오는 메탄가스와 산화질소는 이산화탄소보다 각각 23배, 300배 더 크게 온실효과에 영향을 미친다. 아울러 지금까지 벌채된 아마존의 산림 70%가 축산 목장 설립을 위한 것으로 알려졌다. 지구에서 모든 사람이 현재 한국인과 같은 음식 소비를 한다면 2050년에는 지구가 2.3개 필요하고 미국인과 같을 경우에는 지구가 5.6개 필요하다는 분석도 나왔다. 현재 지구는 이미 감당할 수 있는 온실가스 적정 배출량과 자정능력을 넘어섰다.

전 세계인들이 1주일에 단 하루만 소고기를 먹지 않으면 어떻게 될까? 3개월 동안 자동차를 타지 않은 것과 같은 효과를 볼 수 있다. 세계보건기구(WHO)는 온실가스 감축을 위해 하루 43g 이하의 고기와 최소 400g 이상의 과일이나 채소 중심의 식단을 권장하고 있는데, 옥스퍼드대학교 연구팀은 이러한 식단을 따를 경우 온실가스 배출량을 최소 29%에서 최대 70%까지 줄일 수 있다는 연구 결과를 발표하기도 했다. 우리가 오늘 저녁, 소고기 대신 탄소발자국*이 적은 다른 메뉴를 선택하는 것만으로도 이 지구를 살리는 한 걸음인 것이다.

비건 관련 환경 관심의 증가

지금은 카페에서 텀블러를 쓰는 것이 익숙한 모습으로 여겨지지만, 5년 전만 해도 대다수가 일회용 컵을 쓰고 버리는 것을 당연하게 여겼다. 2016년에야 비로소 국제적인 '파리기후변화협정'이 체결되고, 국내에서 '2030 온실가스 감축 로드맵'이 수립되면서 기후 위기 대응에 대한 경각심이 본격 거론되기 시작했다. 2018년 말, 스타벅스가 친환경 활동의 일환으로 종이 빨대와 텀블러 사용 권장 캠페인을 시행하고, 다수의 기업들이 동참하면서 소비문화에 변화의 물꼬를 틔웠다. 최근에는 코로나 팬데믹으로 인해 배달 음식과 택배 포장 쓰레기가 급증하면서, 환경에 대한 관심이 더욱 높아지고 있다. 이에 따라, 환경보호를 위한 실천적 방법 중 하나로 비건에 대한 관심이 더욱 증가하고 있는 추세다.

실제로 소셜미디어에서 '비건'과 '라이프'의 연관어 관계를 살펴보면

★

탄소발자국 개인 또는 단체가 직접·간접적으로 발생시키는 온실기체의 총량. 여기에는 일상생활에서 사용하는 연료, 전기, 용품 등을 모두 포함

이 연관성이 두드러진다. 5년 전에는 1위 '건강', 2위 '다이어트'의 버즈가 높았으나, 최근 1년은 '다이어트'와 '환경'이 과거 1위 '건강'을 제치고 각 1, 2위로 급상승했다. 특히 '환경'은 5년 전 버즈량이 100건 수준으로 매우 미미했으나, 5년 만에 1만 건 이상의 버즈를 기록하며 무려 10,798%의 폭발적인 증가율을 보였다. 동시에 '플라스틱', '기후', '쓰레기'와 같은 연관어도 함께 증가하는 추세를 보였다. '요즘 지구온난화를 생각하면 비건 생각을 많이 한다', '비건을 해야 환경오염을 멈출 수 있는 걸 알고 있다'와 같은 의식 있는 발언들도 다수 확인할 수 있다.

비건 관련 환경 연관어 (출처: 이노션 데이터커맨드팀)

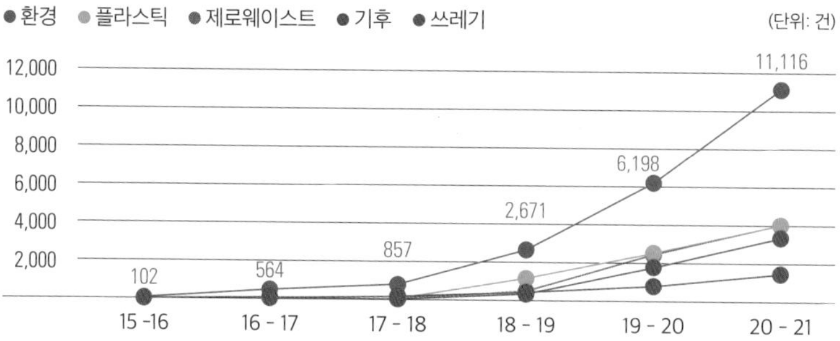

제·비(제로웨이스트 비건)족의 출현

환경보호에 대한 가치관을 기반으로, 비건인들이 자연스럽게 제로웨이스트(쓰레기 줄이기) 운동에도 함께 동참하고 있다. 최근 이들을 겨냥한 제로웨이스트샵이 늘고 있으며, 유튜브에도 제로웨이스트와 비건가게를 함께 탐방한 후기도 속속 올라오며 다수에게 영향력을 미치고 있다.

제로웨이스트샵은 쓰레기를 배출하지 않기 위해 포장은 최소화하고, 동시에 폐기될 때도 자연에 가능한 한 피해를 주지 않는 제품들을 다룬다. 세제, 샴푸, 커피 원두, 각종 곡물 등을 자신이 가져온 용기에 담아 갈 수 있는 리필스테이션을 운영하는 것도 큰 특징이다. 이는 2007년 영국의 세계 최초 제로웨이스트샵 '언팩드(Unpacked)'에서 시작되었으며, 2014년 독일의 '언페어팍트(Original Unverpackt)'의 사례가 세계적으로 주목을 받으며 확산이 시작되었다. 국내에는 2016년 성수동의 '더 피커'를 선두로 2021년 7월 기준 약 120여 개의 제로웨이스트샵이 운영되고 있다.

최근에는 제로웨이스트와 비건의 다양한 결합이 눈에 띈다. 다양한 비건제품을 전문 유통하는 '베지스푼'은 '비그린' 온라인몰을 시작으로 오프라인 매장을 동시에 운영하며, 상도동에 이어 연남동에 2호점까지 낸 '지구샵'은 제로웨이스트샵과 비건베이커리를 동시에 선보이고 있다. 국내 최초 비건 스킨케어 브랜드 '멜릭서'는 재활용이 가능한 소재의 포장용기를 사용하고, 화장품 공병을 재활용한 소비자에게 적립금을 주는 환경 캠페인도 진행하고 있다. 즉 현대판 제비족들은 지구를 위해 비건 음식과 친환경 용품들을 소비하고, 더 나아가 쓰레기 배출 과정까지 신경쓰는 숨은 환경운동가들인 셈이다.

국내 최초 제로웨이스트샵
더 피커의 매장 모습
(출처: 더 피커)

지금은 비거노믹스 시대

비건산업의 다양화 확산

비건화장품, 비건운동화, 비건자동차까지…… 환경보호와 동물 윤리를 위한다는 비건의 철학을 바탕으로, 비단 식품뿐 아니라 일상생활에서 이용하는 모든 것에 동물성 재료에 대한 경계가 증가하고 있다. 특히 기업은 최근 ESG 실천에 대한 사회적 의무가 증가함에 따라 다양한 비건 제품 연구와 출시를 이어가고 있다. 이에 따라 '비거노믹스(비건 Vegan+이코노믹스 Economics)'란 신조어까지 탄생했다. 이는 채식주의자를 대상으로 하는 경제라는 의미로, 동물성 재료를 쓰지 않고 상품을 만드는 산업 전반을 뜻한다.

뷰티업계는 이미 2016년부터 동물실험을 화장품법으로 금지해왔으며 최근에는 콜라겐, 글리세린 등 동물성 성분 사용도 일절 금하는 방향으로 발전중이다. 화장품 R&D 전문 기업 '콜마'는 화장품 10종에 대해 프랑스 비건 인증기관의 승인을 받았고, 아모레퍼시픽은 비건전문브랜드 '이너프 프로젝트'를 출시한 바 있다. 패션계 역시 앞서 2016년 구찌, 지미추, 톰포드 등 글로벌 명품 브랜드가 '퍼 프리(Fur free)'를 선언하며 동물 착취를 경계하는 비건패션의 서막을 알렸고, 최근에는 활발한 친환경 소재 개발이 진행되는 중이다. 노스페이스는 2020년 F/W시즌에 새의 깃털 대신 페트병을 재활용한 에코 플리스 컬렉션을 출시하고, 리복은 콩과 유칼립투스나무 등으로 개발한 100% 식물성 운동화를 출시하기도 했다. 그 외 인테리어업계에서는 동물성 소재를 제외한 카페트, 소파 등을 제작하고, 출판/미디어업계는 비건요리에 대한 콘텐츠를 꾸준히 제작하며 비건 트렌드 대열에 합류하고 있다.

비건가죽 시장의 성장

국제동물보호단체 페타(PETA)에 따르면 매년 10억 마리 이상의 동물이 가죽 채취를 위해 죽임을 당한다. 비인간적으로 잔인하게 이루어지는 가죽 생산과정은 이미 여러 번 폭로된 바 있다. 한편 천연가죽을 대체하던 기존의 합성피혁은 플라스틱 기반의 재료이기 때문에, 제조 과정에서 유해 독소를 방출하고 처분 과정에서도 완벽한 생분해가 되지 않아 친환경과 거리가 멀다.

최근 이에 대한 대안으로, 파인애플 잎, 사과 껍질, 선인장, 버섯 등 식물성 원료로 만든 비건가죽이 부상하고 있다. 식물성 가죽은 기존 가죽 생산에 필요한 물의 1%로 생산할 수 있고, 폐기할 때도 자연분해돼 환경친화적이다. 패션업계에서는 프랑스 명품 브랜드 에르메스에서 버섯으로 만든 가죽을 사용한 '빅토리아백'의 2021년 하반기 출시를 발표하며 많은 주목을 받고 있다. 자동차업계에서도 천연가죽 시트 대체제로 큰 관심을 가지고 있다. BMW는 아열대성 식물인 케나프를 사용한 i3모델을 출시한 바 있으며, 현대자동차는 아이오닉 모델에 사탕수수, 나무 등 천연재료를 사용하는 것에서 더 나아가 넥쏘에는 식물성 인조가죽으로 시트를 제작하였다. 현대자동차 사내 스타트업인 '마이셀'은 버섯 균사체를 이용한 가죽을 연구개발하고 있어 앞으로 비건자동차 성장에 더 큰 동력을 제공할 것으로 기대된다.

친환경 내장재를 사용한 아이오닉5
(출처: 현대자동차)

내적갈등을 하는 비건지향인

비건 속 10%의 숨은 속마음

최근 1년간 비건이 언급된 소셜 버즈량을 구체적으로 살펴보면 흥미로운 속마음이 보인다. '맛있다', '건강하다', '착하다' 등 90%의 긍정적인 목소리 속에는 10%의 부정적인 목소리가 숨어 있기 때문이다. '죄책감', '힘들다', '어렵다' 등이 그에 해당한다. '비건을 실천중인데, 오늘 저녁에 충동적으로 감자탕을 먹어 죄책감이 든다'와 같이 스스로와의 약속을 지키지 못한 자책에서 비롯된 언급이거나, '외식할 때마다 비건 식당을 찾기 어렵다', '꾸준히 비건을 하는 게 힘들다'와 같이 현실적 제약이나 심리적 부담에 대한 언급이 대다수이다.

즉 지금의 우리나라 비건 소비자들은 여러 가지 물리적 제약과 심리적 부담을 극복하고 자신의 가치관을 실천하려는 노력형 소비자가 아닐까? 지속가능한 비건라이프를 위해서는 완벽주의 비건에 대한 강박관념을 내려놓는 것이 중요한 시점이다.

완벽하지 않더라도 비건을 지향합니다

'비건지향', '비건지향인'이라는 단어는 5년 전에는 온라인에서 거의 보이지 않던 키워드였으나, 2016년부터 매해 3~4배씩 증가하여 최근 1년간 약 2만 건 가까이 되는 버즈를 발생시키고 있다. '비건지향'은 비건의 철학을 엄격하게 지키지는 못하지만, 일상 전반에서 최대한 실천하고자 하는 의지와 태도를 일컫는다.

실제로 MZ세대 전문 연구기관인 대학내일20대연구소가 2021년 MZ세대 900명을 대상으로 채식생활에 대해 조사한 결과, 3명 중 1명(27.4%)이 채식과 육식을 병행하는 간헐적 채식을 실천하고 있다고 답했다. 채식을 실천하는 방법도 '일주일에 한 번 정도 고기를 안 먹으려고 노력한다', 'SNS에서 본 핫한 비건식당에 가봤다', '고기 먹은 날엔 간식이라도 채식으로 챙겨 먹는다' 등으로 다양했다. 즉 일상에서 작지만 의미 있는 실천을 하며 그들만의 채식 라이프스타일을 구축해나가는 중인 것이다.

새로운 것을 좇고 남다른 취향과 개성을 중요시하는 MZ세대에게는 비건 역시 신선한 유행이자 있어 보이는 놀이처럼 향유되기도 한다. 때문에 비건에 갓 입문한 비건지향인이라면, 눈속임 비건을 경계해야 한다.

첫째, 지나친 정크 비건★을 주의하자. 갖가지 영양소가 골고루 균형잡힌 비건식이 아닌 오로지 미각의 즐거움만 추구하며 매끼 대체육으로 비건식사를 하고, 비건빵을 즐겨 먹는다면 자신의 몸을 속이는 편중된 식단이 될 수 있다.

둘째, 잘못된 인증샷 중독을 경계하자. 비건에 대한 공감과 꾸준한 실천 없이 플레이팅이 화려한 비건레스토랑과 핫한 제로웨이스트샵에 방문해 SNS에 인증샷만 올리는 식이다. 의식 있는 소비자로 보이는 것에만 만족감을 느낀다면, 이는 자신뿐 아니라 타인까지 속이는 행위가 아닐까?

셋째, 기업의 비건 남용을 감시하자. 천연성분이 낮아도 동물성 성분을 배제하면 인증을 받는 비건화장품과 천연화장품을 혼동시키는 자연주의 광고가 대표적이다. 기업은 비건에 대한 정확한 이해를 바탕으로 마케팅을 전개할 책임이 있고, 소비자는 무조건 비건주의를 찬양하지 않는 현명한 눈이 필요한 때다.

물론, 맛있는 비건푸드, 트렌디한 비건플레이스와 비건제품들은 다수가 보다 거부감 없이 비건을 받아들이고 즐길 수 있는 문화로 발돋움하는 데 틀림없이 긍정적인 역할을 한다. 다만, 앞으로 비건의 본질적인 철학을 지속가능하게 하려면 시장참여자들이 비건에 대해 올바른 지식을 함양하고 실천하는 것 역시 중요할 것으로 보인다. 현명한 생산자와 소비자들이 비건시장을 건강하게 성장시킬 수 있는 것이다.

★

정크 비건 가공된 비건 식품. 칼로리는 높지만 영양가가 떨어지는 음식을 의미하는 패스트푸드를 '정크 푸드'라 칭하듯 정크 비건은 정크 푸드에 비건을 더한 의미

뉴 럭셔리 코드:

로망은 필수템

2

구찌, 샤넬, 루이뷔통보다는 아미, 메종 키츠네, 메종 마르지엘라를 사고, 백화점 명품관보다는 머스트잇, 트렌비, 발란 등 온라인 명품 플랫폼에서 자신이 갖고 싶은 명품을 빠르게 찾아 최저가로 구매한다. 남들보다 먼저 득템한 신상이나 한정판 명품을 인스타그램, 틱톡 등 소셜미디어를 통해 플렉스하고, 비싸게 산 명품이라고 장롱에 고이 모셔두지 않고 캐주얼한 일상 패션으로 매일 즐겨 입는다. 그러다 새로운 명품을 또 사고 싶으면 기존에 쓰던 명품을 중고거래 플랫폼에 올려 판매한다. 그리고 주말에는 연인, 친구들과 최근 힙하다고 소문난 구찌 가옥을 가본다.

MZ세대의 요즘 명품 소비의 모습이다. 명품시장 또한 지금 시대의 핵심 소비층인 MZ세대를 중심으로 변화하고 있다. 명품에 대한 인식과 태도, 명품을 소비하는 방식이 달라지고 있으며, 명품 브랜드와 소비 채널도 달라지고 있다. 과거에는 명품이라고 생각하지 않았던 것들이 명품이 되어 새롭게 부상하고 있으며, 백화점 명품관에서만 명품을 사는 것 또한 구시대의 모습이 된 것이다.

코로나19와 디지털 대전환 시대 그리고 소비계층 변화의 영향으로 명품 소비의 패턴이 변화하고 있다. 이러한 변화 속에 전통적인 명품 브랜드들도 도도하게 과거의 태도와 방식을 유지할 수는 없는 시대가 되고 있다.

©Max Anderson, Unsplash

명품에 대한 인식과 태도 변화

요즘 명품, 품격보다는 힙함

이노션 인사이트그룹의 데이터커맨드팀은 명품 소비의 주요 변화를 탐색하기 위해 2016~2021년 명품에 대한 소셜 버즈량이 어떻게 변화했는지 분석하였다. 명품의 소셜 버즈량은 2016~2017년에는 51만 4,520건이었으나 2020~2021년에는 70만 3,793건으로 5년 전 대비 37% 증가하였다. 명품 관련 소셜 버즈량 내 증감률이 높은 이미지 키워드를 분석한 결과, 명품에 대한 대표적인 키워드라 할 수 있는 '우아한', '품격'은 감소한 반면, '힙하다', '트렌디한'은 증가한 것으로 나타났다. 특히 '힙하다'는 5년 전에 비해 1,522%나 급증했다. '힙하다(Hip)'는 사전적으로 "고유한 개성이나 감각을 가지고 있고 최신 유행

명품 이미지 키워드 (출처: 이노션 데이터커맨드팀)

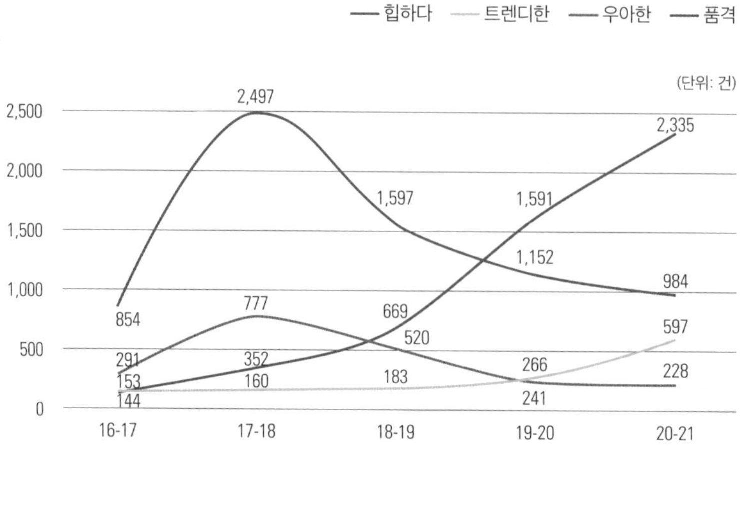

에 밝은 것"을 의미한다. 같은 맥락에서 '힙하다', '트렌디한'뿐만 아니라 '유니크한', '감각 있는', '새로운'의 소셜 버즈량도 5년 전 대비 약 40~70% 정도 증가했다. 이는 명품의 대표 이미지가 '우아한 품격'에서 '트렌디한 힙함'으로 변화하고 있음을 시사한다.

명품에서는 무엇이 힙한 것일까? 2020년 9월부터 2021년 8월까지 1년간 명품의 소셜 버즈량 내 '힙하다'와 관련된 연관어 중 100건 이상으로 언급된 상위 20위권 연관어를 살펴본 결과, 디자인·스타일 관련 연관어가 가장 많은 비중을 차지하는 것을 확인할 수 있었다. 일반적으로 명품은 패션 명품으로 대변되기에 이와 같은 결과는 당연하다고 볼 수 있다. 2021년의 한 명품 소비자 조사에서도 명품 관련 정보 탐색 및 핵심 구매 요인(KBF: Key Buying Factor) 모두에서 디자인·스타일(70.6%, 53.2%)이 1위를 차지하였다. 디자인·스타일을 가격(54.8%, 40.0%)이나 품질(50.5%, 32.1%)보다 더 중요하다고 인식하는 것으로, 사람들이 얘기하는 힙한 명품이란 결국 디자인이나 스타일이 힙하다는 것을 의미한다고도 볼 수 있다.

명품 내 '힙하다' 연관어 (출처: 이노션 데이터커맨드팀)

(단위: 건)

순위	연관어	버즈량
1	브랜드	529
2	제품	423
3	패션	355
4	디자인	346
5	스타일	288
6	가방	233
7	데일리	188
8	옷	177
9	가격	171
10	인기	162
11	컬러	149
12	아이템	144
13	매장	129
14	로고	128
15	신상	127
16	사이즈	116
17	매력	109
18	코디	107
19	유행	104
20	가족	103

'힙하다'라는 표현은 원래 브랜드나 제품의 디자인·스타일에만 국한된 것은 아니다. '힙하다'는 1940년대 미국에서 처음 등장한 '힙스터(Hipster)'라는 단어에서 출발한다. 당시 미국에서는 재즈 마니아인 젊은 백인을 '힙스터'라고 불렀다. 이후에는 독특한 취향을 가진 반항아나 창고 같은 공간에서 창작활동을 하는 예술가를 지칭하는 표현으로도 확장되었다. 즉 어떤 사람을 표현할 때 사용되는 의미였다. 2000년대에 접어들어 '힙하다'는 사람에서 소비문화로 확장되었다. 남들과 똑같은 소비가 아닌 남들과 상관없이 자신이 중요시하는 가치를 소비하는 젊은이들의 문화로 확장된 것이다. 2021년 〈대학내일〉이 Z세대를 대상으로 실시한 조사에서도 '힙하다'는 패션, 장소, 가치관 등 다양한 분야에서 쓰이고 있음이 나타났다. 그렇기에 '힙하다'라는 표현 자체보다 그 표현이 내포하고 있는 의미와 문화가 명품시장에 미친 영향에 대해 생각해볼 필요가 있다.

플렉스로서 명품

MZ세대의 명품 소비를 얘기할 때 가장 많이 거론되는 것이 플렉스(Flex) 문화다. 플렉스란 원래 '구부리다', '몸을 풀다'라는 뜻이나, 미국의 힙합 문화에서 래퍼들이 자신의 부와 성공을 자신 있게 자랑하고 과시하는 모습을 표현하는 것으로 쓰였다. 국내에서는 염따 등 힙합 뮤지션들로부터 시작되었지만, 이후 인스타그램, 유튜브 등 소셜미디어에서 명품 언박싱*, 명품 하울* 트렌드가 생기면서 플렉스 문화가 본격적으로 확산되었다.

★

언박싱(Unboxing) 상자를 연다는 뜻으로, 구매한 상품의 패키지를 개봉하며 리뷰하는 과정을 일컬음

하울(Haul) '끌어당기다', '차로 나르다'라는 뜻으로, 대량 구매한 제품을 개봉 및 리뷰하는 과정을 담은 영상이라는 뜻으로 사용됨

명품 내 플렉스 및 관련 연관어 버즈량 추이 (출처: 이노션 데이터커맨드팀)

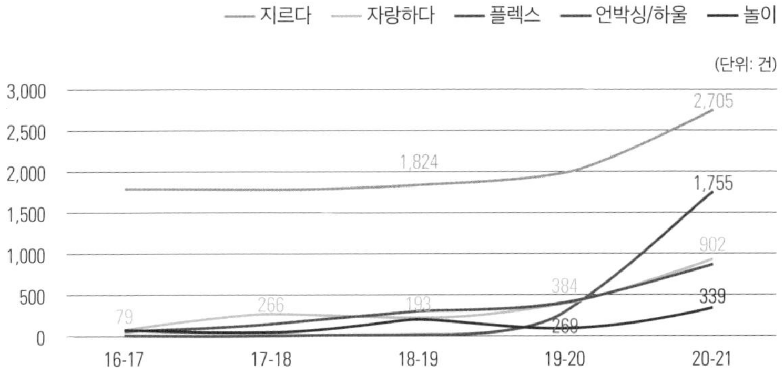

이노션 데이터커맨드팀이 분석한 명품 연관어에서도 '플렉스', '지르다', '자랑하다', '언박싱/하울' 버즈량이 5년 전에 비해 크게 증가한 것으로 나타났다. 재미있는 점은 '놀이'도 함께 증가했다는 것이다. 과거에는 명품이라는 고가의 사치품을 구매한다는 것은 조심스러운 일이며, 그것을 남들에게 당당하게 자랑하고 과시한다는 것은 다소 눈치가 보이거나 바람직하지 않은 행동으로 인식되었다. 그러나 요즘 MZ세대는 다르다. 물론 그들도 지나친 명품 소비는 과소비라고 생각하고 있다. 그래서 '지르다'라는 표현을 함께 쓰는 것이다. 자신이 스스로 번 돈이든 부모나 친척들로부터 받은 돈이든 자신이 열심히 모은 돈으로 명품을 사는 것은 스스로에게 당당한 자기 보상 행동이다. 그렇기 때문에 자신이 구입한 명품을 소셜미디어에 공유하기도 한다. 자신의 돈으로 구입한 명품을 자랑하고 싶고, 타인으로부터 인정받고 싶기 때문이다. 그들에게 이 일련의 과정은 모두 즐거운 놀이가 된다.

앞서 언급했던 2021년 실시된 명품 소비자 조사에서 명품 구매시 타인의 시선과 스스로의 만족 중 무엇을 더 중요하게 생각하는지에 대해 질문한 결과, 20~40대 모두 자기만족이 더 중요하다고 답하였으나 40대에서 20대로 갈수록 타인의 시선이 중요하다고 답한 비율이 높아졌다. 이는 기존에 우리가 알고 있었던 MZ세대의 특성과는 다소 다른 결과로, MZ세대가 타인의 눈치를 보지 않는 자기중심적인 성향이 다른 세대보다 강하다고 단순하게 판단할 수 없는 것이다. 이노션 인사이트그룹이 진행한 다른 조사에서도 한국의 MZ세대는 타인으로부터 인정받고 싶은 욕구가 다른 세대보다 더 높은 것으로 나타났다. 이러한 조사 결과들을 보면 MZ세대의 플렉스 문화를 단순히 자기만족이라고 볼 수만은 없다.

재테크로서 명품

명품 소비에서 플렉스와 함께 부상하고 있는 또다른 키워드는 재테크다. 예를 들어 샤테크(샤넬 재테크), 롤테크(롤렉스 재테크), 슈테크(신발 재테크) 등이 그것이다. MZ세대는 명품을 살 때 나중에 되팔 때의 환금성을 함께 고려한다. 즉 주식이나 부동산처럼 투자 목적을 겸해서

명품 내 재테크 및 관련 연관어 버즈량 추이 (출처: 이노션 데이터커맨드팀)

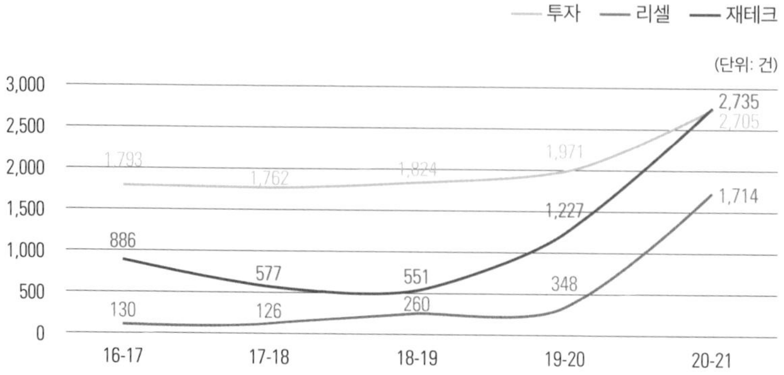

명품을 사는 것이다. 이노션 데이터커맨드팀이 분석한 명품 연관어에서도 '재테크', '투자', '리셀'이 함께 증가하는 것으로 나타났다.

여기에는 크게 두 가지 양상이 있다. 첫번째는 명품을 사서 자신이 쓰다가 중고로 되파는 것이다. 실제로, '당근마켓', '번개장터' 등의 중고거래 플랫폼이나 무신사의 '솔드아웃(Soldout)' 등의 리셀 플랫폼에서 중고 명품 거래가 많이 이루어지고 있다. 여기에는 공유 경제 원리가 적용된다. 즉 명품을 '소유하는 것'이 아니라 '잠시 빌려 쓰는 것'이라고 생각하는 것이다. 예를 들어, 샤넬백을 900만 원에 구매해 쓰다가 800만 원에 되팔면 100만 원으로 샤넬백을 누린 셈이다. 그렇기에 수요가 많은 특정 브랜드의 인기 모델만을 사기도 하며, 상대적으로 덜 비싼 명품들을 여러 개 사기보다는 똘똘한 하나에만 집중하기도 한다.

두번째 양상은 오로지 투자나 돈벌이 목적만으로 명품을 사는 것이다. 한정판 신발 리셀러들은 자신이 구매한 신발을 절대 신지 않고 수집만 해두었다가 나중에 가격이 오르면 되판다. 명품을 투자수단으로만 인식하는 것이다. 이슈가 된 샤넬이나 롤렉스 오픈런*도 대부분 명품 리셀러들로 인해 이루어진 현상이다. 더 나아가 최근에는 명품 조각 투자 플랫폼까지 출시되었다. '피스(PIECE)'라는 플랫폼은 하나의 명품에 대한 소유권 지분을 여러 명의 구매자에게 조각처럼 분배하여 공동소유할 수 있도록 해준다. 마치 리츠*처럼 말이다.

★

오픈런(Open run) 원래 공연이 끝나는 날짜를 지정하지 않고 지속적으로 공연하는 것을 뜻하나, 명품 오픈런은 한정판이나 신상 등 인기 높은 제품을 선착순으로 판매할 때, 매장이 열리기 전이나 열리자마자 가서 대기하는 것을 뜻함

리츠(REITs: Real Estate Investment Trusts) 소액 투자자들의 자금을 모아 부동산에 투자해서 발생한 수익을 배당하는 투자상품을 의미

명품 브랜드의 변화

컨템포러리 브랜드의 부상

아미, 메종 마르지엘라, 메종 키츠네, 르메르, 오프화이트, 스톤아일랜드, 로에베……. 여기서 하나의 브랜드도 알지 못하거나 들어본 적이 없다면 당신은 MZ세대가 아니거나 명품이나 패션에 관심이 적은 사람일 것이다. 위 브랜드들은 모두 MZ세대에게 인기 있는 소위 신명품이라고 불리는 명품 브랜드이다.

그들이 MZ세대로부터 사랑받는 이유는 무엇일까? 우선 가격이 기존의 전통 럭셔리 브랜드의 절반 정도 수준인 컨템포러리 브랜드이다. 비싸게 사서 애지중지하며 특별한 날에만 사용하는 기존의 명품과는 달리 부담없이 매일 쓸 수 있는 캐주얼하고 실용적인 명품인 것이다.

로고 플레이에서도 전통 명품 브랜드와 다소 차이가 있다. 특히 이 브랜드들은 시그니처 로고라고도 불리는 상징 요소를 MZ세대의 취향

아미, 메종 키츠네, 메종 마르지엘라의 시그니처 로고
(출처: 각 브랜드 홈페이지 및 트위터 채널)

에 맞춰 디자인한다. 아미의 빨간색 A하트, 메종 키츠네의 여우, 메종 마르지엘라의 스티치(바늘땀) 등이 대표적이다. 이들의 공통점은 심플함에 있다. 제품 전체를 화려한 패턴으로 디자인하기보다는 포인트만 개성을 살리는 스타일이 주를 이룬다. 물론 기존의 명품 브랜드들도 이러한 로고 플레이를 안 한 것은 아니다. 가장 큰 차이는 전통 럭셔리 브랜드들은 대부분 브랜드명의 이니셜로 된 텍스트 기반 로고를 활용한 반면, 컨템포러리 브랜드들은 브랜드명이 아닌 브랜드의 정체성을 나타내는 상징을 활용했다는 점이다. 이러한 상징은 소셜미디어에서 가지고 놀기도 좋아 크리에이터 성향이 강한 MZ세대의 콘텐츠 제작 소재가 되기도 한다.

무엇보다 새로운 명품 브랜드들이 MZ세대에게 사랑받는 가장 큰 이유는 바로 동시대성이다. 이 시대의 트렌드와 문화를 대변하는 브랜드이기 때문에 지금의 핵심 소비층인 MZ세대에게 사랑받는 것이다. 동시대성을 갖췄기에 새로워 보이고, 힙해 보이고, 트렌디해 보이는 것이다. 동시대성은 MZ세대가 또래 집단과의 동질감 및 유대감을 가질 수 있게 해주는 동시에 기성세대와 차별화할 수 있도록 해준다. 따라서 컨템포러리 브랜드의 가격이나 디자인 자체보다 그 이면에 있는 동시대성에 주목해야 한다.

전통 럭셔리 브랜드의 혁신

전통 럭셔리 브랜드가 MZ세대에게 무조건 외면받고 있는 것은 아니다. 2021년 실시된 명품 소비자 조사에서 MZ세대는 다른 세대와 비슷하게 구찌, 샤넬, 루이뷔통 등 기존의 럭셔리 브랜드를 명품으로 가장 많이 떠올렸다. 또 이들은 "누가 봐도 명품으로 알아보는 브랜드"가 명품 브랜드의 기준이라고도 답하였다. 전통적인 럭셔리 브랜드를 외면하는 것이 아니라 이 브랜드가 갖고 있는 선망성을 인정하는 것이다.

그렇다면 전통 럭셔리 브랜드들은 아무런 노력 없이도 MZ세대의 선망성을 계속 지켜낼 수 있을까? 과거의 영광에만 매몰되어 변화를 시도하지 않는 브랜드들은 점점 관심을 잃어가는 '오래된' 럭셔리로 몰락할 수도 있다. 브랜드 가치를 유지할 수 있는 하나의 방안은 동시대적 선망을 확보하는 것이다. 이러한 전략을 잘 취하는 브랜드는 구찌다. 2018년 구찌는 새로운 비전인 '컨템포러리 럭셔리(Contemporary Luxury)'를 선포하였다. 기존의 낡고 오래된 이미지를 벗어던지고 동시대성을 갖춘 럭셔리 브랜드로 혁신하겠다는 비전이었다. 여기서 우리가 주목해야 할 점은 동시대성도 있지만, 보다 더 중요한 것은 바로 럭셔리 그 자체에 있다. 구찌의 비전에는 럭셔리의 본질인 선망성을 잃지 않겠다는 의지가 담겨 있기 때문이다. 즉 구찌가 그동안 쌓아온 선망성을 버리지 않으면서도 동시대적 감각으로 진화시키겠다는 것을 의미한다.

미국 MZ세대는 "How are you?"라는 질문에 "I'm fine thank you"라고 답하지 않고 "I'm GUCCI"라고 답한다고 한다. 미국 드라마를 많이 본 사람은 아마 들어봤을 것이다. 한국에서도 미국 문화를 좋아하는 꽤 많은 MZ세대가 "아임 구찌"라는 표현을 쓰고 있다. 그들에게 이 말은 멋지고 쿨한 표현으로 자리잡은 것이다. 이는 구찌가 만든 동시대적 선망의 모습이라고 해석해볼 수 있다.

명품 소비 채널의 변화

합리적 가격으로 무장한 온라인 명품 플랫폼의 부상

온라인 명품시장도 인기다. 머스트잇, 트렌비, 발란 등 명품을 전문으로 하는 온라인 명품 플랫폼 간의 경쟁이 치열해지고 있다. 그뿐 아니라 신세계인터내셔날의 '에스아이빌리지(S.I.Village)' 등 대기업도 뛰어들어 시장을 키우고 있다. 네이버와 카카오도 자신의 쇼핑 생태계 안에 명품의 영역을 확장하고 있다. 온라인 명품 플랫폼들의 강점은 가격경쟁력과 정보 편의성에 있다. 병행수입 등으로 유통 절차를 혁신하여 소비자들이 보다 저렴하게 명품을 구매할 수 있게 하였고, 전 세계 수많은 상품을 쉽고 빠르게 탐색하고 비교할 수 있게 해준다는 강점이 있다. 특히 가격 합리성을 중시하는 MZ세대가 자신이 갖고 싶은 고가의 명품을 최저가나 할인가에 구매할 수 있게 해준다는 점에서 온라인 명품 플랫폼의 경쟁력이 점점 더 커지고 있다.

에스아이빌리지 홈페이지 (출처: sivillage.com)

그러나 온라인 명품 플랫폼에도 극복해야 할 문제가 있다. 바로 품질과 사후관리다. 품질과 관련된 가장 큰 이슈는 정품에 대한 신뢰성이다. 중간 도소매업자들을 통해 유통되고 실물을 직접 확인할 수 없기 때문에 정품 여부에 대한 불신이 기저에 깔려 있다. 사후관리 측면에서는 배송 과정에서 제품이 손상되어 반품이나 교환, 수선이나 복원을 요청할 때가 생길 수 있는데, 그 과정이 다소 불편하거나 불가능할 수 있다는 선입견이 존재한다. 온라인 명품 플랫폼들도 이를 알고 소비자의 불편과 인식 개선을 위한 서비스를 새롭게 도입하고 있는 중이다.

더 나아가 온라인 명품 플랫폼들은 디지털 플랫폼으로서의 강점을 활용하여 라이브커머스 시장에도 뛰어들고 있다. 신세계그룹은 신세계인터내셔날을 통해 2020년 말 라이브커머스 플랫폼인 '에스아이라이브(S.I.LIVE)'를 론칭했다. 에스아이라이브는 회원 전용 럭셔리 전문 미디어 플랫폼으로 패션, 뷰티, 라이프스타일 등을 주제로 운영된다. 또한 '쓱라이브(SSG.LIVE)'를 운영중인 SSG닷컴도 글로벌 명품 브랜드를 대거 입점시켜 라이브커머스 시장을 공략하고 있다.

쇼핑을 넘어 여행의 공간으로 진화한 오프라인 명품 매장

코로나19로 가속화된 디지털 대전환 시대, 오프라인 명품 매장들은 온라인과 디지털이 채울 수 없는 오프라인만의 강점을 살려 자신들의 매장을 단지 쇼핑만 하는 매장이 아닌 탐험하고 체험하는 여행 중심 공간으로 탈바꿈하고 있다. 예를 들어 구찌는 2021년 5월 이태원에 국내 두번째 플래그십 스토어인 '구찌 가옥(GUCCI GAOK)'을 오픈하였다. 한국의 전통주택인 한옥을 모티프로 한 구찌 가옥은 마치 북촌한옥마을처럼 단순 매장이 아닌 관광명소로 느껴지며, 구찌 가옥에서만 판매하는 시그니처 제품들도 유명 여행지에서 사는 기념품처럼 여겨진다. 샤넬도 여행 명소를 만들고 있다. 서울이 아닌 제주도에 팝업 매장을 연 것이다. 2021년 3월 오픈한 '샤넬 인 제주(CHANEL IN JEJU)'는 코로나19가 장기화되면서 국내여행에 대한 수요가 늘 것임을 미리 예측하고 제주도 내 팝업 매장을 오픈하였다. 이는 기존 명품 팝업 매장이 도심 번화가에서만 만들어지는 관행을 벗어난 사례다.

구찌 가옥의 외관과 실내, 오픈을 알리는 홍보물 (출처: gucci.com)

해외에서는 명품 매장을 여행 명소로 탈바꿈하는 것을 넘어 여행 자체를 신사업으로 확장한 지 오래다. 루이비통, 디올, 지방시 등 약 75개 명품 브랜드를 보유하고 있는 LVMH는 2011년 파리 시내에 '슈발 블랑(Cheval Blanc)' 호텔을 짓기로 발표하고 2021년 9월 정식 오픈하였다. 슈발 블랑 호텔은 LVMH의 헤리티지에 기반한 럭셔리 여행경험 제공을 지향하고 있다. 영화 〈007〉의 제임스 본드의 차로도 유명한 고급 스포츠카 브랜드인 애스턴마틴(Aston Martin)도 미국 플로리다주 마이애미에 66층의 초고층 레지던스를 지었다. '애스턴마틴 레지던스(Aston Martin Residences)'는 단순 주거공간이 아닌 여행을 중심으로 한 럭셔리 라이프를 지향하고 있다. 이처럼 전통 럭셔리 브랜드들은 자신들의 오프라인 매장과 공간에 대한 개념을, 쇼핑을 넘어 여행과 라이프스타일로 확장하고 있다.

오늘날의 주력 소비층인 MZ세대는 우아하고 품격 있는 명품보다 이 시대 가장 힙한 명품을 갖고 싶어한다. 그들은 명품으로 플렉스하고 재테크도 한다. 전통 럭셔리 브랜드 상품을 갖고 싶어 온라인 명품 플랫폼에서 최저가를 찾거나 신상품을 구입하기 위해 오픈런을 하고, 기존의 명품들은 올드하다는 이유로 새롭게 떠오르는 명품인 컨템포러리 브랜드를 구매하기도 한다.

전통 럭셔리 브랜드들은 진부하고 뒤처진 명품이 되지 않기 위해 자신들의 브랜드와 매장을 지속적으로 혁신한다. 하지만 앞서 본 명품 소비의 모든 변화의 중심에는 여전히 럭셔리의 본질인 선망성이 있다. 갖고 싶고 되고 싶은 욕망으로부터 나오는 선망성은 럭셔리를 움직이는 가장 근원적인 동력이다. 이 동력을 유지하기 위해 럭셔리는 동시대적 가치를 담아내야 한다. 그 시대가 가장 욕망하는 것을 가지고 있어야 선망성을 유지할 수 있기 때문이다.

MZ세대가 중심이 되고, 코로나19와 디지털 대전환 등으로 급변하는 새로운 시대에도 럭셔리는 선망성을 지켜내야 한다. 선망성이 없는 럭셔리는 럭셔리가 아니기 때문이다. 이제 밀레니얼 세대를 넘어 Z세대의 시대가 오고 있으며, 알파 세대가 그 뒤를 따라오고 있다. 코로나19도 종식이 아닌 공존의 개념으로 전환한 '위드 코로나' 시대가 올 것이라고 얘기되고 있다. 앞으로 다가올 시대에는 어떤 명품 브랜드와 럭셔리 플랫폼이 동시대의 선망을 만들며 럭셔리 브랜드로서 사랑을 받게 될지 기대된다.

빛이 나는 홀로:

뉴노멀이 된 1인 가구

3

혼자 사는 사람들은 여름철 대표 과채류인 수박을 먹고 싶어도 구입하기에 부담스럽다. 크고 양도 많은데, 음식이 상하기 쉬운 계절 특성상 보관하기도 어렵기 때문이다. 다른 과일에 비해 비교도 안 될 만큼 크고 많은 껍질 역시 처치하기 곤란하다. 하지만 1인 가구도 이제는 부담없이 수박을 즐길 수 있게 되었다. 2013년 수박의 1/4 정도 크기의 애플수박이 개발된 것이다. 기존 수박보다 껍질이 얇아 사과처럼 깎아 먹을 수도 있고 음식물쓰레기도 적어 편리함까지 더해졌다. 애플수박의 가격은 양을 고려하면 기존 수박보다 비싸지만, 가벼움과 편리함에 힘입어 판매량이 점점 증가하는 추세다.

애플수박의 개발 배경에는 우리나라 가구 구조의 변화가 있다. 불과 얼마 전까지만 해도 우리나라의 전형적인 가구 형태는 4인 가구였지만, 이제는 4인 가구보다 1인 가구가 더 많아졌다. 그러나 여전히 1인 가구는 혼자서 다 먹을 수 없는 양인데다 보관하기도 힘든 수박을 구매하기가 쉽지 않다. 이에 수요가 줄어드는 것을 우려하여 1인 가구도 부담없이 구입할 수 있는 애플수박을 개발하게 된 것이다.

과거에 1인 가구는 일시적인 생활 형태라는 인식이 강해 주목받지 못했지만, 지금은 주변을 둘러보면 혼자 사는 사람 한두 명쯤 찾는 것은 어려운 일이 아닐 것이다. 솔로 이코노미★라는 개념이 생겼을 정도로, 1인 가구는 사회 전반에서 관심을 받고 있다. 이제 1인 가구는 하나의 삶의 형태이며, 거스를 수 없는 대세가 되었다.

©Farhad Ibrahimzade, Unsplash

★

솔로 이코노미(Solo Economy) 1인 가구의 급속한 증가로 이들이 새로운 소비시장을 형성하자 기업들이 이를 겨냥하여 제품을 생산, 판매하는 현상

대세가 된 1인 가구

우리나라 인구는 2030년을 기점으로 감소할 것으로 예상되고 있다. 그러나 아이러니하게도 가구수는 2040년까지 계속 증가할 예정이다. 우리나라의 가구수 증가를 견인하는 것이 바로 1인 가구이다.

2005년까지만 해도 우리나라의 가구 구성은 부모와 미혼 자녀로 구성된 4인 가구 중심이었고, 산업과 사회체계 역시 4인 가구 중심이었다. 그러나 가장 전형적이라고 생각했던 4인 가구의 비중이 2010년부터 점차 감소세를 보인 반면, 1인 가구는 점차 증가하더니 어느덧 1인 가구가 전체 가구 유형 중 가장 높은 비중을 차지하게 되었다. 2020년 기준 1인 가구는 약 664만 가구로 전체 가구의 32%를 차지했다. 그에 비해 4인 가구는 약 327만 가구로, 1인 가구수의 절반이 되었다. 이제는 4인 가구 대신, 1인 가구가 전형적인 가구 형태가 되어버린 것이다. 1인 가구의 증가세는 앞으로도 지속될 것으로 예상되며, 2040년에는 전체 가구의 36%가 1인 가구가 될 것으로 추정된다. 1인 가구의 증가에서 흥미로운 점은 50대 이상의 장년·노년층뿐 아니라, 20~40대의 비교적 젊은 1인 가구도 증가하고 있다는 점이다.

1인 가구수 전망 (출처: 통계청 장래가구추계)

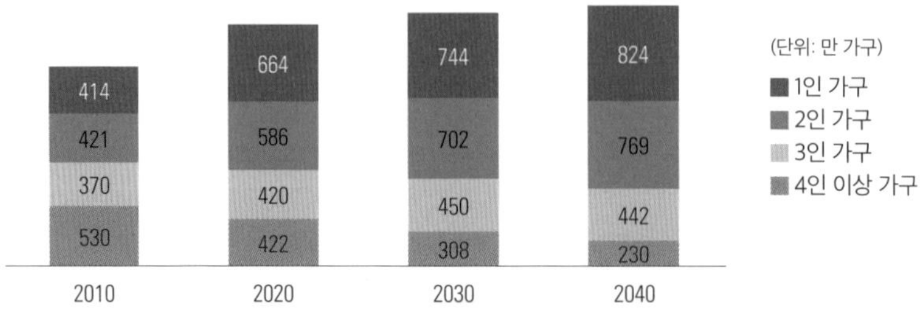

1인 가구 증가 배경

1인 가구가 되는 과정은 연령별로 차이가 있다. 50대 이상 장년층은 대체로 본인이 부모로부터 독립하여 결혼을 통해 자신의 가족을 구성한 뒤 이혼이나 사별, 자녀의 독립 등 외부요인의 영향을 받아 1인 가구가 된다. 그러나 20~40대의 젊은 1인 가구는 자신만의 가족구성을 거치지 않고 바로 1인 가구로 독립한다. 학업이나 취업 등을 이유로 1인 가구가 되기도 하고, 외부요인 없이 혼자 살고 싶어서 스스로 1인 가구를 선택하기도 한다.

어떤 이유로 1인 가구가 되었든, 1인 가구가 일시적인 과정이라면 1인 가구 증가에는 영향을 미치지 않을 것이다. 하지만 1인 가구 증가는 1인 가구로 살기 시작한 이후 자발적으로 1인 가구 생활의 연장을 선택하는 사람들이 증가하고 있다는 의미이다. 젊은층이 자발적으로 1인 가구의 삶을 택한다는 것은 더이상 결혼이나 출산을 통해 새로운 가족을 구성하거나 한 공간에 여럿이 함께 사는 것을 선호하지 않는다는 것을 의미한다. 실제로 젊은층의 결혼과 출산 의향은 매년 하락하고 있다. 젊은층의 결혼과 출산 기피 이유는 성별로도 차이가 보인다.

가족에 대한 가치관 변화

50대 이상의 세대에게 결혼과 출산은 때가 되면 학교에 입학하고 회사에 취업하는 것처럼 당연한 인생의 단계 중 하나였다. 그러나 그들의 자녀 세대에게 결혼과 출산은 더이상 당연한 것이 아닌 선택이 가능한 영역으로 바뀌었다. 결혼과 출산에 대한 가치관이 변화된 데는 그들의 성장환경을 돌아볼 필요가 있다. 20~40대는 대체로 1~2명의 자녀가 있는 핵가족 가정에서 성장하면서 부모의 전폭적인 보살핌을 받아왔다. 또한 핵가족이다보니 자라는 동안 가정 내에서 많은 사람과 부딪힐 일이 없었고 사회에서는 공동체보다 개인이 우선인 풍조로 바뀌면서 개인주의가 점차 심화되었다. 그 결과 이들에게는 부모 세대와 달리 가족(공동체)을 위한 희생보다는 소중한 내 자신을 지키는 것이 우선시되었고, 비혼* 유지라는 개념이 자리잡게 된 것이다.

남성보다 비혼에 긍정적인 여성 (출처: 인구보건복지협회)

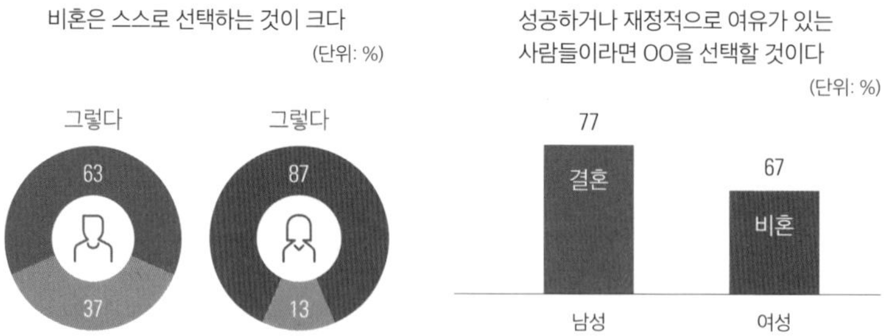

★

비혼(非婚) 비혼은 결혼을 하지 않은 상태를 의미한다. 미혼(未婚)은 언젠가 결혼을 하게 될 수 있음을 내포하고 있어, 미혼과 비혼에는 차이가 있음

비혼 의지는 남성보다 여성에게서 강하게 나타나고 있다. 2020년 인구보건복지협회의 조사 결과에 따르면, 30대 여성은 결혼보다 비혼을 긍정적으로 평가하고 있다. 아직 우리 사회에서 자녀 양육은 여성의 몫이라는 인식이 강하기 때문에 여성의 입장에서는 자신의 라이프스타일 유지와 가정 생활의 양립이 쉽지 않다고 느낀다. 그래서 출산을 점차 꺼리고 굳이 결혼해야 할 이유도 찾지 못한다. 결혼보다는 차라리 혼자 사는 것이 행복하다는 인식이 형성되고 있는 것이다.

저성장 시대가 만든 젊은 1인 가구

우리나라는 IMF 외환위기 전인 1990년대 중반까지는 성장 시대를 유지했지만, 이후로는 몇 차례 경제위기를 겪으며 저성장 시대로 접어들었다. 저성장 시대도 결혼 기피에 큰 영향을 주었는데, 이로 인한 결혼 기피는 여성보다 남성에게서 강하게 나타난다. 젊은 남성의 비혼은 결혼에 필요한 경제적 능력을 갖추기 어렵다는 이유로 발생한다.

지금의 20~40대가 직면한 사회는 성장에 대한 희망보다 생존에 대한 걱정이 앞선다. 40대는 대학생 혹은 사회초년생 시절에 IMF 외환위기를, 20~30대는 학창시절 혹은 사회초년생 시절에 글로벌 금융위기를 겪었다. 이런 경제위기는 취업난으로 연결되어 사회에 첫발을 딛는 것조차 어렵게 했고, 취업 후에는 높은 집값에 직면하게 했다. 부모세대는 단칸방에서 결혼생활을 시작해 살림살이를 늘려나갔다고 말한다. 그러나 사회에 나오자마자 경제위기를 먼저 직면했던 20~40대는 예전과 같은 성장에 대한 기대와 희망이 없고, 남들처럼 시작하지 않는다면 영영 뒤처질 것만 같다는 생각을 한다. 이런 현실이 이들이 비혼을 결심하게 만들었다. 적은 월급으로 가족과 아등바등 살 바에야 조금 더 넉넉할 수 있는 혼자의 삶을 택한 것이다. 1인 가구이기 때문에 가구 소득은 적지만, 자신에게 온전히 투자할 수 있는 돈은 늘어날 수 있기 때문이다.

이처럼 저성장을 경험한 20~40대에게 결혼에 대한 기회비용은 너무 커져, 결혼 후 장담할 수 없는 미지의 행복보다는 현재의 보장된 행복을 추구하게 한다.

젊은이들의 결혼 포기에 대한 뉴스 보도 화면
(출처: YTN 뉴스)

1인 가구 증가로 인한 기업의 변화

경제적 불안정 때문에 1인 가구를 선택했다 하더라도 그것은 가족을 건사할 만큼 여유롭지 않다는 의미이지, 나에게 투자할 여력이 없다는 의미는 아니다. 대부분의 1인 가구는 내 행복을 위해 1인 가구를 선택했기 때문에 내 삶의 질을 높일 수 있는 부분에 대해서는 가능한 선에서 최대한 투자하려고 한다. 기업에서도 이를 겨냥해 1인 가구를 위한 다양한 제품과 서비스를 선보이고 있다.

작지만 알찬 제품의 다양화

1인 가구의 생활공간은 다인 가구보다 대체로 작기 때문에, 대형보다 소형 제품을 선호할 수밖에 없다. 하지만 작다고 해서 무조건 가성비만 추구하지는 않는다. 1인 가구로 정착하였기 때문에, 잠깐 사용하고 버릴 물건이 아니라 작으면서도 대형 못지않은 성능을 갖춘 제품을 원한다. 따라서 단순히 작고 저렴한 제품보단 1인 가구의 가심비*를 채워줄 제품을 추구한다.

★

가심비 가격 대비 마음의 만족을 추구하는 소비 형태로, 가격 대비 성능을 중시하는 가성비에서 파생된 신조어. 이는 가격 대비 심리적인 만족감을 중요시하는 상황이 반영됨 이런 1인 가구의 심리가 반영됐던 것이 2019년에 출시된 현대자동차의 베뉴이다. 베뉴는 가심비를 원하는 젊은 1인 가구를 타깃으로 혼라이프 SUV를 내세웠다. 베뉴 구매자는 생애 첫 차를 구매한 초보 운전자일 가능성이 높다는 점을 고려해, 다양한 안전 사양을 기본으로 하거나 옵션으로 선택할 수 있게 했다. 또한 다양한 운전 모드를 탑재하고, 외관 색상도 21가지 중 선택할 수 있게 하여 자신의 개성을 나타낼 수 있는 커스터마이징도 가능하게 했다. 라이프스타일을 고려해, 크기는 작게 만들었지만 필요한 사양을 다양하게 탑재하여 가심비를 공략한 것이다.

혼라이프를 내세운 현대자동차 베뉴
(출처: 현대자동차 베뉴 광고)

소형화의 바람이 가장 강하게 일고 있는 분야 중 하나는 가전이다. 가전제품은 한번 사면 오래 쓴다는 인식이 있어, 비싸더라도 성능이 보장된 제품을 선호한다. 이에 스몰 프리미엄을 콘셉트로 한 소형 가전제품이 다양해지고 있다. 가전제품의 3대 이모님*이라 불리는 제품 중 대형가전인 식기세척기, 의류건조기 등도 용량은 적지만 대용량 모델과 동일한 성능을 갖춘 제품이 출시되고 있다. 시장조사기업 유로모니터에 따르면, 이런 변화에 힘입어 2014년에 7조 9,300억 원이었던 국내 소형가전 시장의 규모가 2025년에는 9조 6,200억 원 규모로 확대될 것으로 예상된다.

기존의 대용량 세탁기, 건조기를 탈피해 출시된 소형 세탁기, 건조기
(출처: 삼성전자 홈페이지)

★

3대 이모님 집안일을 덜어주는 3개의 가전제품으로, 주로 식기세척기, 의류건조기, 로봇 청소기를 의미

편리함의 강화

1인 가구는 바쁘다. 집안일을 전담하거나 분담할 사람 없이, 혼자서 집안의 모든 것을 챙겨야 하기 때문이다. 보다 편리한 내 삶을 위해 1인 가구를 택했는데, 집안일로만 시간을 보낸다면 억울할 것이다. 그래서 1인 가구는 비용을 더 지불하더라도 나의 시간을 아껴줄 수 있는 부분에 투자한다.

이런 1인 가구의 성향을 공략한 것이 편의점이다. 일반적으로 장을 본다고 하면 대형마트를 떠올리기 쉽지만, 대형마트는 시간을 내어 계획해서 방문해야 하기 때문에 바쁜 1인 가구에게 적절하지 않은 장보기 장소이다. 반면 편의점은 왕래가 많은 곳에 위치해 있어 퇴근길에 잠깐 들러 물건을 사는 것이 어렵지 않다. 편의점은 이런 1인 가구를 타깃으로 소량 포장제품이나 간편식을 다양화했고, 그 결과 오프라인 유통시장이 어려움을 겪는 가운데서도 성장을 이어나가고 있다.

최근에는 편리함을 추구하는 1인 가구를 고려해 새벽배송이 아닌 저녁배송 서비스도 도입되었다. 프레딧(구 한국야쿠르트)에서는 자사몰에서 제품 구입 시 원하는 저녁 시간대를 지정하여 배송받을 수 있다. 쿠팡의 로켓배송이나 마켓컬리의 새벽배송은 주로 잠든 새벽에 배송이 이뤄져, 몇 시간 동안 현관 밖에 제품이 방치되어 있고, 출근 준비로 바쁜 아침에 물건을 정리해야 하는 불편함이 있다. 하지만 저녁배송은 퇴근하면서 집 앞에 놓인 물건을 바로 갖고 들어가서 저녁식사를 준비하면 되기 때문에 사소한 번거로움도 개선되었다.

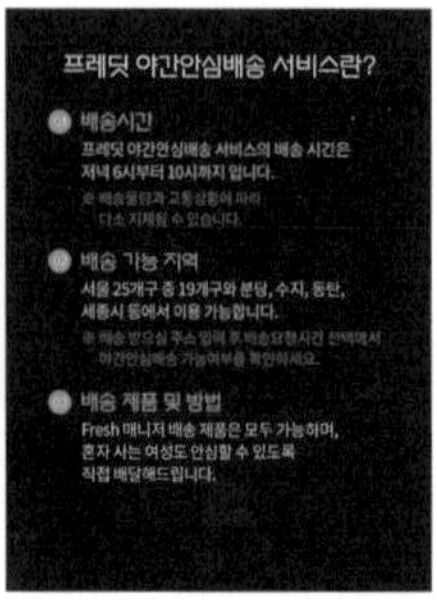

프레딧에서 도입한 야간안심배송 서비스
(출처: 프레딧 홈페이지)

1인 가구의 미래

따로 또 같이 하는 삶

혼자 편하게 살기 위해 1인 가구를 택했지만, 가끔씩 느껴지는 외로움이나 아플 때의 걱정 등은 1인 가구도 피해 갈 수는 없다. 코로나19 사태로 혼자 보내는 시간이 더 늘어난 요즘, 고령층뿐 아니라 젊은층의 고독사도 뉴스를 통해 심심치 않게 들을 수 있다. 하지만 혼자의 삶이 편해 부모로부터 독립하거나 결혼하지 않은 1인 가구가 이런 걱정만으로 새로운 가족을 만들 리는 만무하다. 그래서 이를 해결하기 위해 1인 가구는 느슨한 연대를 추구한다. 서로 관계에 대한 부담은 없고 외로울 때 가볍게 만날 수 있는 관계를 찾는 것이다.

이와 연관하여 주목할 만한 것이 공유주택이다. 공유주택은 우리가 잘 알고 있는 하숙과 비슷한 개념으로, 프라이버시가 보장되는 개인 공간이 있고, 주방이나 화장실, 거실 등을 공유하는 형태이다. 공유주택은 느슨한 연대를 추구하는 젊은층의 니즈를 충족시키며 매년 증가하고 있다.

2019년 기준 연도별 전국 공유주택 증가 추이 (출처: 컴앤스테이)

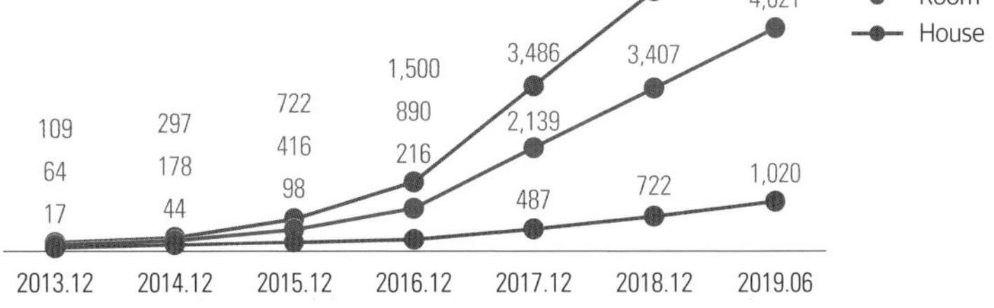

최근 대기업에서도 공유주택에 관심을 보이고 있다. 코오롱글로벌은 커먼타운, SK디앤디는 에피소드 등 별도 브랜드명까지 보유하고 있다. 이들은 코워킹 스페이스*나 취미 프로그램 등 입주민들이 자연스럽게 교류할 수 있는 기회, 청소 등의 생활 편의 서비스 등 다양한 서비스를 제공한다. 이처럼 공유주택은 전문적인 형태로 진화하고 있다.

에피소드 성수 101에서 제공중인 입주민 서비스 (출처: 에피소드 성수 101 홈페이지)

★

코워킹 스페이스(Co-working space) 일종의 공유사무실로 각기 다른 분야에 종사하는 사람들이 사무실을 같이 사용함으로써 적은 임대료로 사무기기를 공동으로 사용할 수 있고, 다른 분야의 사람들과 교류하면서 시너지를 얻을 수 있음식구는 한집에서 함께 살면서 끼니를 같이하는 사람을 뜻한다. 공유주택은 항상 혼자서만은 지낼 수 없는 1인 가구에게 느슨한 연대감을 통해 새로운 식구를 만들어주고 있다.

다인 가구 속 1인 가구

1인 가구의 증가로 확산된 솔로 이코노미는 다인 가구 속에도 스며들었다. 코로나19 사태로 혼밥, 혼술, 혼행* 등 혼자 행동하는 것이 미덕이 되었지만, 몇 년 전까지만 해도 혼자 행동하는 것은 주목받는 행동이었다. 그러나 1인 가구의 증가로 대두된 솔로 이코노미가 산업 전반에 스며들어 이제는 굳이 1인 가구가 아니어도 혼자 시간을 보내는 것이 이상한 일이 아니게 되었다.

솔로 이코노미는 집안으로도 들어왔다. 모두가 바쁜 삶을 살아가고 있기 때문에 가족이라고 해서 늘 모든 것을 같이하고 공유하는 삶이 어려워졌다. 함께 사는 가족이 있지만 시간이 맞지 않으면 집에서 혼자 밥을 먹고, 공유주택처럼 방문만 닫으면 완성되는 나만의 공간에서 휴대폰으로 보고 싶은 것을 보며 나만의 시간을 즐기기도 한다. 이런 경향을 반영하듯 최근 LG전자에서는 프라이빗 스크린이라는 콘셉트의 LG 스탠바이미를 출시했는데, 준비된 물량이 모두 소진되면서 중고시장에서 웃돈까지 얹은 거래가 형성되고 있다고 한다. LG 스탠바이미의 완판은 자신의 방에서 혼자 휴대폰으로 영상을 감상하는 젊은층을 타깃으로 했기 때문에 가능했다. 휴대폰으로 영상을 볼 때는 주로

★

혼밥, 혼술, 혼행 혼자 밥 먹기, 혼자 술 먹기, 혼자 여행하기의 줄임말

방에 누워서 보는데, 휴대폰 거치 위치나 눕는 자세가 편하지 않을 때가 많다. LG 스탠바이미는 이 점을 염두에 두고 모니터를 이동이 가능한 스탠딩 형태로 만들고 높낮이 조절과 화면 회전을 자유롭게 했다. 이런 기능성을 기반으로 거실이 배경이 아닌 나만의 공간에서 나만의 시간을 보낸다는 콘셉트가 소비자의 공감을 얻게 된 것이다.

이처럼 1인 가구 문화는 더이상 1인 가구에만 한정된 것이 아니라 사회 전반으로 확산되어 공동체 속 개인화가 일어나고 있다.

LG전자에서 출시한 LG 스탠바이미
(출처: LG전자 홈페이지)

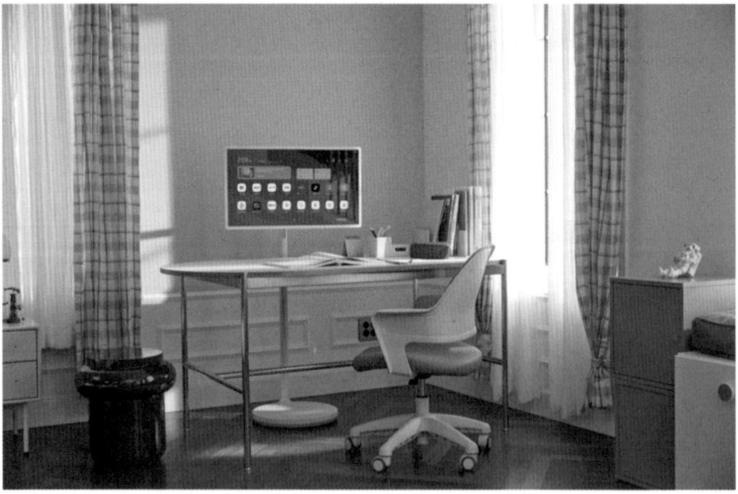

1인 가구는 이제 우리 사회의 대세가 되었다. 1인 가구가 대세가 되기까지 젊은 1인 가구의 증가가 한몫했다. 젊은층이 개인주의의 확산 및 미래에 대한 불안함으로 결혼을 기피하면서 1인 가구의 삶을 선택하게 된 것이다. 내 행복을 위한 최선의 선택이었기 때문에, 이들은 가능한 선에서 충분히 소비를 하며 나를 위한 투자를 하고 있다. 이런 성향을 고려해 기업들은 대형 가전제품이나 대형마트 장보기 등 4인 가구 중심 사회에서 당연하다고 여겨졌던 것들의 틀을 깨고 1인 가구를 위한 다양한 제품과 서비스를 선보이고 있다.

1인 가구를 위한 상품과 서비스가 다양해지고 있지만 1인 가구에도 외로움과 고독은 찾아온다. 그래서 아이러니하게도 독립한 1인 가구가 다시 모여, 가족은 아니지만 한집에서 부담없이 접촉할 수 있는 타인과 함께하는 공유주택이 대두되고 있다. 반면 다인 가구 안에서는 가족 구성원이 1인 가구화되어 나만의 공간과 시간을 추구하기도 한다. 이렇게 1인 가구와 다인 가구의 경계를 넘나드는 삶의 모습은 또 한 번 틀을 깨는 모습을 보여준다. 타인과 공유하기 힘들다고 생각했던 집을 공유하게 되고, 가족과 거실에서 함께 보는 것이라 생각했던 TV는 내 방에서 혼자 보는 것처럼 말이다.

이처럼 최근 1인 가구는 그동안의 고정관념을 깨고 보다 다채로운 삶의 모습을 보여주고 있다. 1인 가구가 증가하면서 지금까지 마케팅활동이 주로 혼자 살고 있는 1인 가구 대상으로 진행되었지만, 향후의 마케팅활동은 단순히 1인 가구는 혼자라는 고정관념에서 벗어나 다양한 삶의 모습을 고려해야 할 것으로 보인다.

아무튼 멘탈케어:

내 마음의 안녕 찾기

4

'당신의 멘탈은 안녕하십니까?'

힘든 일을 겪으면 흔히들 '멘붕(멘탈붕괴)이 왔다'고 말한다. 살다보면 애초의 계획과 달리 뜻하지 않은 일들이 일어나 마음이 힘들어지는 경우가 있다. 잘 지내는 줄 알았는데 어느 순간 마음이 종잡을 수 없거나 새로운 인간관계나 업무로 큰 부담을 느낄 때도 있다. 어떤 날은 지나간 일들로 생각이 꼬리에 꼬리를 물면서 잠을 설치기도 한다. 무엇보다 끈질기게 끝나지 않는 코로나19는 계속해서 우리에게 두려움과 걱정을 안겨주고 있다. 이처럼 다양한 정신적 스트레스를 받는 시대를 살다보니 멘탈은 중요한 돌봄의 대상이 되었다.

과거에는 정신건강을 이야기하면 질환 혹은 치료의 관점에서 인식되는 경우가 많았다. 하지만 정신건강 관리를 점점 사후적 치료의 관점이 아닌, 일상생활에서의 자기관리로 받아들이기 시작하면서, 선제적으로 정신건강에 관심을 가지고 멘탈케어를 위해 노력하는 이들이 늘어나고 있다. 멘탈충전을 위해 충분한 휴식시간을 가지는 데 관심이 높아지고, 자신에게 맞는 멘탈케어 콘텐츠를 찾거나 명상 앱을 활용하는 데에도 적극적이다.

앞으로도 스트레스를 받는 상황은 계속해서 찾아올 것이고, 멘탈에 대한 관심은 더욱 증가할 것이다. 멘탈케어는 행복한 삶을 살아가는 지혜이자 삶의 목표를 이루기 위한 방안으로서 중요한 의미를 가진다. 따라서 이러한 관심과 기대를 충족시키기 위한 새로운 멘탈케어 서비스가 계속 진화될 것으로 예상된다.

©Greg Rakozy, Unsplash

멘탈케어, 왜 주목받는가?

우리의 멘탈을 흔드는 원인들

한국에서 '멘탈'이라는 단어는 마음이 쉽게 흔들리지 않고 평정심을 유지하는 정신력의 의미로 사용된다. 어려운 상황을 겪었을 때 멘탈갑, 강철멘탈이라 불릴 정도로 놀라운 수준의 정신력을 보여주는 이들도 있지만, 보통의 경우에는 멘탈이 흔들리는 경험을 하기 마련이다. 최근 들어 '정신건강을 관리한다'는 뜻을 지닌 '멘탈케어'에 대한 관심이 커지고 있다. 특히 몇몇 시그널들은 우리의 멘탈이 중요한 돌봄의 대상이 되었음을 깨닫게 해준다.

가장 대표적인 시그널이 번아웃증후군(Burnout syndrome)이다. 누구나 한 번쯤은 일이나 공부를 열심히 하다가 '더이상은 못 하겠다'라고 느꼈던 경험이 있을 것이다. 번아웃이란 '에너지를 소진하다'를 의미하는데, 번아웃증후군은 일을 하다가 심한 육체적, 정신적 피로를 느끼고 그 일에 대한 열정과 성취감을 잃어버리는 증상을 뜻한다. 우리는 기술과 네트워크의 발달로 언제 어디서나 원하는 서비스를 이용하는 편리함을 누리기도 하지만, 한편으로는 실시간으로 빠르게 업무를 처리해달라는 요구를 받는 등 일과 개인적 삶과의 경계가 흐려지면서 이전보다 더 강한 업무 강도에 시달리기도 한다. 특히 한국은 업무 시간 과다로 인해 피로도가 높다. OECD(경제협력개발기구)가 매년 발표하는 '더 나은 삶의 지수(Better Life Index)'에 따르면, 일과 삶의 균형을 잘 이루고 있는 국가는 노르웨이, 핀란드, 덴마크 등 북유럽 국가들이다. 반면 한국은 다른 아시아 국가들과 함께 최하위에 머물고 있다. 이를 증명하듯 2020년 3월 취업 포털 인크루트가 직장인 750명을 대상으로 진행한 설문조사에 따르면, '최근 1년간 번아웃증후군을 겪었는가'라는 질문에 응답자의 64.1%가 그렇다고 답했다.

최근 1년간 번아웃증후군을 겪었는가 (출처: 취업 포털 인크루트)

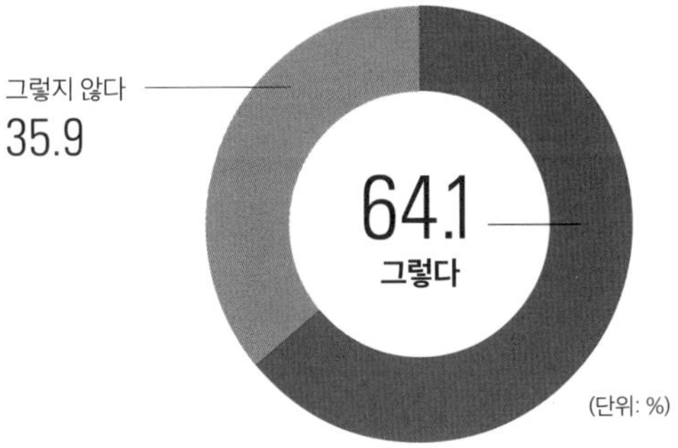

최근 들어 새롭게 등장한 시그널은 '코로나 블루'다. 코로나 블루는 '코로나19'와 '우울감(blue)'이 합쳐진 신조어로, 코로나19로 인한 팬데믹이 오래 지속되어 일상에 커다란 변화를 겪으면서 느끼게 된 우울감 혹은 무기력증을 의미한다. 많은 이들이 평소에 즐겨했던 여행, 스포츠, 쇼핑 등 외부활동에 제약이 생기고 지인들과 오랫동안 못 보게 되면서 여러 감정적인 어려움을 겪고 있다. 특히, 코로나19가 앞으로

얼마나 지속될 것인지 예상하기 힘든 불확실성으로 인해 정신적 피로도도 높아지고 있다. 코로나19 종식을 선언했던 국가들에서 또다시 확진자 수가 증가한 경우도 있었으며 우리나라도 백신접종 시작과 더불어 상황이 진전될 것이라는 기대와는 달리 상황이 악화되어 많은 사람이 두려움과 걱정에 휩싸이기도 했다.

급격한 자산가치 변동으로 인한 불안감 또한 멘탈관리에 관심을 갖게 만든다. 최근 몇 년 사이 주식, 부동산, 가상화폐 등의 가격이 가파르게 증가하는 경우가 많았는데 이때마다 해당 자산 보유 여부에 따라 희비가 엇갈렸다. 뒤늦게라도 관련 자산을 매입하지 않으면 안 될 것 같은 불안감에 시달리는 이들이 많아지면서, 영끌* 혹은 패닉바잉* 이라는 단어도 언론에서 빈번하게 언급되었다. 보유 자산 대비 무리한 수준의 대출로 투자하는 이들의 경우, 향후 자산 가격이나 금리의 변동으로 인해 더 큰 어려움에 처할 수 있다는 점에서 우려되는 상황에 직면한다.

멘탈케어에 대한 관심과 인식의 변화

이와 같이 스트레스와 불안감을 느끼는 여러 상황 가운데 현대인들의 정신건강에 대한 관심은 지속적으로 높아지고 있다. 이노션 데이터 커맨드팀의 소셜 버즈량 분석 결과, 코로나19 이전보다 그 이후에 '정신건강' 주제에 대한 버즈량이 15% 수준 증가한 것으로 나타났다. 특히 건강 속성 연관어 추이에서 '신체 건강'에 대한 버즈량은 다소 주춤해지거나 감소하는 패턴을 보인 반면, '정신건강' 키워드에 대한 버즈

★

영끌 '영혼까지 끌어모은다'를 줄인 말로 '영끌 대출', '영끌 투자' 등의 표현에 사용됨

패닉바잉(panic buying) 최대한의 물량을 확보하려는 시장심리의 불안으로 인해 가격에 관계없이 발생하는 매점·매석 현상으로, 일반적으로 엄청난 거래량과 함께 가격의 급상승이 나타남

량은 지속적으로 증가하고 있는 것으로 나타났다. 세부 속성 연관어를 보면 스트레스, 걱정, 고민, 불안 순으로 높게 나타나며, 특히 스트레스와 불안의 경우 버즈량이 꾸준히 증가하는 모습을 볼 수 있다.

건강 및 정신건강 관련 버즈량과 연관어 추이 (출처: 이노션 데이터커맨드팀)

(단위: 건)

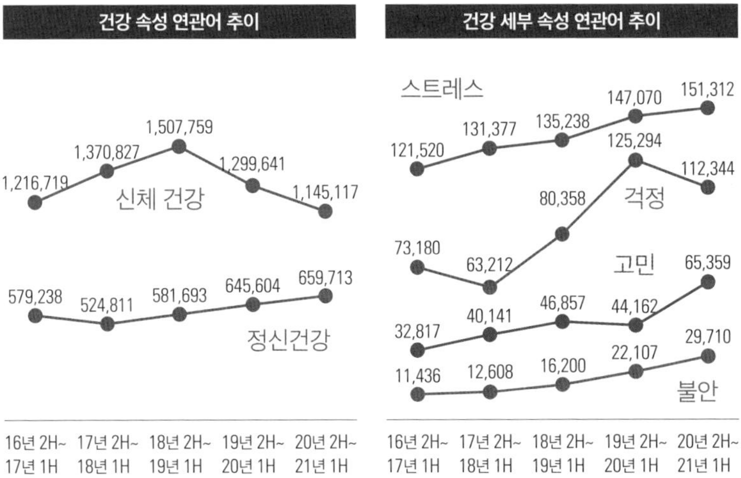

정신건강 관리에 대한 인식 변화 또한 주목할 만하다. 코로나19 이후 '정신건강' 주요 속성 연관어 언급량의 변화를 보면 치료, 질환 등 전문적인 의료 영역으로 인식하는 비중이 점차 감소한 반면, 자신감, 마인드, 에너지 등에 대한 언급량이 증가하고 있어 자존감을 높이는 일상생활 습관으로서의 중요성이 더 커지고 있음을 확인할 수 있다.

정신건강 주요 속성 연관어 언급량 변화 (출처: 이노션 데이터커맨드팀)

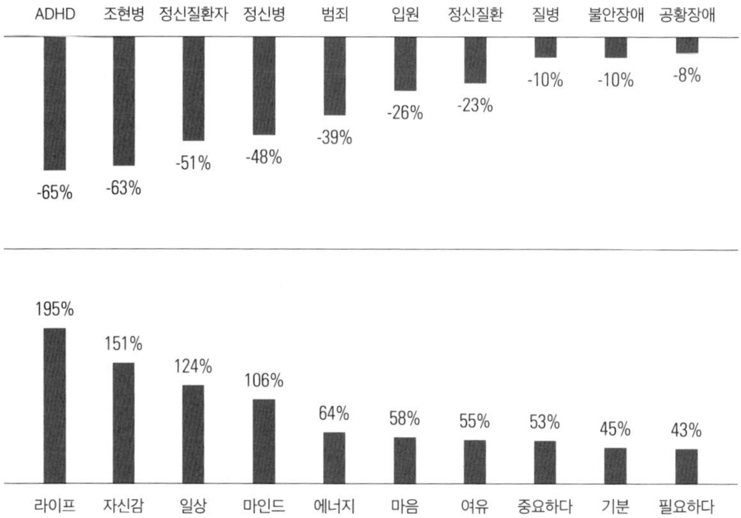

이는 『친절한 트렌드 뒷담화 2021』에서 현대인들이 자신의 감정과 의지까지 주도적으로 관리하고 있다고 설명한 '전지적 자기관리'와도 맥락을 같이 한다. 자기관리에 있어 '멘탈(정신건강)관리'가 중요한 덕목이 되어 이를 위한 적극적인 노력과 실천이 다양하게 나타나고 있는 것이다. '멘탈케어'는 크게 세 가지 유형으로 구분되는데 멘탈의 안정을 확보하기 위해 휴식 모드로 전환하거나, 멘탈코칭을 받는 등 적극적으로 멘탈을 트레이닝하기도 하고, 디지털 기기와 명상 앱을 통해 본인에게 최적화된 멘탈관리 콘텐츠를 활용하기도 한다.

'셀프 휴식 모드'로 멘탈을 충전하다

더욱 다양해지는 멍 타임

현대인들은 '멍 타임'을 통해 일상생활에서 자신의 멘탈에너지를 쉽게 충전한다. 사람들은 인스타그램에 자신의 일상 속 여유로운 시간을 포스팅하며 해시태그와 함께 자신만의 '멍 때리기' 순간을 남긴다. 창밖의 하늘을 보면 '하늘멍'이 되고 빗소리를 들으면 '비멍'이 된다. 책상 위의 화분에 있는 식물을 지켜보는 것만으로도 커다란 힐링이 되니 '식물멍'이라고 할 수 있다. 이러한 '멍 때리기'는 정해진 시간에 할 수도 있고, 본인 스스로 정신적 휴식이 필요하다고 생각될 때 언제든 멍 때리기에 돌입할 수 있다. 1인 가구의 삶을 살아가는 유명인들의 일상을 보여주는 관찰 예능들은 다양한 형태의 '멍 타임'을 보여주기도 한다.

유튜브에는 다양한 '멍 때리기' 영상들이 있는데 이 영상들을 잘 활용하면 매우 이색적인 경험을 할 수 있다. 특히 SNS에서 유행했던 페이크 윈도우(Fake Window)는 빔프로젝터를 활용하여 벽에 가짜 창문을 만들어 마치 내 방이 새로운 장소에 있는 것처럼 느끼게 하는 것으로 같은 공간이지만 새로운 경험을 하게 해준다. 이 가짜 창문을 통해 내 방의 바깥 풍경이 뉴욕의 야경, 해가 지는 바닷가 등으로 변신하게 되어 여행을 온 것만 같은 이국적인 느낌과 동시에 편안한 감정을 느끼게 한다. 또한 코로나19로 인해 가지 못하게 된 해외여행의 아쉬움을 이국적인 멍 타임으로 달래줄 수도 있다.

이러한 '멍 타임' 트렌드를 활용해 적극적으로 마케팅을 진행한 사례들이 있다. 호텔이나 리조트의 경우 테라스 뷰를 통해 '바다멍', '숲멍' 등을 제공하는 상품을 내놓았고, 캠핑장과 연계하여 '불멍'과 '산멍'을 동시에 즐기는 프로그램도 선보였다. 메가박스가 이색적으로 개봉한 〈메가릴렉스 불멍〉이라는 영화는 모닥불이 타는 모습을 담은 31분짜리 영상인데 상당수의 관람객이 단지 '불멍'을 즐기기 위해 영화관을 방문했다. 그리고 2021년 6월 지구의 날을 맞아 부산의 국립해양박물관도 바다를 보며 '멍 때리는' 대회를 열기도 하였다.

해변의 석양을 담은 페이크 윈도우 (출처: Fake Window 유튜브 채널)

뉴욕 맨해튼의 비 내리는 야경 (출처: Relaxation Corner 유튜브 채널)

메가릴렉스 불멍 포스터
(출처: 메가박스 공식 홈페이지)

한달살이 그리고 듀얼 라이프

충분한 기간 동안 '쉽'의 시간을 얻는 것만큼 멘탈회복에 좋은 것이 있을까? 최근에 많은 이들이 본인의 거주지에서 먼 곳에서 '한달살이'를 하며 재충전의 시간을 보내고 있다. 대표적인 장소는 제주도이지만 강원도 및 남해의 작은 마을 등 국내의 한적한 지역에서도 혼자 혹은 가족들과 한달살이를 한다. 이런 트랜드를 반영하듯 '아무튼 출근'이라는 프로그램에서 카드회사에 다니고 있는 한 직장인이 직장생활 5년마다 주어지는 안식월을 사용해 제주도와 울릉도에서 한달살이하는 모습을 보여주어 화제가 되기도 했다. '멍 타임'이 일상에서 짧게나마 본인에게 휴식과 힐링을 주는 '캐주얼'한 쉼의 시간이라면 '한달살이'는 몇 년 만에 스스로 부여하는 '특별한 선물'과 같은 쉼의 시간이다.

최근에는 복수 거점생활을 의미하는 '듀얼 라이프'가 뜨고 있다. 주거공간을 둘로 나누어, 직장이 있는 도심에서는 주중에 생활하고, 주말에는 여유롭게 쉬면서 힐링할 수 있는 지역에서 사는 것이다. 코로나19로 인해 도심에서의 외부활동에 많은 제약이 있는데다가 부동산 가격 상승으로 도심 내 넓고 여유로운 주거공간을 구하는 것이 쉽지 않게 되자, 다소 거리가 멀더라도 본인이 원하는 공간을 마련하고 재택근무하는 날 혹은 주말을 활용해 삶의 질을 높이는 시간을 보내고자 하는 이들이 늘어나고 있다.

멍 타임, 한달살이 그리고 듀얼라이프 모두 우리의 멘탈관리를 위해서는 자연스럽게 충전될 수 있는 휴식 모드가 필요하다는 것을 보여주는 트렌드라고 할 수 있다. 앞으로 '휴식'에 대한 현대인들의 관심은 점점 더 높아질 것으로 예상된다. 따라서 한정된 시간에 양질의 수준 높은 휴식을 제공하는 상품과 서비스는 더욱 주목받을 것이다. 그 사례로 '휴테크'는 '휴식공학'이라는 메시지를 담은 안마의자 광고를 선보였는데, 제품의 디자인과 기술력을 통해 최상의 '휴식'을 누릴 수 있음을 직관적으로 전달하여 제품의 매력을 느끼게 하였다.

휴식 공학의 메시지를 담은 휴테크 광고 (출처: 휴테크 공식 유튜브 채널)

'멘탈트레이닝'으로 관리하다

삶의 변화의 시작, 미라클모닝

코로나19 이후 멘탈케어와 관련해 가장 큰 관심을 받는 단어가 있다면 '미라클모닝'일 것이다. 미라클모닝은 할 엘로드(Hal Elrod)의 저서 『미라클모닝』(2016)에서 처음 등장했는데, 아침 습관을 통해 삶이 변화될 수 있음을 의미한다. 이 책은 코로나19로 인해 외부활동과 사람과의 교류가 뜸해져 우울해지고 침체되기 쉬운 시기에 아침이라도 힘차게 시작하면서 삶의 변화를 모색하고자 하는 많은 이들에게 인기를 끌고 있다.

하루를 지내다보면 뜻하지 않은 일들로 멘탈이 흔들릴 수 있다보니 하루를 시작하는 아침에 의미 있는 시간을 보내면서 본인의 정신력을 관리하고자 하는 것이다. 미라클모닝은 2000년대 초에 인기를 끌었던 '아침형 인간'과 비슷한 개념이지만, 그 목적이 성공이라는 결과를 위한 것이 아닌, 자기계발이자 자기돌봄에 더 우선순위가 있다는 점에서 차이가 있다. 불확실성과 불안감이 높은 시대에 매일 아침 자신만의 루틴을 만드는 것을 통해 본인의 멘탈을 적극적으로 관리하겠다는 의미가 크다.

퍼포먼스를 위한 멘탈코칭

2020 도쿄올림픽에서 양궁 종목 3관왕을 차지한 안산 선수는 '양궁은 대표적인 멘탈종목'이라고 했다. 대한민국 양궁이 그동안 탁월한 성적을 낼 수 있었던 이유 중 하나는 선수들이 전문화된 멘탈코칭을 통해 강심장을 지닐 수 있었기 때문이다. 대한민국 양궁을 후원하는 현대차는 올림픽을 대비해 카메라로 선수 얼굴의 미세한 색상 변화를 감지해 심박수를 측정하는 장비를 개발했다. 측정된 심박수는 기존에 축적된 데이터와 연계 분석이 되어 선수의 심리적 불안 요인을 없애는 심리 제어 훈련에 활용되었다. 또한 현대차는 선수들의 긴장 완화를 돕기 위해 국내 명상 앱 개발 업체와 협력해 명상 앱을 제작하기도 했다. 이와 더불어 선수 개인별로 맞춤형 콘텐츠를 구성해 언제 어디서나 멘탈을 유지할 만큼 멘탈관리를 강화했다.

멘탈코칭은 스포츠뿐 아니라 다양한 분야에 적용된다. 수험생 멘탈코칭은 물론, 안정적인 연예활동을 위한 연예계 멘탈코칭, 개인의 목표 내용에 맞추어 이루어지는 라이프 멘탈코칭, 그리고 임직원을 대상으로 하는 기업 멘탈코칭에 이르기까지 전문적인 멘탈코칭의 범위는 점점 더 확대되고 있다.

디지털 '멘탈케어'의 진화

사운드 테라피 그리고 명상 앱

누구나 스마트폰을 가지고 있는 시대다보니 개인의 멘탈을 관리하는 데 있어 스마트폰은 유용하게 활용된다. 그중 가장 쉬운 방법은 자신이 원하는 사운드 콘텐츠를 듣는 것이다. 심신 안정 및 수면 유도를 위한 사운드 테라피 음원 장르로는 클래식 음악, 자연의 소리, ASMR 등이 대표적이다. 하지만 개인마다 선호하는 사운드 콘텐츠에 차이가 있을 수 있는데, 사람들의 니즈에 맞는 다양하고 많은 음원 콘텐츠를 제공하는 플랫폼으로는 단연 유튜브가 압도적이다. '스트레스 해소', '수면 유도' 등 효과와 관련된 키워드 또는 '힐링 재즈', 'ASMR 공부'와 같이 구체적인 사운드 콘텐츠 장르를 검색하면 자신에게 맞는 콘텐츠를 정확하게 찾을 수 있다.

하지만 유튜브가 제공하는 수준의 콘텐츠에 만족하지 않고 본인의 정신건강 관리를 위해 좀더 전문적인 수준의 콘텐츠를 원하는 이들도 늘어나고 있다. 이로 인해 명상 앱 같은 콘텐츠 서비스가 점점 더 인기를 끌고 있다. 2016년 상반기에 약 1,500여 건에 머물던 명상 앱 검색량은 꾸준히 증가하다가, 코로나19 이후 비약적으로 성장하여 2021년 상반기 기준으로는 2만 건을 넘어서게 되었다.

명상 앱 검색량 추이 (출처: 네이버 키워드 검색량)

(단위: 건)

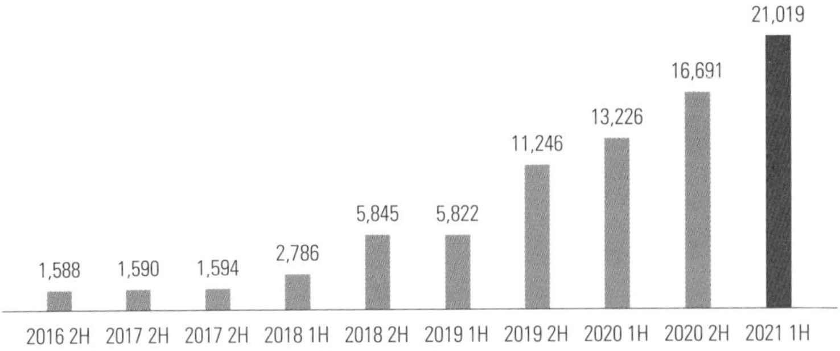

헬스·건강 카테고리에 속하는 2,000여 개의 앱 중에서 명상·휴식 관련 앱은 100여 개 수준으로 전체의 약 5% 정도를 차지한다. 이중 글로벌 서비스 앱으로는 캄(Calm)과 헤드스페이스(Headspace)가 대표적이며 국내 서비스 앱으로는 마보, 코끼리 등이 있다. 멘탈케어를 위한 명상, 호흡 프로그램 및 다양한 음원 등을 제공하고 있는 명상 앱은 앞으로도 수준 높은 맞춤형 콘텐츠를 원하는 이들에게 지속해서 인기를 끌 것으로 보인다. 하지만 유료 서비스인 경우가 대부분이기에 고객들을 꾸준히 확보하기 위해서는 유튜브처럼 무료로 즐길 수 있는 플랫폼과 다른 전문성과 차별적인 효과를 잘 어필하는 것이 중요할 것이다.

캄 앱 (출처: Calm 공식 홈페이지)

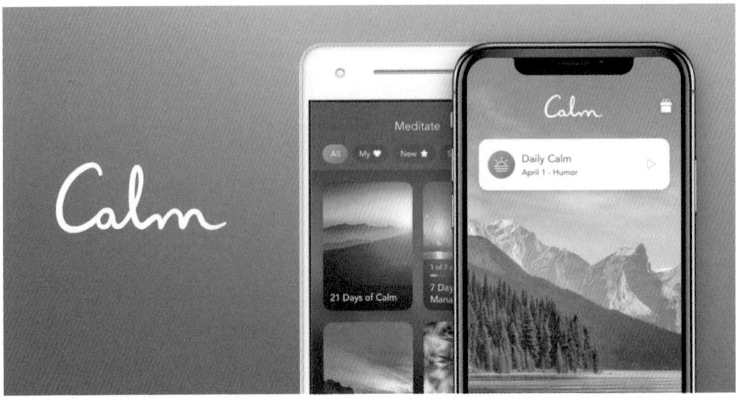

디지털 멘탈케어 서비스의 진화 방향성

향후 디지털 멘탈케어 서비스는 어떻게 진화해나갈 것인가? 궁극적으로 개인에게 최적화된 멘탈케어 솔루션 서비스로 나아가기 위해서는 정확한 데이터 측정, 정교한 행동 디자인, 다양한 첨단기술을 활용한 솔루션이 필요할 것으로 예상된다.

첫째, 데이터 관점에서 정신건강을 얼마나 객관적으로 정교하게 측정하는지가 중요하다. 멘탈케어에 대한 인식은 점점 높아지고 있지만 아직도 본인의 정신건강을 진단하는 것에 대해서는 주변을 의식하는 경우가 많다. 그렇기 때문에 흔히 이루어지고 있는 설문에 대한 주관적인 응답에 기반한 진단이 아닌 생체 정보와 같은 객관적인 데이터를 기반으로 정신건강을 점검할 수 있다면 개인에게 최적화된 솔루션을 제공하는 데 도움이 될 수 있다. 2021 CES(세계가전전시회)에서 소개된 아누라(Anura) 앱의 경우, 30초 동안 얼굴을 스캔하면 본인의 심박수, 혈압, 호흡수는 물론이고 스트레스 지수까지 측정할 수 있다. 이처럼 향후 개인의 멘탈을 정확하고 심도 있게 측정하기 위한 다양한 기술과 플랫폼들이 앞으로 계속 등장할 것으로 예상된다.

스트레스 지수까지 측정 가능한 아누라 앱
(출처: NuraLogix 공식 유튜브 채널)

둘째, 행동 디자인 관점에서 지속적으로 재미와 동기를 부여하는 멘탈케어 서비스가 주목받을 것이다. 다양한 어플의 등장으로 비대면 방식의 멘탈케어가 본격적으로 이루어지면서 이용자수는 더욱 증가할 것으로 보이는데, 그들이 일상생활에서 더 자주 이용하도록 하기 위해서는 지속적으로 동기를 부여해주는 장치가 필요하다. 개인 식단 관리 어플로 유명한 '눔'의 경우 일대일 개인 코치를 통해 반복된 다이어트로 지친 사람들의 마음을 다독이며 밀착관리해줌으로써 지속가능한 생활습관이 형성되도록 돕는다. 또한 마보의 경우 SK텔레콤의 메타버스 플랫폼인 '이프렌드'에 입점하여 새로운 채널을 통해 재미있는 서비스를 경험할 수 있도록 하였다. 이처럼 지속적으로 멘탈케어에 관심을 갖도록 하기 위해서는 재미 요소와 적절한 보상 그리고 긴밀한 일대일 피드백 과정이 적절히 결합되는 것이 필요하다.

마보의 이프렌드 메타버스 입점
(출처: 마보 공식 인스타 계정)

셋째, 기술 관점에서 첨단기술과 연동한 멘탈케어 솔루션의 진화가 예상된다. 로파이* 사운드 콘텐츠가 인기를 끌자 고음질의 음원을 의도적으로 저음질의 음원으로 변환한 콘텐츠가 증가했다. 로파이 특유의 아날로그 느낌과 백색소음 효과를 통해 마음이 차분해지고 집중도를 높일 수 있기 때문에 음원 변환 기술을 활용하여 새롭게 로파이 음원을 제작한 것이다.

사람의 마음을 안정시키고 멘탈을 관리하는 데 있어 어떠한 감각적 경험이 효과적인지 연구개발이 지속되면서 첨단기술과 연계된 다양한 솔루션들이 계속 등장하게 될 것이다. 멘탈케어의 효능에 최적화된 주파수 음역대를 활용한 음원 콘텐츠 서비스, AR과 VR을 접목한 다양한 공감각적 솔루션 등의 등장으로 더욱 정교한 수준의 멘탈케어가 가능해질 것으로 기대된다.

★

로파이(Lo-fi) 저음질(Low fidelity)의 약자로, 음질을 의도적으로 변환하여 LP나 카세트테이프로 듣던 음악처럼 지직거리는 질감을 가진 것이 특징인 음악 장르

2020 도쿄올림픽에서 가장 인상적인 선수는 누구였을까? 많은 선수들이 사랑을 받았지만, 높이뛰기 종목에서 4위로 메달을 따지는 못했으나 끝까지 웃음을 잃지 않고 경기 내내 즐기던 우상혁 선수도 그중 한 명일 것이다. 그는 메달 획득 실패에 실망하지 않고 '괜찮아!' 하고 스스로에게 외쳤다. 큰 경기의 압박도 즐길 줄 아는 강철멘탈의 모습이 많은 이들에게 큰 격려를 주었다.

행복한 인생을 살아가는 데 있어 멘탈관리는 매우 중요하다. 본인이 원하는 성과를 얻기 위해서도 멘탈케어가 필요하지만, 급변하는 시대를 살면서 맞닥뜨리게 될 여러 어려움을 극복해나가는 과정 자체를 즐기기 위해서도 멘탈관리는 필수적이다. 향후 멘탈케어 비즈니스는 크게 두 가지 방향으로 나아갈 것으로 예상된다. 첫째는 멘탈 충전을 위해 양질의 휴식시간을 가질 수 있도록 아날로그 감성의 장소와 서비스를 제공하는 것이고, 둘째는 디지털 기반의 개인 맞춤형 솔루션을 통해 최적화된 콘텐츠 경험을 선사하는 것이다. 특히 디지털 멘탈케어 서비스는 정확한 진단을 통한 데이터 확보, 지속적인 자기관리를 유도하는 행동 디자인, 첨단기술을 접목한 정교한 멘탈케어 서비스로 진화해나갈 것이다. 이러한 멘탈케어 비즈니스는 앞으로 아날로그와 디지털을 넘나들며 사람들의 삶에 깊게 스며들게 될 것으로 보인다.

“

앞으로도 스트레스를 받는 상황은

계속해서 찾아올 것이고,

멘탈에 대한 관심은 증가할 것이다.

멘탈케어는 **행복한 삶을 살아가는 지혜**이자

삶의 목표를 이루기 위한 방안으로서

중요한 의미를 갖는다.

새로운 **멘탈케어 서비스**는

계속 **진화**될 것이다.

”

Part 3 세상

비즈니스 현장의 마케팅 전문가들이 주목한
라이프스타일 인사이트

우주로 체크인:

우주시대의 서막

1

2021년은 미국의 대표 기업 CEO들이 민간인을 대상으로 한 우주관광 상품을 세상에 직접 선보인 첫해로 기억될 것이다. 2021년 7월 11일 버진그룹 CEO 리처드 브랜슨이 자신이 창업한 버진갤럭틱의 우주선 유니티를 타고 고도 89km 우주 상공을 비행하고 돌아오며 시작된 이 경쟁은 바로 같은 달 20일 아마존 창업자인 제프 베조스가 자신이 창업한 블루오리진의 우주선 뉴셰퍼드를 타고 마치 보란듯이 더 높은 고도 106km를 비행하고 돌아오면서 대중의 관심을 받기 시작했다. 무엇보다도 우주 진출에 가장 적극적이었던 테슬라의 CEO 일론 머스크는 이들과의 차별점을 강조하며 2021년 9월, 자신이 창업한 스페이스X에 민간인만을 태워 앞서 두 기업 CEO들이 선보인 우주 상공에서의 비행 정도가 아니라 무려 지구의 공전궤도를 비행하고 돌아오는 데 성공하였다.

21세기 각 분야의 세계 최고 혁신기업으로 인정받고 있는 이들 억만장자 CEO들이 이제는 고급 자동차나 비행기 차원을 넘어 엄청난 자본과 최첨단기술을 바탕으로 자신들의 회사에서 직접 만든 우주선에 민간인을 태워 보내며 우주관광 시대의 홍보대사를 자처하고 있다.

이러한 우주관광이 그들만의 이벤트로 끝날 것인가? 그렇게 보이지는 않는다. 실제로 많은 글로벌기업이 우주와 관련된 사업을 진행하고 있는 것을 보면 민간인 우주관광 시대가 서서히 현실로 다가오는 것을 느낄 수 있다. 우주관광으로 시작될 우주산업 경쟁 시대를 맞이하며 새롭고 창의적인 산업들이 생겨나고 우리의 삶에도 많은 변화를 줄 것으로 예상된다.

(출처: 버진갤럭틱 공식사이트)

우주관광으로 시작될 우주산업 트렌드

우주관광은 문워커부터 도전

우주관광은 우주산업으로 가기 위한 첫 단계가 될 것이다. 우주에서 안전하게 활동을 할 수 있다는 것을 증명하기 위한 시험대인 셈이다. 민간인 우주관광 시대가 열린다면, 우리가 가장 먼저 가고 싶은 행성은 어디일까? 아마 오랜 시간 동안 밤하늘을 올려다보며 마주했던 친근한 대상이자, 실제로 유인우주선이 착륙한 경험도 있는 달이 아닐까 싶다. 인류 처음으로 달에 발을 내디딘 닐 암스트롱만을 기억하는 사람들이 많지만, 사실 그를 포함하여 현재까지 총 12명의 문워커(Moonwalker)가 존재한다. 미국이 3인승 우주선인 달 탐사선을 발사하여 총 6회 달 착륙에 성공했지만, 아쉽게도 탑승인원 3명 중 1명은 궤도선에 남아 있어야 했기에 6명은 포함되지 못했다. 하지만 12명으로 한정되었던 문워커의 수가 앞으로 기하급수적으로 증가할 것이 예측된다. 달에서 진행하는 다양한 우주산업에 참여할 수 있는 가능성이 그 어느 때보다도 높아지고 있기 때문이다.

우주산업은 올드 스페이스에서 뉴 스페이스로 진화

민간 우주관광 산업에 앞장서고 있는 미국의 혁신기업 3사에 우리나라 사람들은 어느 정도의 관심을 가지고 있을까? 이 3사의 CEO들이 최근에 갑자기 우주선 탑승을 앞다퉈 선보이는 것처럼 보이겠지만, 우주산업의 성장 가능성을 예측한 이들은 이미 2000년도 초반부터 우주산업 관련 회사를 창업하여 연구 및 개발을 진행하고 있었다. 그러나 실질적인 결과물이 없었기에 이들에 대한 관심은 불과 몇 년 전만해도 그리 높지 않다가 최근 행보로 관심이 확연히 증가했다. 당연히 그 선두에는 언론활동을 활발하게 즐기는 일론 머스크의 스페이스X가 있다. 앞으로 우주관광 산업이 상용화되면 각기 다른 서비스를 제공하는 3사에 대한 관심이나 선호에 어떤 변화가 생길지 궁금해진다.

2021년 우주산업을 얘기함에 있어 미국항공우주국(NASA)보다 미국의 혁신기업 3사에 대해 더 많이 언급하는 이유는 무엇일까? 그것은 '우주산업'과 관련하여 사람들이 언급하는 단어들의 변화를 보면 알 수 있다.

3사 연도별 국내 검색량 비교 (출처: 이노션 데이터커맨드팀)

(단위: 건)

	스페이스X	블루오리진	버진갤럭틱
2016~2017년	51,837	2,651	13
2020~2021년	642,603	74,378	1,906

국내 우주산업 관련 연도별 TOP 100 주요 키워드 비교 (출처: 이노션 데이터커맨드팀)

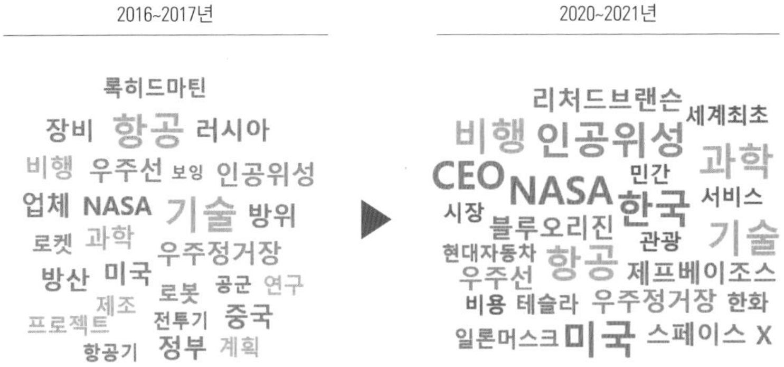

AI 등 최첨단기술과 엄청난 자본력을 가진 혁신기업들은 우주로켓 제작에 들어가는 시간과 비용을 크게 감소시키며 우주산업에 대한 진입장벽을 낮췄다. 이를 계기로 우주공간을 상업적으로 활용할 수 있는 가능성을 가진 많은 기업의 참여가 점차 늘어나고 있는 추세이다. 우주개발 초기에 미국항공우주국 등 정부 기관이 주도하던 시기를 '올드 스페이스(Old Space)'라고 부른 것에 빗대어 최근 민간 기업이 주도하는 시기를 '뉴 스페이스(New Space)' 시대라고 부른다. 이러한 뉴스페이스 시대에 맞게 최근 국내에서도 기존의 '우주' 하면 많이 떠올렸던 '우주탐사'보다는 '우주관광'이나 '우주산업'에 대한 관심이 크게 증가했다.

특히 30대에서 우주관광과 우주산업에 대한 관심이 가장 높게 나타나는데, 이들의 관심이 다가오는 우주경제 시대의 산업이나 문화에 어떤 영향을 미치게 될지 관심을 가져볼 만하다.

우주 관련 주요 키워드별 국내 검색량 비교 (출처: 이노션 데이터커맨드팀)

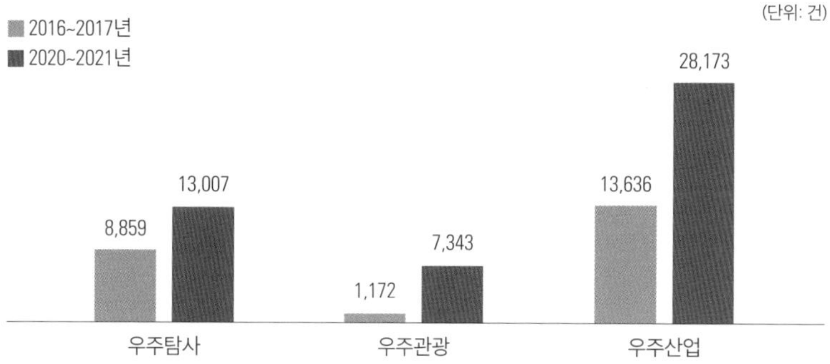

최근 1년 우주 관련 주요 키워드별 국내 검색량 연령 비중 비교 (출처: 이노션 데이터커맨드팀)

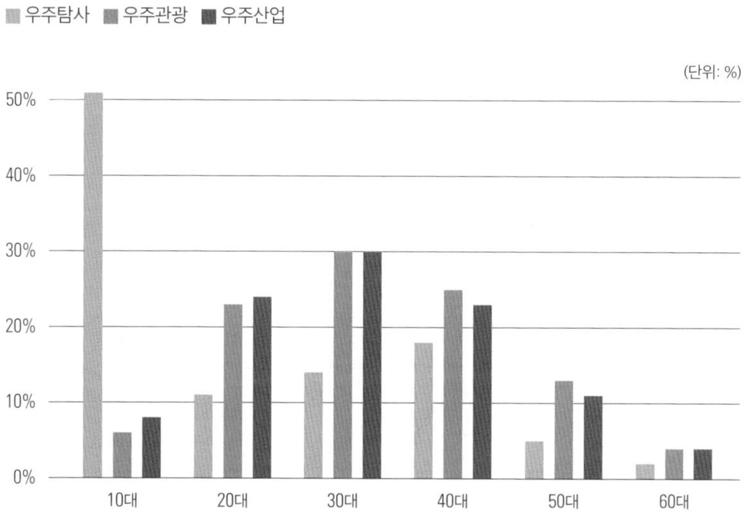

우주 출발 단계별 3가지 주요 키워드

1단계: 우주로켓을 만드는 '3D 프린터'

한때 한국에서도 4차산업 기술의 하나로 큰 관심을 받았던 3D 프린터는 비용 대비 활용성의 한계로 차츰 관심 밖으로 사라졌다고 여겨졌다. 하지만 3D 프린터는 오히려 우주로켓 제작이라는 최첨단산업 분야에 활용되면서 로켓 디자인과 제작에 드는 시간과 비용을 낮추는 데 중요한 역할을 맡고 있다. 대표적인 회사로 2015년에 설립된 '렐러티비티스페이스(Relativity Space)'를 들 수 있다. 이 회사는 세계에서 가장 큰 금속 3D 프린터인 스타게이트(Stargate)를 자체 개발했는데, 이를 사용하여 로켓을 만들어 미국항공우주국과 함께 일하고 있다.

3D 프린터로 만든 로켓
(출처: https://www.relativityspace.com/stargate)

2단계: 우주로켓을 타고 통과하는 '카르만 라인'

앞서 얘기한 리처드 브랜슨 회장과 제프 베조스는 왜 고도 100km 부근에 다녀온 것일까? 그 해답은 카르만 라인(Karman line)에 있다. 카르만 라인은 국제항공연맹(FAI)이 물리학자인 테어도어 폰 카르만의 정의를 바탕으로 정한 우주의 경계로서 고도 100km를 일컫는다. 그러나 이 고도가 세계 표준으로 사용되는 것은 아니어서 미국항공우주국은 80km 이상 비행한 사람도 우주비행사로 인정하고 있다. 이로 인해 경쟁 관계인 억만장자 트로이카들은 서로의 우주비행을 두고 진정한 우주여행으로 인정할 수 있는지에 대해 논쟁을 벌이기도 했다. 물론 이런 논쟁이 필요없도록 가능한 멀리 가는 것이 최선의 방법이라고 생각할 수 있으나, 이를 위해서는 전문적인 훈련과 엄청난 비용이 필요하다. 예를 들면, 버진갤럭틱의 우주여행 상품은 3일간의 짧은 훈련과 25만 달러(약 2.9억 원)의 비용이 필요하지만, 스페이스X가 추진 중인 약 400km 상공의 국제우주정거장(ISS) 여행은 15주간의 훈련과 5,500만 달러(약 643억 원)의 비용이 필요하기 때문에 민간인 우주관광을 상용화하는 데 현실적인 제약이 너무 커지게 된다. 그렇기에 우선적으로 달성해야 할 과제는 카르만 라인이 될 것이다.

3단계: 우주로켓 도착 후 충전은 '수소 연료'

한층 더 심각해진 기후변화를 인식한 탓인지 블루오리진의 제프 베조스는 수소와 산소 기반의 액체 엔진을 사용하는 자신들의 방식이 고체

하이브리드 로켓 엔진을 사용하는 리처드 브랜슨의 버진갤럭틱에 비해 친환경적 우주산업이라는 점을 강조한다. 그는 블루오리진이 2024년 달에 보낼 예정인 유인우주선 '블루문'의 착륙지를 달의 남극점으로 정했는데, 이유는 그곳이 얼음층이 풍부하기 때문에 얼음에서 수소를 얻어 연료로 쓰겠다는 계획이다.

자동차에 이어 우주선에도 수소 연료가 대세인 듯하다. 지구에서 친환경 에너지 대표 주자로서 뜨거운 관심을 받는 수소에너지의 활용 방안이 우주산업으로 확산되었다고 생각할 수 있지만, 사실은 그 반대이다. 우주에서 필요한 전력의 대안으로 수소연료전지 연구가 시작되었고 그것의 상용화 방안으로 수소연료전지차 연구가 진행된 것이다.

수소와 관련해서는 최근 우리나라의 경쟁력도 뒤지지 않는데 앞서 우주산업 관련 주요 키워드에 포함되어 있는 현대자동차와 한화의 경우를 예로 들 수 있겠다. 먼저 현대자동차는 2017년 설립된 글로벌 CEO 협의체인 수소위원회(Hydrogen Council)의 일원으로서 2018년 수소전기차 넥쏘를 출시했고, 2020년에는 수소전기 트럭 및 버스 양산에 성공하여 해외에 수출하는 등 수소전기자동차 상용화에서 앞서나가고 있다. 한화의 경우도 그룹 내 스페이스 허브라는 우주산업 전담 조직을 구성하고, 한화솔루션을 중심으로 태양광·수소 등 신재생에너지 사업에 많은 투자를 하고 있다. 특히 글로벌 항공 엔진 시장의 약 70% 이상을 차지하는 우리나라 유일의 항공기 엔진 제작 기업인 한화에어로스페이스는 2021년 10월에 발사 예정인 누리호의 엔진 개발을 담당하고 있다. 지금처럼 적극적인 투자가 계속된다면 우리나라의 기술력으로 친환경 엔진 제작 등 우주산업의 수소경제 생태계에서 경쟁력을 선보일 날이 멀지 않을 것으로 기대된다.

플랫폼을 잇는 제2의 스타트업 전장

앞선 언급한 3사의 수억 원에서 수백억 원에 이르는 탑승권은 빠르게 완판되었다. 스위스 최대 투자은행 UBS는 우주관광 산업의 시장규모가 2030년까지 40억 달러(약 4조 6,700억 원)에 이를 것이라고 예측하고 있다. 그러나 억만장자 트로이카를 중심으로 한 수많은 글로벌 기업들이 단순히 값비싼 우주관광 탑승권 판매를 목적으로 우주산업에 진출했을까? 우주관광은 앞으로 펼쳐질 우주산업의 시작에 불과하며 무궁무진한 가능성에 투자했다고 하는 게 맞지 않을까?

사회가 빠르게 변하면서 스타트업이 생겨나는 시장도 빠르게 변하고 있다. 인터넷 기업을 시작으로 게임, 쇼핑, 배달 등 다양한 서비스를 제공하는 모바일 앱까지 진화를 거듭하는 스타트업의 다음 전장(戰場)은 우주가 되지 않을까 한다.

우주도 청소가 필요해: 우주 청소 서비스 사업

지구에서만 청소 서비스가 필요한 것은 아니다. 2021년 6월 영국에서 열린 7개국 정상회의(G7)에서 기후변화와 코로나19 등 지구가 직면한 가장 시급한 이슈들과 함께 우주쓰레기 문제가 논의되었다. 미국항공우주국에 따르면, 지름 1mm 크기의 우주쓰레기는 약 1억 개가 넘는다고 한다. 사실 1mm라는 크기보다 속도가 문제이다. 우주쓰레기는 우주공간에서 총알보다 빠른 속도로 비행하기 때문에 어느 순간 인공위성이나 우주선에 부딪히면 큰 파괴력을 가질 수 있다. 이러한 가능성은 영화 〈그래비티〉에서도 그려진 바 있다. 무엇보다도 우주산업 발전이 가속화되면 더 많은 위성이 발사될 것이기 때문에 우주쓰레기 처리 시장도 빠르게 성장할 것으로 예상된다. 시장조사업체 마켓리서치퓨처에 따르면, 우주쓰레기 관련 산업은 2025년에 28억 달러(3조 1,200억 원)에 달한다고 한다.

우주쓰레기를 처리하는 방법으로는 레이저를 쏴서 우주쓰레기 표면을 기체화시키는 방법, 전류가 흐르는 끈을 이용해 우주쓰레기를 우주 궤도에서 이탈시키는 방법, 그물과 작살을 통해 수거하는 방법 등 다양하고 참신한 방법들이 시도되고 있다. 그중 가장 빠른 시일 내에 실현 가능성을 확인해볼 방법은 아스트로스케일(Astroscale)이 2023년 상용화를 목표로 하고 있는 자석을 활용한 처리 방법이 될 것 같다. 그 다음으로 폴리머 폼이라는 끈적한 거품이 발사되는 폼을 활용하여 우주쓰레기를 낚아채는 방법을 사용하는 스타트로켓(StartRocket)이 2023년 발사를 준비하고 있다. 2092년을 배경으로 활약하는 우주청소선 〈승리호〉의 현실 등판이 생각보다 빨라질 수 있지 않을까 예상해본다.

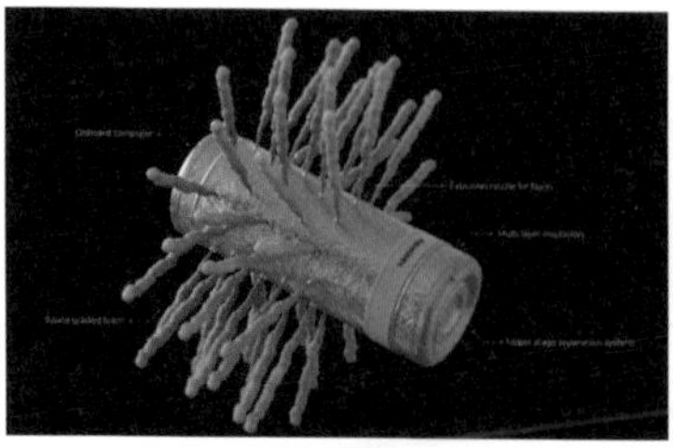

스타트로켓의 폴리머 폼과 그를 활용한 쓰레기 수거 작업
(출처: https://startrocket.me)

우주복 입고 제2의 스페이스러시: 우주 소행성 채굴 사업

그동안 <아마겟돈>, <딥 임팩트> 등의 수많은 영화에서 소행성은 지구 멸망 위기를 피하기 위해 어떠한 방법을 써서라도 파괴해야 하는 두려움의 대상으로 그려졌다. 그러나 2015년 7월 지구를 지나간 소행성 하나를 아쉽게 바라보는 시선이 많았는데, 그 이름은 바로 2011 UW158이었다. 이 소행성은 백금 소행성으로도 불리었는데, 그 이유는 이 소행성 하나에 백금이 무려 1억 톤가량(약 6,200조 원 가치) 포함되어 있다고 예측되었기 때문이다. 더욱이 놀라운 것은 이 소행성이 특별한 경우가 아니라는 사실이다.

이처럼 주인 없이 떠다니는 소행성의 경제적 가치를 먼저 알아챈 영화 <아바타>의 제임스 카메론 감독과 구글 대표인 래리 페이지, 에릭 슈미츠 그리고 룩셈부르크 정부까지 직접 나서서 이미 '플래니터리리소시스(Planetary Resources)'라는 우주광산(소행성 자원 채굴) 회사에 적극적으로 투자하고 있다. 이러한 소행성들은 금뿐 아니라 니켈, 철, 가스 등 다양한 자원을 지닌 이른바 떠다니는 광산이다. 청바지를 입고 금을 캐던 골드러시 시대를 지나 우주복을 입고 떠다니는 노다지 광산을 캐려는 스페이스러시 경쟁이 더욱 치열해질 것으로 예상된다.

우주산업도 식후경: 우주 농·축산 재배 사업

영화 <마션>에서 가장 인상 깊은 장면은 주인공이 감자를 재배하는 모습이다. 실제로 영화를 보고 나서 화성에서 감자를 재배하는 기술을 배우고 싶다고 미국항공우주국 케네디센터를 방문한 방문객이 많았다고 한다. 실제로 우주에서 감자 재배가 가능할까? 아쉽게도 현재는 우주 공간에서 키워서 먹을 수 있는 채소가 상추와 토마토 정도라고 한다.

사실 우주식량 확보는 달보다 도착시간이 약 6개월~2년 정도로 훨씬 오래 걸리는 화성 탐사 성공을 위해 절대적으로 필요하기 때문에 이러한 유인 행성 탐사가 계속되는 한 우주식량 산업도 크게 성장할 것으로 예상된다. 이에 따라 우주식량 사업도 다양화되고 있어서 앞서 언급한 채소 이외에 오랜 기간의 우주비행을 위해 필요한 육류 섭취도 가능해 보인다. 그 예로 배양육 스타트업 '알레프팜스(Aleph Farms)'는 소의 세포와 3D 바이오 프린터를 활용하여 국제우주정거장에서 배양육 스테이크를 생산한 적이 있다. 이를 바탕으로 2022년 말쯤 지구에서 배양육 상품 출시를 계획하고 있는데, 시장의 성장 잠재력을 고려한 CJ제일제당도 이 기업에 투자하며 큰 관심을 보이고 있다.

지구에서 화성까지 거리
(출처: tvN 미래수업: 마지막 블루오션, 우주 편)

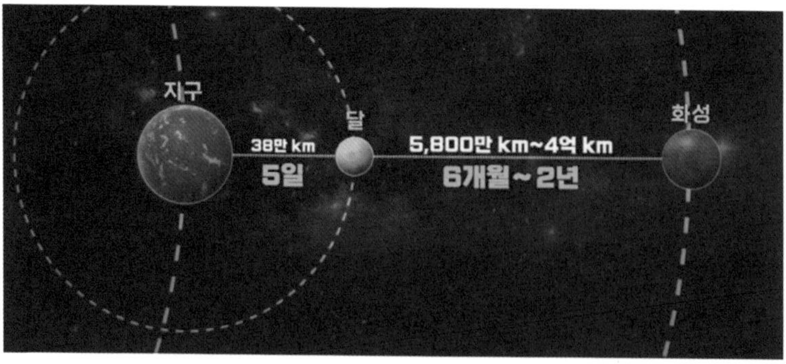

밤하늘에 별 대신 명품 로고: 우주 옥외 광고판 사업

앞서 예로 든 우주쓰레기 청소, 소행성 채굴, 바이오 프린터를 활용한 배양육 사업보다 새로운 사업을 기대한다면 우주를 배경으로 한 옥외 광고 사업은 어떨까? '아반트스페이스(Avant Space)'는 2022년 실제 서비스 제공을 목표로 대형 우주광고판 프로젝트를 진행하고 있다. 고도 600km에 최소 20여 개의 소형 위성을 띄우고 그곳에서 레이저를 발사해 기업의 상표가 어두운 지구의 밤하늘에 별처럼 빛나게 하겠다는 계획이다. 이를 위해 2020년 9월 고도 30km 상공에서 실험을 진행하기도 하였다. 누군가는 밤하늘만큼은 상업적으로 변하지 않고 그저 빛나는 별만이 떠 있기를 바랄지도 모른다. 그러나 우주공간을 활용하고자 하는 인간의 창의력은 우주광고판 사업을 기획하고 있다. 영화 속에서 쏘아올려진 배트맨 로고가 아니라 실제 기업들의 로고가 밤하늘을 뒤덮는 일이 현실이 될지는 조만간 확인이 가능할 것으로 보인다.

아반트스페이스의 우주광고판
(출처: https://www.avantspace.com/en)

이 밖에도 인공위성 안테나 공유 서비스, 우주호텔 등 지구에서 이미 성공한 아이디어를 적용한 다양한 서비스들이 상용화를 위해 시험 단계를 거치고 있다. 한국의 스타트업들이 소비자의 니즈를 빠르게 파악하여, 진입장벽이 낮아진 플랫폼을 기반으로 많은 성공신화를 만들어내고 있는 상황을 고려해볼 때, 우주산업의 진입장벽이 빠르게 낮아진다면 지구를 넘어 우주를 대상으로 한 우리나라의 참신한 우주산업 스타트업들이 속속 등장할 것으로 기대해본다.

올드 스페이스 시대에는 우주개발을 위해 연구된 기술들이 많은 제품이나 기기들에 적용되며 우리의 삶을 편리하게 만들었다. 그렇다면 뉴 스페이스 시대는 우리의 삶을 어떻게 변화시킬까? 이번에는 직접 가서 경험할 수 있는 기회가 생겼기 때문에 기술로 인한 하드웨어적인 변화뿐 아니라 사회·문화 등 소프트웨어적인 변화가 매우 클 것으로 예상된다. 이런 사회·문화적인 변화를 가장 빠르게 흡수하는 것은 광고와 유튜브 같은 콘텐츠산업이다.

이를 반영하여 2021년 8월 삼성생명은 업계 최초로 우주시대의 일상과 관련된 보험상품을 소재로 한 '우주보험' 광고를 선보였다. 노래 커버, ASMR, 먹방, 홈트 등 최신 트렌드를 가장 발 빠르게 반영하는 유튜브 콘텐츠에도 우주를 소재로 한 콘텐츠가 꾸준히 올라오고 있다. 또한 국내 TV 프로그램으로는 처음으로 KBS에서 2021년 10월 〈키스 더 유니버스 Kiss the Universe〉라는 3부작 다큐멘터리가 방영된다. 그리고 미국 다큐멘터리 채널 디스커버리에서는 2022년 〈누가 우주인이 되고 싶은가? Who Wants to Be an Astronaut〉라는 우주인 선발 오디션 프로그램을 선보일 예정이다. 이제 노래, 춤, 요리 경연을 넘어 우주인 선발 대회를 TV프로그램에서 다루는 것이다. TV뿐 아니라 전세계 많은 사람이 시간을 보내고 있는 SNS, 유튜브, 게임, 메타버스 등에도 우주공간이 콘텐츠로서 활용될 날이 머지않았다. 특히 2021년 뜨거운 이슈로 부상한 메타버스와의 연계가 가장 기대된다. 새로운 스타트업의 기회든, 여가시간을 충족시켜주는 현실과 가상 그리고 우주가 연결된 상상 초월 콘텐츠든, 꿈에 그리던 우주산업 시대는 이제 정말로 눈앞으로 다가오고 있다.

디지털 지구:

메타버스 문명의 등장

2

"메타버스는 그 무엇보다 널리, 강력히 퍼질 것이며, 하나의 회사가 메타버스의 통제력을 가지게 되는 경우, 그 회사는 지구상의 어떤 정부보다 강해질 것이다." 2021년 에픽게임즈(Epic Games)의 최고경영자 팀 스위니(Tim Sweeney)는 메타버스에 대한 생각을 이렇게 말했다. 도대체 메타버스란 무엇인가? 메타버스 관련 많은 해석은 메타버스의 어원에 대한 배경과 함께 다음과 같은 설명을 수반한다. 메타버스는 닐 스티븐슨(Neal Stephenson)의 소설『스노우 크래시 Snow Crash』에 처음 등장한 개념이다. 초월·추상을 의미하는 메타(Meta)와 세계·우주를 뜻하는 유니버스(Universe)의 합성어로, 대부분의 사람들은 메타버스를 현실과 흡사한 사회·문화·경제활동이 통용되는 3차원 가상세계로 정의한다.

전 세계적으로 화두가 되는 주제인 만큼, 메타버스는 일상에서도 자주 언급되지만, 그 누구도 "메타버스는 이것이다!"라고 확실하게 말하지 못한다. 각각의 산업에서 정의하는 바도 다르고 메타버스가 지속적으로 발전하고 급속히 변형되면서 그 의미 또한 바뀌고 있기 때문이다. 그렇다면 우리는 메타버스를 도대체 어떻게 이해해야 할까? 무한히 확장하고 있는 메타버스는 과연 잠재력에 한계가 있을까? 메타버스는 현실세계를 본뜨고 거기에 상상력을 가미한 세계인 만큼 세계관을 이루고 있는 콘텐츠와 요소들이 현실세계만큼 복잡하다.

전문가들의 예측에 따르면, 이제 세상은 메타버스로 인해 큰 지각변동을 보일 것이며, 혁신의 차원이 아닌 새로운 문명을 만들어갈 것이라고 한다. 이러한 새로운 패러다임에서 수많은 비즈니스의 기회와 경쟁이 생겨날 것으로 예상된다.

©Minh Pham, Unsplash

메타버스의 정의와 유형의 변화

지속적으로 진화하고 있는 메타버스

미국의 기술연구단체인 ASF(Acceleration Studies Foundation)는 메타버스를 "가상적으로 향상된 물리적 현실과 물리적으로 영구적인 가상공간의 융합"이라는 기존의 가상세계보다 진보된 개념으로 정의하였고, 이는 현재의 메타버스가 뜻하는 바를 잘 설명하고 있다. 또한 ASF는 메타버스를 유형화하여 아래와 같은 유형맵을 작성하였다. 가로축은 기술과 이용자 간 관계를, 세로축은 기술과 현실/공간 간 관계의 스펙트럼을 기준 삼아 메타버스를 네 가지 유형으로 분리하였다.

(출처: ASF)

지금까지 대부분의 사람들은 가상세계가 구현되어 있는 게임을 주로 메타버스로 인식해왔다. 하지만 메타버스는 꼭 게임일 필요는 없으며, 모든 게임이 메타버스가 될 수 있는 것도 아니다. 강원대학교 김상균 교수와 투자전문가 신병호의 저서 『메타버스 새로운 기회』에서는 고도화된 메타버스에서 나타나는 주요 속성을 다섯 가지로 언급했다. 그 속성은 연속성, 실재감, 상호운영성, 동시성, 경제 흐름이다. 김상균 교수는 이러한 특징을 SPICE* 모델로 정의하였다. 즉 메타버스에서 발생하는 경험은 단절되지 않고 연결되어야 하며, 실재감을 느낄 수 있어야 한다. 또한 메타버스에서 경험하고 실행한 결과가 현실세계와 연결되고 여러 사용자가 동시에 활동 가능해야 한다. 아울러 메타버스가 가장 각광받고 있는 이유 중 하나인 자체 경제 생태계가 존재해야 한다.

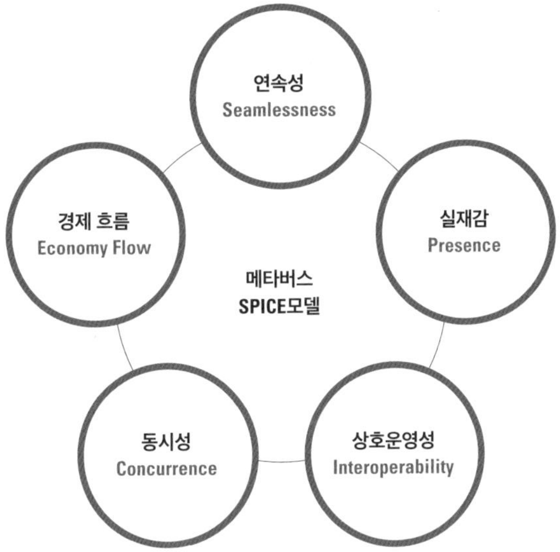

(출처: 『메타버스 새로운 기회』, 김상균 & 신병호)

★

SPICE Seamlessness(연속성), Presence(실재감), Interoperability(상호운영성), Concurrence(동시성), Economy Flow(경제 흐름)

메타버스의 진화와 발전 요인

해외에서 인기가 많은 '포트나이트'나 '로블록스', '마인크래프트', '모여봐요 동물의 숲'은 시작은 게임이었지만 메타버스로 진화한 예시이다. 이들은 플랫폼을 진화시키는 과정에서 라이프로깅이나 증강현실 등의 SPICE 요소들을 추가적으로 반영하였다. 최근 메타버스는 각 유형별로 분리되어 있다기보다는 서로 다른 유형이 융합되어 그 구분이 흐려지는 경향을 보이고 있다. 증강현실, 가상세계, 라이프로깅과 거울세계가 아우러져 있는 네이버Z의 '제페토'처럼 말이다.

2019년에 넷플릭스 창업자 겸 최고경영자는 "넷플릭스의 최대 경쟁자는 디즈니가 아닌 포트나이트다"라며, 같은 OTT 서비스가 아닌 FPS 게임*이자 대표적인 메타버스 플랫폼인 포트나이트를 지목하였는데, 이는 불과 몇 년 만에 현실이 되었다. 코로나19의 확산과 함께 인류는 온라인 공간에서 일하고, 공부하고, 소비하고 놀아야 하는 이른바 진정한 디지털 시대를 맞이했기 때문이다. 이로 인해 촉발된 비대면 서비스의 성장과 함께 메타버스도 재도약했다.

★

FPS(First Person Shooting) 게임 1인칭 시점에서 총기류를 이용해 전투를 벌이는 슈팅 게임의 일종 메타버스의 폭발적인 성장은 기술력의 발전에 기인한다. 메타버스가 성장하기 위해서는 다양한 기술의 융복합이 필요하다. 5G 도입 같은 콘텐츠 속도의 향상은 다수가 동시에 메타버스에 접속할 수 있는 환경을 구축하였다. 또한 메타버스를 구현하는 핵심 기술인 AR(증강현실)과 VR(가상현실)이 각각 기술 안정 단계와 생산 안정 단계로 진입하고 있기 때문에 메타버스 응용이 본격화되고 있다. 애플과 마이크로소프트와 같은 세계적인 기업들이 AR 개발에 활발히 투자하고 있으며 타워, 트레드밀, 슈트 등의 다양한 메타버스 기기들이 지속적으로 출시되면서 메타버스 내 체험은 더욱 다양해질 것으로 예상된다. 한

메타버스 시장 전망(AR·VR) (출처: PWC)

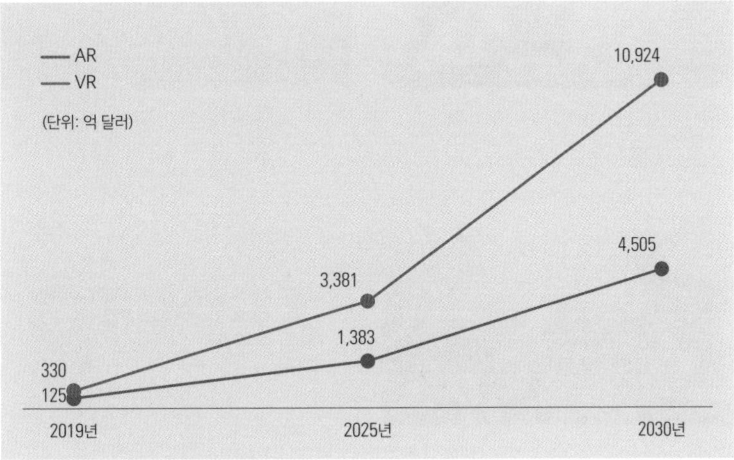

예로 페이스북의 리얼리티 랩(Reality Labs)은 AR 글래스(AR Glass)와 손목 밴드를 소개했는데, 이 손목 밴드는 가상의 물체와 상황을 손의 힘과 각도를 1mm 단위의 움직임으로 포착하여 조정할 수 있다고 한다.

게임을 넘어서 생활·소통 공간(Party Royal)으로
확장 운영하고 있는 포트나이트
(출처: 에픽게임즈 공식 홈페이지)

콘서트나 팬 사인회 등 특화된 생활·소통 공간이
존재하는 동물의 숲
(출처: 모여봐요 동물의 숲 공식 홈페이지)

프로슈머 생태계가 존재하는 로블록스와 제페토 (출처: 로블록스, 제페토 공식 홈페이지)

페이스북의 리얼리티 랩
(출처: 페이스북 Tech@Facebook)

페이스북 리얼리티 랩의 AR 글래스
(출처: 페이스북 Tech@Facebook)

소프트웨어의 발달도 메타버스가 급성장한 주요 요인 중 하나이다. 높은 수준의 컴퓨터 그래픽을 통하여 극사실적인 형태를 구현하는 것이 가능해졌다. 이는 게임세계의 풍경과 그 세계에 체류하는 아바타, NPC* 등에 모두 해당된다. 이러한 발전은 캐릭터의 기본적인 얼굴 구조뿐 아니라, 피부색, 주름 변화, 모공, 눈 색, 헤어, 체형 등을 세부적으로 선택하고 조합하여 어려운 기술이나 막대한 투자 없이 손쉽게 실재감 넘치는 캐릭터를 만들 수 있게 한다.

★

NPC(Non-Player Character) 사람이 조작하지 않는 캐릭터

메타버스, 사람들은 왜 열광하는 것일까?

아바타로 제2의 삶을 살아가다

땅(Terr)에 내려오다(Ava)라는 의미의 산스크리트어를 합성한 단어인 아바타는 유저를 대신하여 타인과 교류하는 분신과도 같은 존재로, 현실과 메타버스의 세계를 이어주는 매개체이다. 즉 다중사용자 기반의 가상공간인 메타버스에서 유저는 자신의 아바타를 통하여 본인의 다양한 자아를 발현할 수 있는 것이다. 회사에서의 나, 친목모임에서의 나, 혼자 있을 때의 나 등 상황에 따라서 정체성은 바뀌기 마련이고, 이러한 멀티 페르소나는 디지털세계에서 더 자유롭게 표출될 수 있다. 특히 메타버스는 이러한 '부캐'를 구현하기 위한 완벽한 플랫폼이다. 사회적인 자아와는 또다른 자신으로 모드를 변경함으로써 정서적 만족감을 극대화하고, 활동 영역을 분리하여 부캐에게 심리적 자유를 제공할 수 있기 때문이다. 기존에는 온라인에서 나를 표현하고 투영하는 데 그쳤다면 메타버스에서는 또하나의 삶을 살아갈 수 있다.

제페토의 아바타 꾸미기 (출처: cadgraphics.co.kr)

심리학자 윌리엄 제임스는 자아는 단수가 아닌 복수라고 주장한다. 멀티 페르소나의 인지, 개발, 탐색 및 표출을 통하여 사람들은 자신을 보다 잘 이해하고, 자신과의 유대 및 연결성을 강화할 수 있다. 아바타를 통해 여러 개의 자아를 표현하면서 사람들은 '나답게 살고 있다'는 느낌을 받을 수 있고, 이러한 자아의 통찰활동은 활력과 집중력의 향상 및 새로운 가능성의 발견 등 여러 긍정적인 결과를 유발한다. 그뿐 아니라, 사용자들은 프로테우스 효과*로 인해 일상에도 변화를 느낀다. 스탠포드대의 연구에 따르면, 더 매력적인 아바타를 가진 사람들이 게임에서 보다 자신감 있고 살갑게 행동하며, 이러한 심리는 피실험자의 현실생활의 행동에도 영향을 주는 것으로 나타났다. 따라서 다양한 자아의 실현과 아바타를 통한 자신감 증가는 사람들의 일상생활에도 긍정적인 영향을 미친다고 볼 수 있다.

★

프로테우스 효과(Proteus effect) 가상현실에서 개인에게 주어지는 아바타의 특성에 따라 개인의 행동이 달라지는 현상

상상 속 세상을 경험하다

대부분의 30대 밀레니얼은 어린 시절에 바비 인형, 로봇, 레고 등으로 역할놀이를 하며 상상의 세상을 만들던 시절이 있을 것이다. 메타버스는 이러한 상상 속 세계를 디지털화한 것이다. 아마 일부 Z세대와 그보다 어린 알파 세대에게는 물질적인 장난감보다 메타버스가 익숙할 수 있다. 예를 들어 로블록스의 경우 미국의 9~12세 어린이 중 2/3가 사용하고 있다고 한다. 이들에게는 레고의 형상을 하고 있는 아바타로 즐기는 가상의 세계가 현실세계의 레고보다 익숙하다. 로블록스는 VR 기능과 게임이 가능한 소셜 플랫폼으로, 누구나 플레이어인 동시에 제작자가 될 수 있다. 즉 유저들의 상상력에서 비롯된 새로운 '작은 세계(Microverse)'들이 끝도 없이 생성되는 것이다. 이렇듯 각각의 세계관은 게임 형태로 유저들이 제작하여 유통할 수 있다. 쉽고 간단한 캐주얼 게임부터 대규모 서사를 가진 RPG(Role Playing Game)까지 그 범위는 무궁무진하다. 말 그대로 상상 속 세계의 구현인 것이다.

뮐러의 법칙*상 뇌는 메타버스와 현실을 다르게 인식하지 않는다. 현실에서 느끼는 감각도 메타버스를 통해서 느끼는 감각도 같은 신호이기 때문이다. 물론 아직까지는 기술의 한계로 인하여 인간이 경험하는 오감이 완벽하게 구현되지는 않기 때문에 가상현실과 현실이 어느 정도는 구분된다.

많은 사람들이 프란시스 베이컨(Francis Bacon)이 남긴 "보는 것이 믿는 것이다(Seeing is believing)"라는 말을 들어봤을 것이다. 이에 대한 예시로 1998년 〈네이처〉에 실렸던 '고무 손 실험'이 있다. 이 실험을 통해서 사람이 몰입했을 때 신경이 확장되어 작동하는 것이 입증되

★

뮐러(Müller)의 법칙 감각수용기로부터 구심성신경을 거쳐 중추신경에 이르는 감각 경로에서는 그 어떤 부분이 어떠한 방법으로 자극을 받더라도 항상 동일한 감각을 일으킨다는 법칙

었다. 예를 들어 게임을 할 때 화면, 마우스, VR 기기 등을 통해 느끼는 타격감은 실제로 뇌가 인지하는 일종의 통각이며, 게임을 하면서 본인의 아바타가 다쳤을 때 아프다고 느끼는 것은 고통에 대한 실제 반응인 것이다. 이러한 측면에서 메타버스상의 경험은 마치 실제와 같기 때문에 엄청난 몰입감을 주어 사용자들을 열광하게 하는 것이다.

욕구 실현의 공간으로 각광받다

메타버스는 여러모로 인간의 고차원적 욕구를 채우기 적합한 공간이다. 현실세계에서 해결해야 하는 생리적, 안전 욕구 이상의 욕구들은 메타버스에서 실현하기 적합할 수도 있다. 현실을 모방하지만 실제와는 또다른 사회적 규범 등이 존재하는 메타버스는 현실보다는 한 템포 빠르게 돌아간다. 이러한 공간에서 유저는 실제 자신의 능력과 물리적 한계를 뛰어넘는 경험을 할 수 있으며, 현실보다 빠르고 쉽게 성취감과 자아실현, 인정 및 사회적 욕구를 충족할 수 있다.

각박한 현대사회에서 성공하거나 인정받기는 쉽지 않다. 만약 바라던 바를 성취한다고 해도 주변에서 축하를 받기가 어려울 수도 있다. 하지만 메타버스 세계에서는 현실에서 느끼는 물질적, 심리적 소외감을 현저히 줄일 수 있다. 실제로 게임 연구가 제인 맥고니걸(Jane McGonigal)은 게임 수요의 증가는 망가진 현실의 대안을 찾고자 하는 니즈에서 비롯된 것임을 주장한다. 즉 사람이라면 본능적으로 충족시키고자 하는 자아실현의 욕구와 더불어 현실보다 더 나은 세계를 상상하고 창조하고 싶은 욕구들을 메타버스가 채워주고 있기 때문에 이들이 매력적으로 느껴지는 것이라고 말할 수 있다.

메타버스, 그 새로운 기회

전 세계의 상위 1% 기업들이 앞다퉈 메타버스세계를 주도하려는 움직임을 보이는 중이다. IT를 주도하는 기업들도 다음 산업으로 메타버스를 꼽고 있으며, 관련 사업들을 이미 개발해나가고 있다. 엄청난 정보량과 기술력을 가진 그들이 도대체 왜 메타버스에 관심을 두는 것일까? 아마도 메타버스가 다양한 산업에 큰 변화를 일으킬 것이라는 점에 주목하고 있는 것으로 보인다.

디지털 휴먼의 성장에 따른 그들과의 공존

현재의 디지털 휴먼은 발달한 AI 기술과 컴퓨터 그래픽 기술을 바탕으로 실제 사람처럼 움직이며, 그 모습은 디지털임을 구분하기 힘들 정도의 높은 수준으로 구현이 가능하다. 이들은 TV뿐 아니라 수많은 채널을 넘나들면서 공연, 기업의 홍보 모델, 엔터테이너, 상담원, 튜터, 패션모델 등 다양한 영역에서 활동하고 있다. 메타버스 시대에 기업은 더더욱 이러한 디지털 휴먼과 공존해야 하는데 그 이유는 크게 두 가지다.

첫째, 이들은 소비자와 깊은 관계를 지닌 좋은 친구가 될 수 있다. 메타버스 세계관에는 다수의 사용자끼리 만들어가는 다양한 문화와 새로운 사회, 즐길 거리들이 존재한다. 그리고 그 세계관 안에서 활동할 수 있도록 제작된 디지털 휴먼은 다양한 콘텐츠를 24시간 내내 끊임없이 보여주기에 기업 입장에서 잠재고객들과 더욱 진정성 있는 소통을 할 수 있게 해준다.

둘째, 디지털 휴먼은 별도의 인건비를 지불하지 않아도 되고, 사적인 이슈로 인해 활동을 중단해야 하는 경우가 발생하는 연예인과는 달리 리스크 관리 측면에서도 효율적이다. 특히 요즘은 디지털 휴먼을 만들 수 있는 퓨즈(Fuse) 등 툴도 많기 때문에, 그 역할과 목적에 맞춰 개발한다면 막대한 비용을 투자하지 않아도 된다.

개인활동 및 브랜드 소속의 디지털 휴먼 (출처: Medium)

신규사업 진출시 낮아진 진입장벽

새로운 대학교를 설립하거나 놀이공원을 만드는 등 한 기업이 오프라인에서 많은 사람이 모일 수 있는 공간을 만드는 데에는 여러 제약사항이 따르며 막대한 투자 비용이 발생한다. 특히 중소형 기업에는 감당하기 어려운 제약사항들이 생기는 경우가 대부분일 것이다. 하지만 메타버스에서는 이야기가 달라진다.

예컨대 미네르바스쿨(Minerva School)은 오프라인 시설을 최소화하면서 온라인 중심으로 수업을 운영한다. 교수는 온라인 학습 플랫폼의 기능을 활용해서 수업중에 누가 발언을 적게 하는지 파악할 수 있고 발언 기회를 균등하게 주기 위해 노력하기도 한다. 또 학생의 수업태도를 자동으로 감지하여 온라인 강의일지라도 분위기를 효과적으로 관리할 수 있다. 이처럼 거대한 캠퍼스를 가진 대학을 메타버스로 옮겨놓으면 수업 운영비를 낮추고, 학습 효율을 높일 수 있다. 현실세계와 메타버스의 장점을 살려 효과적으로 융합한 셈이다.

이렇듯 물리적 공간, 설비에 관한 막대한 투자가 있어야만 진입이 가능했던 산업에 메타버스가 접목되면서 진입장벽이 확연히 낮아지고 있다. 거대한 장벽을 갖고 있던 기업에는 새로운 도전자가 쉽게 나타날 수 있으니 위기일 수 있겠지만, 반대로 진입장벽이 높은 시장에 보다 쉽게 진출할 수 있는 기회가 열리고 있다는 점에 주목해볼 필요가 있다.

미네르바스쿨의 온라인 강의
(출처: 미네르바스쿨 공식 홈페이지)

이미 시작된 메타버스 경쟁

새로운 시장, 블루오션을 창조하는 것은 모든 기업의 꿈이다. 물리적 환경을 바탕으로 한 경제 시스템에서 기업들은 물리적 공간, 상권, 유통과 마케팅 등의 전략을 짜며 경쟁한다. 이런 상황에서 메타버스에 눈을 돌린 기업들은 새로운 경제 흐름을 그 안에서 만들고 있다.

대표적인 메타버스 플랫폼으로 주목받고 있는 제페토에는 이미 여러 유명 기업이 입점해 있다. 나이키, 디즈니, 헬로키티 등 대중적인 브랜드와 더불어 구찌, 루이뷔통과 같은 럭셔리 브랜드까지 입점해 아바타를 위한 다양한 의상과 굿즈를 판매하는 브랜드 공간을 구축하였다. 또한 현대차는 제페토에서 차량을 구현해 쏘나타 N라인을 시승할 수 있게 했으며, 최근에는 현대차가 그리는 모빌리티를 로블록스에서 체험할 수 있는 가상 고객 경험 콘텐츠도 제공하기 시작했다. 이처럼 물

가상 시승 경험을 제공하는 현대차의 제페토
(출처: 현대자동차 보도자료)

모빌리티 경험을 제공하는 현대차의 로블록스
(출처: 현대자동차 보도자료)

리적 제품만을 제조하던 기업들 또한 메타버스에서 유통되는 디지털 아이템의 상품화에 뛰어들기 시작하고 있다.

그뿐 아니라, 네이버는 제페토에서, LG화학은 게더타운에서 신입사원 연수를 성공적으로 진행하는 등 코로나19와 같은 특정 이유로 오프라인에서 진행하기 어려운 활동들을 메타버스세계 속에서 펼쳐나가고 있다. 앞으로 기업은 메타버스가 이러한 콘텐츠의 유형과 판매 방식을 무궁무진하게 다각화할 수 있는 블루오션이라는 점에 주목해야 한다.

네이버의 신입사원 연수 제페토
(출처: 네이버 뉴스)

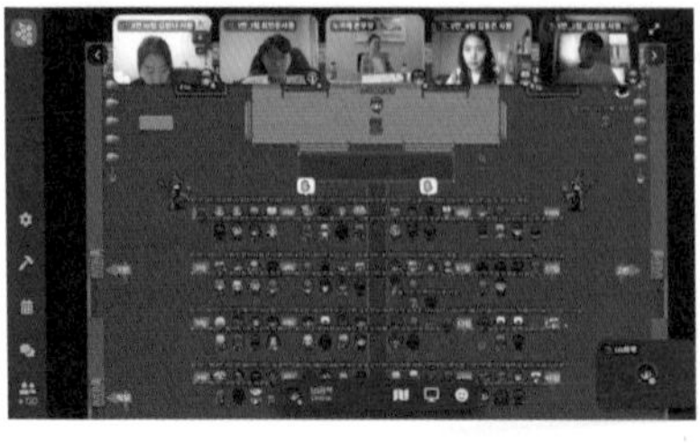

LG화학의 신입사원 연수 게더타운
(출처: LG화학 보도자료)

"오늘 애플은 전화기를 재발명할 것입니다(Today, Apple is going to reinvent the phone)." 2007년, 스티브 잡스의 이 한마디로 스마트폰의 시대가 열렸다. 사람들은 인터넷이 세상에 등장했을 때보다 더 맹렬하게 스마트폰에 열광했고, 이내 스마트폰이 세상을 바꿀 두번째 IT 빅뱅이라며 찬사를 보냈다. 이후 애플의 인기는 하늘을 찔렀고, 전 세계의 충성고객을 거느리며 최초로 시가총액이 2조 달러를 넘는 기업이 되었다. 그리고 아이폰을 발표한 이후 10년이 넘는 시간이 흘렀지만, 애플은 여전히 전 세계 시가총액 1위 자리를 굳건히 지키고 있다.

스마트폰 시대가 오면서 기존 산업의 지형에도 큰 변화가 있었다. 과거에는 석유와 관련된 기업들이 시장에서 강자로 군림했으나 이제는 그 영광도 옛말이 되어가고 있다. 기존 사업이 정체기를 겪는 동안 매우 빠른 기세로 회사를 키워온 기업들이 바로 'FAANG*'이다. 애플을 시작으로 스마트폰의 보급과 직간접적으로 연결된 사업으로 성장한 기업들이다.

스마트폰이 당시 최고의 혁명이었다면, 메타버스는 새로운 문명의 시작이다. 현재 존재하는 수많은 메타버스 플랫폼들은 기술력이 더욱 발전하고 사용자가 늘어나면서 더욱 고도화될 것이기 때문에, 스마트폰이 가져온 변화보다 산업 지형의 변화를 더 많이 만들어낼 것이라는 전망도 나오고 있다. 만약 과거 스마트폰 혁명 시기, 현재 최고의 IT기업들을 알아보지 못했다면, 지금부터라도 메타버스를 주목해볼 필요가 있다.

★

FAANG Facebook, Apple, Amazon, Netflix, Google

인포크래쉬:

정보과잉의 시대를 살아가는 법

3

우리는 하루에도 수없이 다양한 정보를 소비하면서 살아간다. 매일 아침, 하루의 날씨 정보를 확인하고, 출근길에는 밤새 업데이트된 정보를 습득한다. 동시에 우리는 정보를 생산하는 생산자이기도 하다. 검색 기록, 쇼핑 습관, 방문한 매장의 위치까지 다양한 개인 정보를 남기기 때문이다. 개인 정보는 본인이 알아차리지 못한 사이에 웹사이트, 앱, 데이터 브로커, 에드테크 기업 등을 통해 수집된다. 수집된 데이터는 실시간 경매로 거래되어 기업이 마케팅 활동을 하는 데 사용된다. 우리는 정보의 소비자이자, 생산자로 수많은 정보에 둘러싸인 세상을 살아가고 있는 것이다.

정보는 우리의 일상에 다양한 혜택을 제공하기도 하지만, 누군가의 사생활을 침해할 수 있다. 2020년 코로나19 확진자 정보 제공 사례는 코로나19 시대를 살아가고 있는 우리에게 개인 정보가 우리 삶 깊숙한 곳까지 와 있는 것을 잘 보여주었다. 데이터 활용으로 효과적인 바이러스 통제가 가능했던 것은 사실이지만, 성별, 나이, 동선 등 노출된 개인 정보로 특정 개인이 피해받는 경우가 생겼다. 그 결과 사람들 사이에서는 '코로나19보다 동선이 공개되는 것이 더 두렵다'는 이야기가 나오기도 하였다.

모든 것을 연결하고, 지능화하는 4차 산업혁명이 고도화될수록 정보의 활용 범위, 윤리성 등에 관련된 논의는 가속화되고 심화될 것이다. 범람하는 정보과잉의 시대에 정보가 올바르게 활용될 수 있도록 변화를 꾀하는 기업들의 움직임 역시 본격적으로 시작되고 있다.

©Geralt, Pixabay

실검이 사라진 세상

2005년 5월에 시작되어 16년간 사람들에게 다양한 정보를 제공해온 네이버 실시간 급상승 검색어 서비스가 2021년 2월을 마지막으로 종료되었다. 네이버 PC용 웹사이트에는 실검 서비스 자리에 날씨 정보가 게시되었고, 모바일에서는 실검이 노출되는 '검색 차트판'이 사라지게 되었다. 실검 서비스는 한국 사회에서 단순한 키워드 이상의 상징적 의미를 가졌다. 그동안 실검 서비스는 네이버 이용자들의 관심사나 재난 상황, 스타나 스포츠 관련 소식 등을 알려주는 도구로 사용되어 왔기 때문이다. 매일 네이버에 방문하는 3천만 사용자들의 관심사라는 롱테일 정보의 가치에 주목해 만든 실검 서비스는 세상을 바라보는 창의 역할을 해왔다. 누군가를 벼락스타로 만들기도 하고, 반대로 특정 셀럽이나 집단의 부정적 이슈를 단숨에 확산시키기도 했다. 그동안 실검 서비스는 풍부한 정보 속에서 각 이용자에게 맞춤형 정보를 제공해주는 방향으로 발전해왔다. 지난 2018년에는 실시간 급상승 검색어 서비스 명칭을 급상승 검색어 서비스로 변경하고, 전체·연령대별·시간대별 차트를 제공하면서 서비스를 세분화하려고 노력했다. 이후에는 인공지능(AI) 기술을 적용하여 사용자 개별 설정에 따른 맞춤형 차트를 제공하는 방향으로 변화해왔다. 그럼에도 불구하고 실검 서비스를 둘러싼 논란은 사그라들지 않았고, 결국 서비스를 중단하게 되었다.

사라진 이유 ① 정치적 이슈를 선점하려는 세력 간 갈등

2007년 황우석의 진실, 2008년 이명박 탄핵, 2019년 조국 사태 등 실검 서비스의 영향력을 악용한 집단행동들은 끊임없이 사회적 문제를 야기해왔다. 정치적 이슈와 관련해서 온라인을 기반으로 '세력 대결'이 펼쳐지기도 했다. 예를 들어 2019년 조국 장관 임명 관련해서, 찬성측은 '조국 힘내세요', 반대측은 '조국 사퇴하세요'라고 맞불을 놓은 적이 있다. 아예 어떤 문구를 실검에 올리자는, 이른바 '좌표' 찍기가 온라인 커뮤니티를 중심으로 성행하기도 했다. 실검 1위를 위해 반복 작업을 자동화하는 '매크로'를 사용하다 적발된 경우도 다수 있었다.

이에 네이버는 검색어검증위원회를 만들고 실검 서비스에 반영되는 시간을 4배로 늘리는 등 다양한 노력을 기울였다. 특히 선거기간에는 실검 서비스를 중단하기도 했다. 하지만 계속되는 조작 논란은 이용자의 불신을 초래하게 되었고, 네이버는 정치적 중립성을 확보하기 위해 보궐선거와 2022년 대통령선거 등을 앞두고 서비스 폐지를 검토하게 되었다.

사라진 이유 ② 기업의 상품이나 서비스를 띄우기 위한 '실검 마케팅'

실검 서비스가 특정 기업이나 상품의 마케팅 용도로 전락했다는 논란 역시 끊이지 않았다. 캐시 슬라이드, 토스 행운퀴즈, 잼라이브 등이 실검 서비스를 활용한 퀴즈 마케팅을 전개하였다. 초성 퀴즈나 상식 퀴즈 등을 맞추면 포인트나 현금을 지급하는 퀴즈 마케팅은 정답을 확인하는 이용자 때문에 특정 키워드 검색 횟수가 급증하게 된다. 키워드를 실검 순위에 올리고, 사전에 쓰인 관련 기사까지 내보내면서 관심을 확산시킨다. 사실상 사람들의 관심과 무관한 이슈를 만들어내게 되는 것이다.

실검 마케팅이 확산됨에 따라 실검 차트는 여론이나 이슈보다 상품명이나 광고 글로 채워졌고, 실검 서비스에 대한 국민들의 불신과 피로도를 증가시켰다. '동학 개미 운동' 등 주식 열풍이 커짐에 따라 주식 종목 등이 급상승 검색어에 등장하는 등 특정 세력에 의해 이용될 수 있다는 지적 또한 꾸준히 제기되기도 하였다.

잼라이브 소개 화면 캡쳐
(출처: 잼라이브 페이스북)

실검 서비스에 대한 사람들의 생각은?

실검 서비스에 대한 전반적인 인식

2021년 3월 트렌드 모니터에서 1,000명을 대상으로 실검 서비스 관련 조사를 진행한 결과, 실검 서비스에 대해 사람들은 대체적으로 부정적으로 인식하고 있는 것으로 나타났다. 실검 서비스가 특정 집단에 의해 조작이 가능하고, 정치적 혹은 상업적인 도구로 활용되고 있다는 점에 대해 많은 사람이 인지하고 있는 것이다. 이러한 부정적인 인식들은 실검 서비스 폐지의 결정적인 이유를 제공하였다. 한편, 실검 서비스에 오른 키워드에 더 많은 관심을 가지게 된다거나 추가적인 검색 활동을 진행할 수 있다거나 한국 사회에서 큰 의미를 가진다는 의견도 높은 것으로 나타났다. 이는 실검 서비스가 가진 사회적 영향력이 크다는 것으로 해석할 수 있다.

실검에 대한 소비자 인식 (출처: 트렌드 모니터)

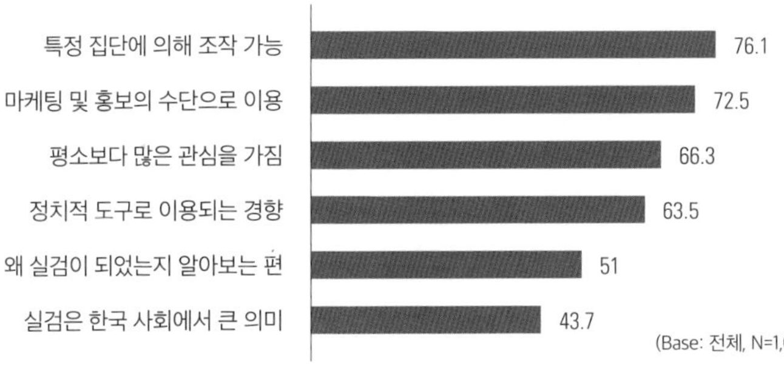

(Base: 전체, N=1,000, 단위: %)

실검 서비스 폐지에 대한 찬반 의견

실검 서비스에 대한 부정적인 인식에도 불구하고, 실검 서비스의 필요성은 여전히 존재한다. 앞서 살펴본 트렌드 모니터의 조사 결과, 실검 서비스 폐지를 찬성하는 입장(32%)보다 반대하는 입장(38.4%)이 우세한 것으로 나타났다. 각종 사건·사고와 관련한 정보를 빠르게 공유할 수 있고, 실시간으로 발생하는 사회 이슈를 확인할 수 있다는 장점에 더욱 주목하는 것으로 보인다. 실제로 2021년 3월 말 구글 안드로이드 기반 스마트폰에서 일부 앱이 중단되는 오류가 발생했을 때, 알리미 역할을 하던 실검 서비스가 사라지면서 이용자들이 초기에 제대로 대처할 수 없었다는 불만이 터져나오기도 했다. 실검 서비스 폐지 반대 의견은 정보의 민감도가 높은 20대의 응답률이 44.4%로 타 연령에 비해 높게 나타났다. 실검 서비스 폐지에 찬성하는 의견은 연령대가 높을수록 높게 나타났다. 가장 큰 이유는 실시간 검색어 서비스의 본질이 훼손되고 있는 것 같다(67.5%, 중복응답)는 생각 때문이었다. 이는 실검 서비스가 지닌 원래의 목적성에 대한 사람들의 니즈가 여전히 존재함을 시사한다.

실검 폐지에 대한 소비자 의견

(출처: 트렌드 모니터)

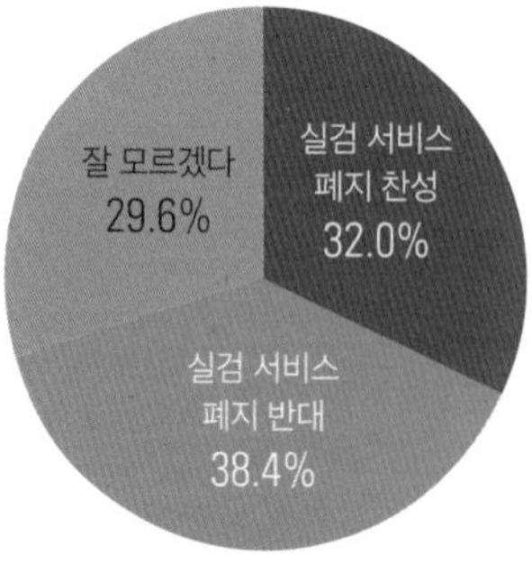

(Base: N=1,000, 단위: %)

실검 폐지에 대한 연령별 찬반 의견

(출처: 트렌드 모니터)

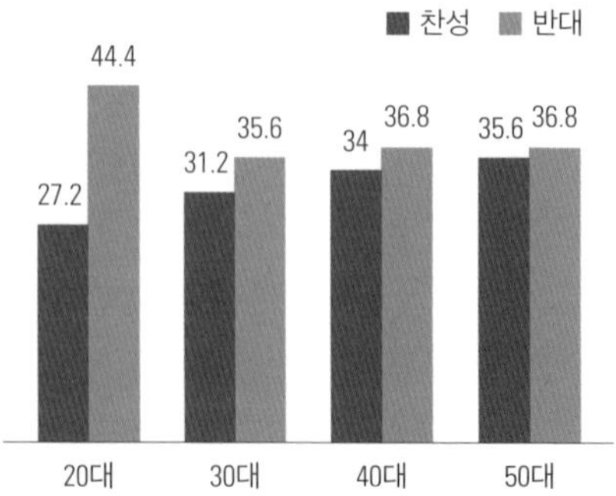

(Base: N=1,000, 단위: %)

실검을 대체하는 서비스들

네이버 '데이터랩'

네이버는 실검 서비스와 뉴스토픽 서비스 폐지와 함께 기존에 제공하던 데이터랩 서비스를 고도화하겠다는 계획을 밝혔다. 데이터랩은 지난 2016년 네이버가 선보인 빅데이터 서비스로, 현재 검색어 트렌드/쇼핑 인사이트/지역 통계/댓글 통계 등의 정보를 제공하고 있다. 검색어 트렌드에서는 궁금한 주제를 설정하고 기간과 범위, 성별, 연령 등 조건을 세분화해 검색하면 해당 검색어에 대한 데이터를 얻을 수 있다. 쇼핑 인사이트에서는 패션의류, 화장품/미용 등 11가지 분야의 인기 검색어와 다양한 통계를 확인할 수 있어 소비 트렌드를 확인하는데 유용하다. 지역 통계에서는 지역별 관심도, 카드 사용 통계 등 정보를 확인할 수 있고, 댓글 통계의 경우 분야·연령별 등 네이버 뉴스 서비스의 댓글 현황에 대한 데이터를 제공받을 수 있다.

카카오 '다음탑인기검색어'

네이버보다 먼저 실검 서비스를 폐지한 바 있는 카카오는 '다음탑인기검색어'라는 유사 서비스를 제공하고 있다. 이 서비스는 이슈가 되는 검색어와 광고성 정보로 보이는 키워드 15개가 5개씩 돌아가며 배치된다. 실검 서비스가 단시간에 입력 비율이 증가한 키워드를 자동으로 순위를 매긴 것이었다면, 다음탑인기검색어는 사람들이 많이 찾는 키워드를 중심으로 카카오가 직접 큐레이팅한다는 점에서 차이가 있다. 검색 절대량과 단위 시간당 갑자기 늘어난 키워드를 모두 고려한다는 것이다. 광고성 키워드의 경우 쇼핑에 도움이 되는 정보를 제시하는데, 따로 특정 광고주가 비용을 지불해 노출하는 방식은 아니다.

네이트/줌의 '실검 서비스'

네이버의 공백을 메꾸기 위해 네이트나 줌(ZUM) 등 실검 서비스를 제공하는 대체 플랫폼을 활용하는 사례가 증가하고 있다. 대중의 관심사를 확인하고 싶어하는 수요가 대체 플랫폼의 유입 증가로 이어졌다는 해석이다. 앱 분석 솔루션 모바일인덱스에 따르면, 인터넷 포털인 네이트, 줌의 사용자 수(안드로이드 + iOS 합산)는 2021년 3월 한 달 사이 일제히 증가했다. 네이트는 기존(2021년 2월) 372만 명에서 3월 476만 명으로 28% 늘었고, 줌도 3만 2,000명에서 5만 1,000명으로 56% 늘었다. 사용 시간도 네이트와 줌 각각 30%, 54% 늘어난 것으로 집계됐다.

세대별로 다른 세상 읽기

커뮤니티 인기글을 활용하는 젊은층

젊은 세대에게 TV에 등장하는 트렌드는 한물간 트렌드로 인식된다. TV는 트렌드에 대한 충분한 검증을 기초로 제작하기 때문에 방송하는 데까지 시간이 걸릴 수밖에 없다. 좀더 빠른 정보를 원하는 10~20대 사이에서 유행하는 콘텐츠는 트위터와 커뮤니티에서 출발한다. 이곳에서 얻는 정보는 단순히 웃긴 짤이나 글뿐이 아니다. 레시피, 세일 정보 등 일상생활에 유용한 정보들도 얻고 있다. 최근 실검 서비스가 폐지된 이후에는 커뮤니티 인기글이 사회적 이슈를 파악하는 창구로 활용되기도 한다. 인기 급상승 영상을 확인할 수 있는 유튜브나 같은 학교라는 소속감을 중심으로 형성된 '에브리타임'을 통해 사람들의 반응을 확인하는 방법도 있다. 이곳에서 주요 이슈에 대한 공감대를 확인하고 페이스북, 인스타그램 등 소셜미디어를 통해 전달함으로써, 더 많은 사람에게 대중적인 콘텐츠로 유통되는 경우가 많다.

유튜브를 활용하는 중장년층

최근 나스미디어가 공개한 '2021 인터넷 이용자 조사'에 따르면, 15~69세 2,000명의 이용자가 가장 선호하는 검색 플랫폼은 1위 네이버(88.1%), 2위 유튜브(57.4%), 3위 구글(48.6%)인 것으로 나타났다. 눈에 띄는 변화는 검색 채널로서의 유튜브의 약진이다. 40대는 53.5%, 50대는 48.6%, 60대는 45.3%가 유튜브를 사용해 정보 검색을 한다고 답했다. 과거에는 젊은 연령층에서만 검색 기능으로 활용하던 유튜브를 40~60대에서도 여러 분야를 망라한 정보 탐색의 채널로 사용하고 있는 것으로 해석할 수 있다. 특히 유튜브의 콘텐츠 추천 알고리즘은 다양한 정보 채널을 활용한 능동적인 정보 탐색에 익숙하지 않은 중장년층이 사회적 이슈나 트렌드를 파악하는 데 유용하게 작용한 것으로 보인다.

연령대별 검색 플랫폼 선호도 (출처: 나스미디어)

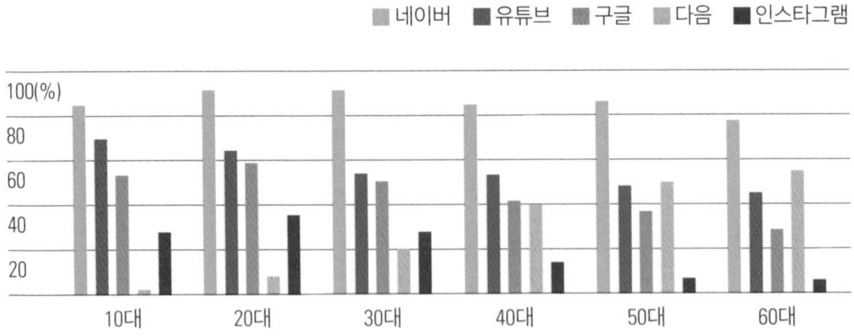

쿠키도 사라지는 세상

실검 서비스가 조작될 수 있다거나 불필요한 정보를 제공할 수 있다는 부작용으로 인해 폐지되었다면, 쿠키 서비스는 개인 정보에 대한 무분별한 활용으로 인해 사라지게 되었다. 쿠키는 웹사이트를 방문한 이력, 클릭 정보, 검색 정보 등의 접속 기록을 저장하는 작은 텍스트 파일이다. 동화 『헨젤과 그레텔』에서 주인공이 길을 지나며 남긴 빵 부스러기와 같다고 해서 붙여진 이름이다. 예를 들어 로그인 상태를 유지하여 웹사이트에 연결하는 것도 쿠키의 역할이다. 쿠키는 사용자가 인터넷을 이용할 때 편리한 도구이지만, 다른 한편으로는 광고주가 인터넷 사용자를 추적하는 방법으로도 널리 사용된다.

쿠키는 디지털 광고 시장에서 매우 중요한 정보로 활용되었다. 누구나 기사를 검색할 때 자신이 최근에 검색하거나 관심 있던 브랜드의 상품 광고가 나타나는 경험을 해본 적이 있을 것이다. 이러한 광고들은 쿠키에 의해 식별된 개인 정보로 타깃이 되어서 나타나는 광고이다. 기업의 입장에서는 불특정 다수에게 광고를 보여주는 것보다는, 정보에 기반하여 제품을 구매할 만한 잠재고객에게 광고를 보여줄 수 있으니 보다 높은 효과를 기대할 수 있다는 장점이 있다.

문제는 이로 인한 소비자의 피로감과 프라이버시 침해 가능성이 높아진다는 것이다. 잠깐 접속했던 사이트의 광고가, 이후 어느 사이트를 방문하든 계속 졸졸 따라다니는 것과 같은 불쾌한 경험에 대한 소비자들의 불만은 높아졌다. 소비자들은 하루에 얼마나 많은 개인 정보가 수집되고 있는지 전혀 알지 못하며, 자신의 개인 정보를 관리할 수 있는 권한 또한 늘 가지고 있는 것이 아니었다. 그동안 소비자들은 더 강력한 개인 정보 보호와 더 엄격한 데이터 공유 규정의 필요성을 주장해왔는데, 최근의 잇따른 쿠키 차단 조치 발표는 점점 높아지는 소비자의 요구에 따른 것이라고 볼 수 있다.

2023년부터 서드 파티 쿠키* 지원을 중단하는 구글

구글은 지난 2020년 1월. 향후 2년 안에 서드 파티 쿠키 지원을 중단하겠다고 발표했다. 구글의 크롬이 전 세계 웹 브라우저 차지 비중의 60% 이상을 차지하고 있는 상황이기에, 디지털 광고업계 등 관련 업계는 크게 반발하였다. 구글은 특정 사용자를 추적한 쿠키에 의존하지 않고, 비슷한 관심사를 가진 소비자 집단을 대상으로 광고할 수 있는 솔루션을 대안으로 제시하고 있다. 이러한 솔루션은 그룹화된 군중 속에 사용자를 숨겨놓을 수 있기 때문에 프라이버시 침해로부터 안전하다고 주장한다.

국내에서는 쿠키 지원 중단이 미치는 영향이 해외에서보다 다소 낮을 거라고 업계에서는 이야기한다. 구글에 대한 의존도가 낮고, 상대적으로 영향력이 높은 네이버와 카카오 양사가 자체 데이터 수집 역량을 보유하고 있기 때문이다. 다만, 서드 파티 쿠키 지원 중단의 근원적인

★

서드 파티(Third party) 쿠키 특정 서비스에 포함된 쿠키 중에 웹사이트 운영자가 아닌 제3자가 심어놓은 쿠키

이유가 날로 높아지는 개인 정보 보호에 대한 중요성임을 감안할 때, 이들도 향후 구글과 유사한 방향으로 소비자 데이터 활용 범위에 대한 변화를 가져올 수 있다는 점을 간과해서는 안 된다.

개인 정보 보호를 차별화 포인트로 활용하고 있는 애플

2020년 3월 애플은 구글보다 앞서 웹 브라우저인 사파리에 지능형 추적 방지 툴을 기본으로 탑재하였다. 2021년 4월에는 사용자가 개인 정보 활용에 대해 선(先)동의 할 수 있게 하는 등 데이터의 활용 범위를 사용자가 통제할 수 있는 기능을 추가하였다. 애플은 다른 IT기업과 비교하여 정보 보안에 많은 관심을 기울이는 것으로 유명하다. 2010년 '디지털의 모든 것(All things digital)' 콘퍼런스에서 스티브 잡스는 "정보 보안은 사용자들이 질려서 그만 좀 확인하라고 할 때까지 확인하세요. 그리고 사용자가 공유한 데이터를 어떻게 활용할 예정인지 역시 정확히 고지해야 합니다"라며 정보 보안에 대해 강조했다. 애플은 사용자가 스스로 원하는 데이터만을 안전하게 공유하고, 어떤 개인 정보가 공유되고 있는지 이해할 뿐 아니라 개인 정보를 직접 관리할 수 있도록 한다는 목표를 가지고 지속적인 혁신을 꾀하고 있다.

애플은 개인 정보 보호를 단순히 소비자 보호를 위한 의무라고만 생각하지 않는다. 미래의 차별적인 경쟁력이 될 수 있다고 생각한다. 이를 잘 보여주는 것이 2021년 4월에 펼친 '개인 정보 보호, 당연히 아이폰(Privacy. That's iPhone)' 캠페인이다. 광고에서는 한 사람이 일과를 보내는 동안 많은 사람들이 이 사람을 따라다니는 모습을 보여준다. 사용자가 애플리케이션을 사용할 때마다 사용자를 추적하는 업체가 늘어나는 것을 비유했다. 사용자가 자신을 추적하던 앱의 ATT* 요청을 거절하자 이들 무리가 사라진다. 흔히 스마트폰의 광고가 카메라의 성능, 폰의 디자인 등에 맞춰져 있는 것과는 다른 차별점을 강조한다. 이는 앞으로 기업의 개인 정보 보호 역량이 하나의 마케팅 포인트로 활용될 수 있음을 잘 보여주는 사례이다.

정보의 추적 방지 기능을 직관적으로 표현한 애플의 아이폰 광고
(출처: 애플 유튜브 채널)

★

ATT 앱 추적 허용 기능(App Tracking Transparency)

쿠키가 사라진 세상에서 마케터가 살아가는 법

서드 파티 쿠키의 활용이 어려워짐에 따라, 퍼스트 파티(First party) 쿠키의 중요성이 다시 부각될 예정이다. 퍼스트 파티 데이터는 웹사이트를 방문한 사용자로부터 직접 받은 정보를 말한다. 사용자가 수집에 동의한 데이터를 기반으로 운영되기 때문에, 기업은 맞춤 광고, 상품 추천 등을 사용자 데이터에 기반하여 직접 노출할 수 있다. 퍼스트 파티 쿠키를 활용하기 위해서는 더 많은 소비자들의 데이터를 확보하기 위해 방문 트래픽을 올리는 것이 중요한 과제이다.

최근 제조업체가 유통 플랫폼을 거치지 않고 자사 온라인몰에서 소비자에게 직접 판매하는 D2C(Direct-to-Consumer) 전략이 주목받고 있다. D2C 전략은 소비자가 직접 방문하거나 구매하는 과정에서 발생되는 고객 정보를 활용한 마케팅이 가능하다는 점이 큰 강점으로 꼽힌다.

또 한 가지 활용할 수 있는 방안은 문맥 타깃팅(Contextual Targeting)이다. 전달하고자 하는 키워드 또는 주제를 고려하여 관련성 높은 사이트를 찾고 이에 광고를 게재하는 방식을 의미한다. 예를 들면 음식 관련 콘텐츠에 식품 브랜드를 노출시키거나, 패션 콘텐츠에 의류 브랜드의 광고를 게재하는 것을 말한다. 사용자 개인 정보를 바탕으로 하는 타깃팅이 아니기 때문에, 브라우저에 의존할 필요가 없으며 개인 정보 보호 이슈로부터 안전하다는 장점을 가지고 있다. 콘텐츠와 관련성이 높은 광고 중심으로 노출되기 때문에 사용자의 광고 피로도가 낮고, 거부감을 줄일 수 있다는 측면도 장점으로 꼽힌다. 다만 문맥을 제대로 해석하기 위한 문맥 분석, 딥러닝 등이 수반되어야 하고, 사용자 정보를 활용한 타깃팅 대비 광고효과를 측정이 다소 어렵다는 점은 단점으로 꼽힌다.

2021년 들어 ESG경영이 세계적으로 주목받는 키워드가 되었다. 사회적 측면에서는 고객만족, 인권 등의 이슈와 함께 '정보 보호 및 프라이버시'가 세부항목으로 주목받고 있다. 개인 정보에 대한 민감도가 높은 미국과 유럽에서는 그 중요성이 더 높게 부각된다. 2018년 EU에서는 데이터 프라이버시를 한층 더 강화한 법안인 '일반 데이터 보호 규정(General Data Protection Regulation: GDPR)'을 발의하였다. 2021년 8월 아마존은 GDPR 위반으로 1조 원에 가까운 역대 최대의 벌금을 부과받았다. 유럽의 기관들에서는 데이터를 활용한 타깃팅 광고의 완전 금지를 요구하는 움직임도 나타나고 있다.

대중의 여론에 인위적인 변화를 줄 수 있는 실검 서비스, 반대로 가장 사적인 영역인 개인 정보 침해의 소지가 있는 쿠키 서비스가 사라지는 것은 이러한 세계적 흐름과 일맥상통한다. 앞으로의 사회는 기업이나 타인에 의해 정보를 왜곡하거나 오용할 수 없는, 정보 중립의 시대를 향해 갈 것이라고 예상된다. 개인의 판단에 의해 능동적으로 정보를 통제하거나 이용할 수 있도록 하는 환경으로 변화하는 것이다. 개인 정보 보호가 단순히 기업의 의무 차원을 넘어, 기업의 경쟁우위를 제공할 수 있는 차별화 요소로 작용하는 미래가 곧 도래하지 않을까 기대해본다.

"

정보는

우리의 일상에 **다양한 혜택을 제공**하지만,

누군가의 **사생활을 침해**할 수 있다.

범람하는 **정보과잉의 시대**에

정보가 **올바르게 활용**될 수 있도록

변화를 꾀하는 **기업들의 움직임**이

시작되고 있다.

"

데이터 골드러시:

마이데이터 시대의 새로운 금융 세상

4

나의 금융거래 기록, 내가 쓴 카드 내역, 나의 주식 수익률, 내가 가입한 생명보험 상품 보장 내역 등 나의 모든 금융 데이터를 한곳에 모아서 관리할 수 있다면 편리한 금융생활이 펼쳐질 것이라고 쉽게 생각할 수 있다. 그런데 여기서 한발 더 나아가 페이스북과 인스타그램에 어떤 사진과 이야기를 올리고 어떤 반응을 얻었는지 등의 소셜활동 이력, 평소 무엇을 타고 어디로 이동하는지와 관련된 이동 패턴, 일상에서 얼마나 움직이고 걸었는지를 나타내는 생활활동 내역, 스마트워치에서 측정되는 심박수와 산소포화도 등과 같은 건강 정보와 수면 시간과 습관 등을 포함한 나의 일상 기록들이 모두 데이터화되어 내가 한눈에 보고 직접 관리할 수 있다면 어떨까? 거기에다 데이터를 인공지능이 분석해서 나의 모든 생활 패턴, 소비성향과 취향을 반영하여 나에게 딱 맞는 상품과 서비스를 제안해준다면, 어떤 생각이 드는가?

이 이야기를 모두 모아서 하나로 꿰면, 앞으로 마이데이터(MyData) 시대가 만들어갈 새로운 세상이 그려질 것이다. 마이데이터 세상에서는 이처럼 나의 모든 정보를 한곳으로 모아 통합하여 관리하고 다양한 데이터를 유기적으로 연결해 새로운 가치를 만들어낸다. 여기에서 그치는 것이 아니라 사용자의 행동 패턴을 파악하고 그들의 취향을 반영하여 개개인에게 최적화된 맞춤형 서비스를 제공하는 것이 마이데이터의 최종 목표다. 개별적으로는 파편화된 각각의 데이터이지만, 모두가 연결되면 한 사람이 보이게 되고 진정한 의미의 초개인화 서비스 세상이 열리게 되는 것이다. 이것이 마이데이터가 그리는 새로운 미래상이다.

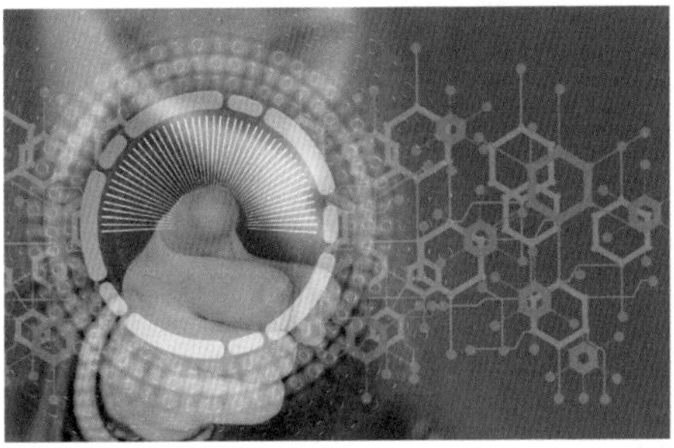

©Charles Deluvio, Unsplash

디지털 대전환의 중심, 데이터

오늘날 우리는 디지털이라는 말조차 필요 없는 디지털 표준의 시대에 살고 있다. 이제 휴대폰으로 언제 어디서든 시간과 장소에 구애받지 않고 원하는 정보를 검색하고 필요한 서비스를 이용할 수 있다. 빅데이터, 인공지능, 5G, 사물인터넷, 클라우드 등 기술혁신으로 증폭된 디지털 대전환이 전 산업 분야로 확산되면서 데이터를 활용한 비즈니스가 폭발적으로 증가하고 있다. 2020년 기준 데이터산업의 시장규모는 2019년 대비 14.5% 성장한 19조 2,736억 원으로, 연평균 성장률로 보아도 11.3%로 지속적인 성장세를 이어가고 있다.

데이터 비즈니스 성장과 더불어 개인 데이터의 경제적·사회적 가치도 역시 점점 더 중요해지고 있다. 데이터가 기업의 성공과 실패를 좌우하게 되면서 많은 기업이 사용자들의 데이터를 확보하고 이를 활용하는 것에 집중하기 시작했다. 또한 개인이 만들어내는 데이터가 기하급수적으로 늘어나고 그 종류도 다양해짐에 따라 개인의 데이터에 대한 통제권과 개인 정보 보호가 중요한 이슈로 대두되었다. 이에 대한 해결 방안으로 등장한 새로운 패러다임이 바로 마이데이터다.

2021~2020 데이터산업 시장 규모 (출처: 2020 데이터산업 현황 조사)

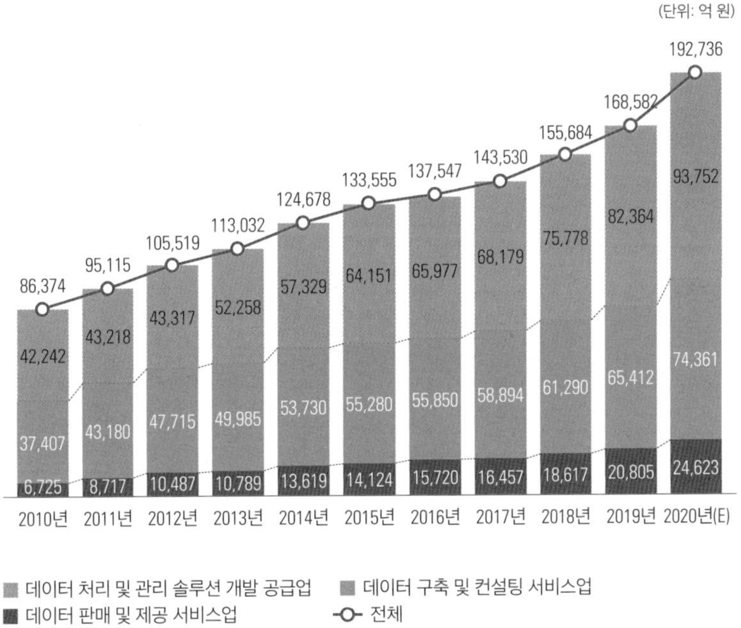

* 2014년 이전 통계는 통계작성승인(2016년) 이전에 도출된 시범조사 결과임

마이데이터

마이데이터는 말 그대로 '나의 데이터'이다. 2020년 8월, 기업이 수집한 사용자 데이터의 소유권을 사용자에게 주는 데이터 3법이 통과되었다. 이제는 서비스를 운영하는 기업이 아닌, 바로 '내'가 '나'의 데이터 주인이라는 권리, 즉 데이터 주권을 인정받은 것이다. 이는 데이터에 대한 개인의 통제와 권한을 강화하고 개인의 선택에 따라 데이터에 대한 개방과 활용을 쉽게 한 것이다.

마이데이터 개요

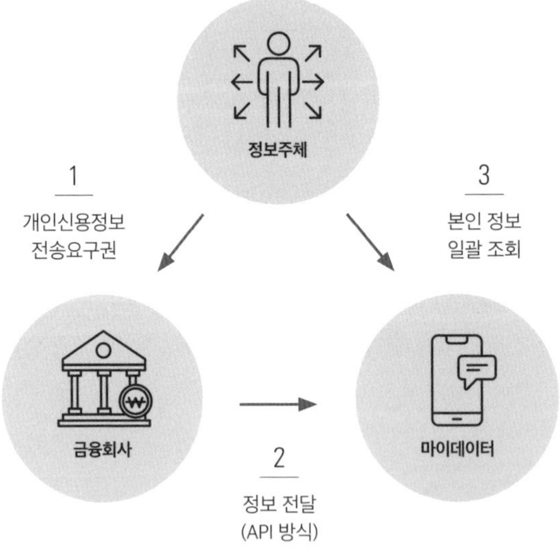

마이데이터 사업은 데이터를 가진 기업만이 사업을 주도하는 기존의 패러다임을 바꿀 수 있다. 사용자의 동의를 얻으면 어떤 사업자든 데이터를 관리하고 분석하여 새로운 서비스를 제공할 수 있는 것이다. 이에 따라 금융 분야에서도 다양한 데이터 기반 상품과 서비스가 확산될 것이다. 여러 금융기관이 가지고 있던 데이터를 하나로 모아 관리할 수 있고, 데이터 기반의 개인화된 서비스가 가능해진다. 모든 금융상품 비교 정보와 개인화된 추천과 같이 소비자들이 간편하게 이용할 수 있는 다양한 금융상품과 서비스가 새롭게 생겨날 것이다. 또한 개개인의 선택에 따라 데이터의 사용이 좌우되기 때문에 기업 중심의 데이터 패러다임이 개인 중심으로 전환될 가능성이 크다.

온라인에서도 마이데이터에 대한 관심이 증가하고 있다. 최근 2년간의 연간 소셜 버즈량 추이를 보면 2,537건에서 8,906건으로 251% 성장했고, 검색량 추이는 3만 6,485건에서 18만 1,796건으로 389% 폭증한 것으로 나타났다. 작년에 데이터 3법이 통과된 이후, 마이데이터에 대한 관심도가 급증한 것이다.

마이데이터 온라인 관심도 추이 (출처: 이노션 데이터커맨드팀)

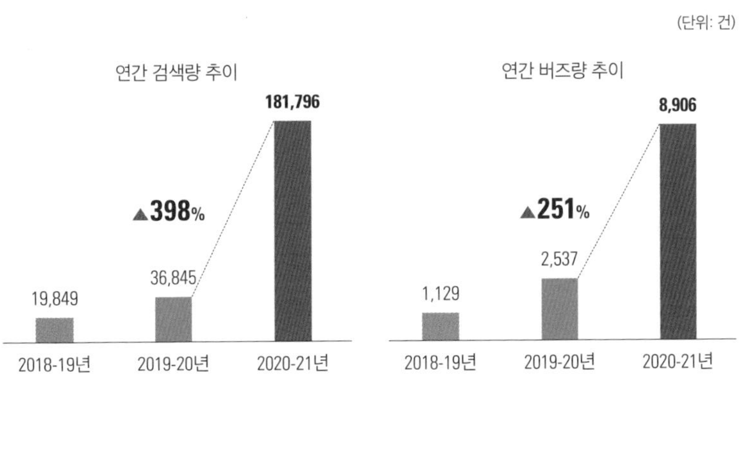

관심도가 성장 추세에 있지만, 소비자들의 인식은 아직 초기 단계다. 글로벌 카드회사인 비자(Visa)가 2021년 3월에 실시한 '마이데이터 서비스에 대한 소비자 인식 조사'에 따르면, 마이데이터에 대한 소비자 인지도는 44.5%로 아직 절반에 미치지 못하는 것으로 나타났다. 하지만 미미한 인지 수준 대비 마이데이터에 대한 관심도는 64.1%로 높게 나타났다. 마이데이터에 관심을 가진 주된 이유로는 마이데이터의 정보와 혜택을 한곳에 모아서 보고, 쉽고 간편하게 관리할 수 있다는 혜택 때문이라고 응답했다.

마이데이터 서비스에 대한 소비자 인식 조사 (출처: Visa 2021년 3월)

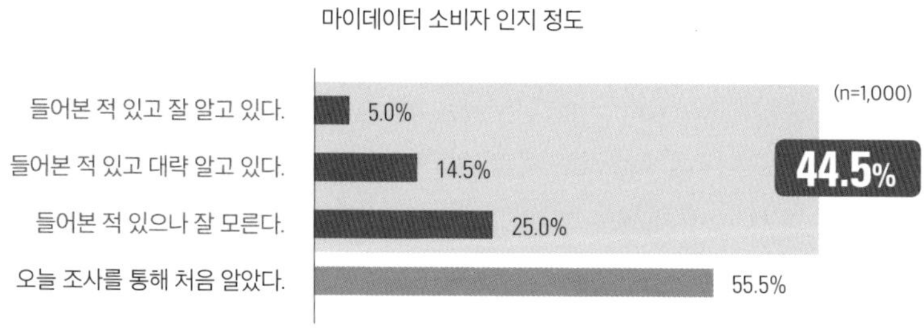

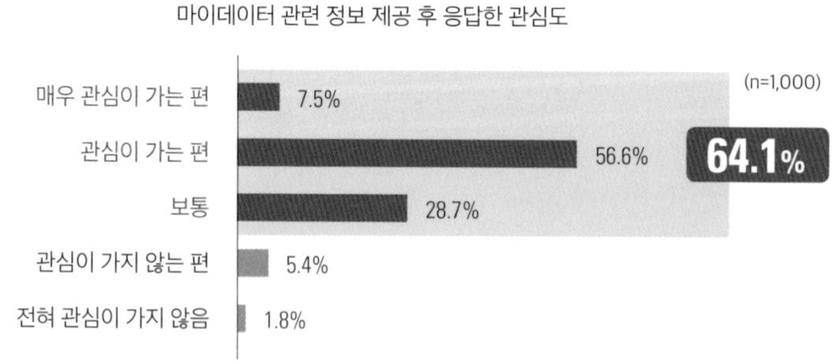

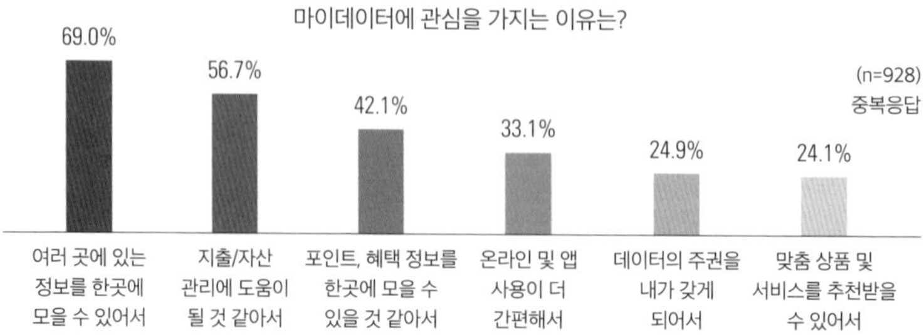

금융의 지각변동

금융산업에서 마이데이터는 이제 거스를 수 없는 시대의 흐름으로 자리잡았다. 2018년부터 2020년까지 지난 3개년간 금융 관련 담론의 추이를 분석해보면, '디지털', '데이터', '비대면'의 키워드를 중심으로 디지털 금융의 영향력이 증가하고 있는 것을 알 수 있다. 금융의 전통적인 산업구조 자체가 바뀌고 있는 것이다.

금융 담론 추이 (출처: 이노션 데이터커맨드팀)

순위	키워드	2018	순위	키워드	2019	순위	키워드	2020
1	돈	120,301	1	투자	109,948	1	대출	149,959
2	투자	118,559	2	대출	109,628	2	투자	116,083
3	대출	108,460	3	돈	103,982	3	돈	107,953
4	자산	86,963	4	자산	75,306	4	상품	91,874
5	정보	83,189	5	상품	72,906	5	신용	80,373
6	상품	75,108	6	정보	72,419	6	자산	76,852
7	신용	69,936	7	신용	71,552	7	정보	68,349
8	계좌	63,518	8	계좌	54,656	8	계좌	66,672
9	적금	41,433	9	결제	32,418	9	적금	28,236
10	인터넷	40,413	10	적금	32,351	10	다양한	27,105
11	수수료	34,685	11	인터넷	31,165	11	디지털	26,008
12	예금	30,711	12	모바일	31,002	12	예금	25,403
13	다양한	30,486	13	수수료	30,233	13	인터넷	23,032
14	결제	26,982	14	예금	28,657	14	수수료	22,881
15	새로운	21,083	15	다양한	26,988	15	결제	21,485
16	모바일	18,858	16	디지털	23,029	16	모바일	20,670
17	디지털	18,654	17	새로운	18,594	17	새로운	19,967
18	대표	18,483	18	혁신/혁신적	17,542	18	빠른/빠르다	19,774
19	송금	15,579	19	이체	14,896	19	대표	19,460
20	이체	14,942	20	빠른/빠르다	14,459	20	도움	17,775
21	수익률	14,243	21	데이터	14,228	21	데이터	17,580
22	혁신/혁신적	12,918	22	대표	13,707	22	수익률	13,923
23	빠른/빠르다	11,702	23	송금	13,437	23	이체	13,747
24	데이터	11,291	24	수익률	13,343	24	필요하다	13,621
25	안정적	11,173	25	조회	11,827	25	조회	12,721
26	조회	10,590	26	안정적	11,470	26	송금	10,714
27	필요하다	10,018	27	필요하다	9,846	27	안정적	9,328
28	안전하다/안전	6,155	28	안전하다/안전	8,657	28	안전하다/안전	6,789
29	도움	4,710	29	도움	6,052	29	비대면	3,406
30	비대면	154	30	비대면	373	30	혁신적	1,610

'디지털' '데이터' '비대면' 기반의 디지털 금융 (출처: 이노션 데이터커맨드팀)

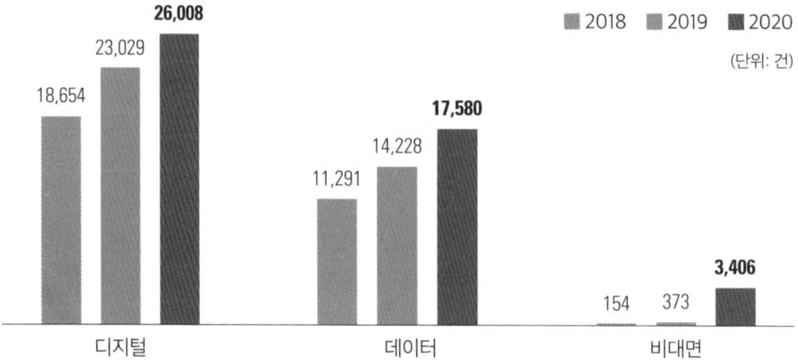

마이데이터 시대에는 금융회사의 고객 데이터 독점 현상이 사라지고, 모든 금융기관의 경쟁이 심화될 것으로 예상된다. 게다가 전통적인 금융기관과 빅테크 기업* 및 핀테크 기업* 등 이종 업계 간의 경쟁 또한 심화될 것이다. 마이데이터 사업 인가에도 시중은행과 기존 금융기관(14개 기업)뿐 아니라 뱅크샐러드, 비바리퍼블리카, 카카오페이, 네이버파이낸셜 등 쟁쟁한 핀테크와 빅테크 기업들(14개 기업)도 대거 참여함에 따라 데이터 기반 금융 서비스 시장 선점을 위한 치열한 격전을 예고하고 있다.

한발 더 들어가보면, 이는 금융업계 전반에 걸쳐 변화와 혁신을 불러올 것이다. 디지털 기술로 빠르고 간편한 금융 서비스를 제공하는 핀테크 기업과 금융업으로의 진출을 확대중인 빅테크 기업이 금융 생태계를 재편하고 있다. 마이데이터가 본격적으로 시행되면 카카오와

★

빅테크(Big tech) 기업 구글, 아마존, 페이스북이나 애플 같은 대형 정보기술 기업을 뜻하는 말. 국내 금융산업에서는 네이버와 카카오 등 온라인 플랫폼 제공 사업을 핵심으로 하다가 금융시장에 진출한 업체를 지칭하는 말로 주로 쓰임

핀테크(FinTech 또는 Financial Technology) 기업 금융(Finance)과 기술(Technology)의 합성어로, 모바일, 빅데이터, SNS 등의 첨단 정보기술을 기반으로 한 금융 서비스 및 산업의 변화를 통칭

마이데이터 본허가 28개 기업 (출처: 금융위원회)

업권	회사명
은행(5개사)	KB국민은행, NH농협은행, 신한은행, 우리은행, Standard Chartered SC제일은행
여전(6개사)	KB국민카드, 우리카드, Hyundai Card, BCcard, Hyundai Capital
금융투자(1개사)	MIRAE ASSET 미래에셋증권
상호금융(1개사)	농협중앙회
저축은행(1개사)	웰컴디지털뱅크 웰컴저축은행
핀테크(14개사)	NAVER FINANCIAL, MIN&智, BOMAPP, VIVA REPUBLICA, 뱅크샐러드, NHN PAYCO, SK planet, coocon, teamwink, FINDA, fintech, KFS 한국금융솔루션, 한국신용데이터, Habit Factory

네이버 등 빅테크 기업들은 거의 모든 은행 서비스를 선보일 수 있는 슈퍼 금융 플랫폼으로 탈바꿈할 것으로 예상된다.

MZ세대가 새로운 주 소비층으로 부상하면서 기존 은행에 대한 믿음과 신뢰는 감소하고 브랜드 로열티 역시 줄어들고 있다. 데이터 3법 개정, 오픈뱅킹 등으로 국내 금융업계에 데이터 생태계가 새롭게 생겨나고 있고, 마이데이터 시행으로 고객 정보의 주도권이 은행에서 개인으로 옮겨감에 따라 고객 데이터에 대한 독점도 축소될 것이다. 은행들은 기득권을 유지하기 위해 몸부림치고 있지만, 마이데이터라는 새로운 환경 변화로 인해 진입장벽도 거의 사라진 상황이다. 여기에 첨단기술과 데이터 역량을 갖춘 빅테크와 핀테크 기업들 사이에서 고전을 면치 못할 것이라는 예상이 지배적이다.

마이데이터 시대
금융의 새로운 성공 법칙

금융 트렌드의 향방을 가를 결정적 분기점이 바로 마이데이터 사업의 도입이다. 이제 금융업계 내에서 경쟁하고 기존의 상품과 서비스, 영업 경쟁력에만 의존하는 시대는 지났다. 변화의 물결에 대응하여 급변하는 금융 트렌드를 발 빠르게 감지하고 이에 대응하는 새로운 금융의 성공 법칙을 마련해야 할 시점이다.

핵심은 데이터와 분석 역량

디지털 대전환이 가속화됨에 따라 소비자들의 금융기관 선택 기준이었던 기업 규모, 브랜드 파워 등의 경쟁력은 점점 축소되고 있다. 반면에 데이터 자산, 데이터 분석력과 같이 데이터로 고객 니즈를 빠르게 파악하고 가치를 창출할 수 있는 능력이 기업의 핵심 경쟁 요소가 되었다. 향후 개방되는 데이터가 금융뿐 아니라 모든 산업 분야로 확산되고 있기 때문에, 기업들은 이전과는 차원이 다른 고도화된 데이터 분석 역량이 필요하다.

이는 최근 1년 동안 '마이데이터'와 동시에 언급되는 소셜 버즈 8,906건을 심층적으로 분석해보면 더욱 명확히 드러난다. 마이데이터의 핵심 성공 요인은 결국 수많은 고객 정보 등 개개인 데이터를 축적한 고객 데이터 자산과 인공지능 등의 첨단기술을 활용한 고도화된 데이터 분석 역량으로 요약된다. 이를 통해 모든 금융업계를 아우르는 통합 서비스라는 새로운 생태계를 구축하고, 소비자들에게 개인화된 맞춤 솔루션을 제시하여 생활에 도움이 되는 실질적 혜택을 제공해야 하는 것이다.

2009년 영국에서 설립되어 최초로 마이데이터 저장소(Personal Data Store, PDS) 서비스를 시작한 디지미(Digi.me)는 주목할 만한 사례다. 이들은 금융 정보뿐 아니라 소셜, 헬스케어, 엔터테인먼트까지 하나로 모아서 통합적으로 관리하는 플랫폼을 지향하고 있다. 금융 정보는 바클레이즈(Barclays), 시티(Citi) 등 1000여 개 은행의 거래 내역과 함께 비자, 마스터카드(Mastercard) 등의 카드회사 거래 내역까지 모두 모았다. 소셜 정보는 페이스북, 트위터, 인스타그램 등에서 소

마이데이터 연관어 분석 (출처: 이노션 데이터커맨드팀)

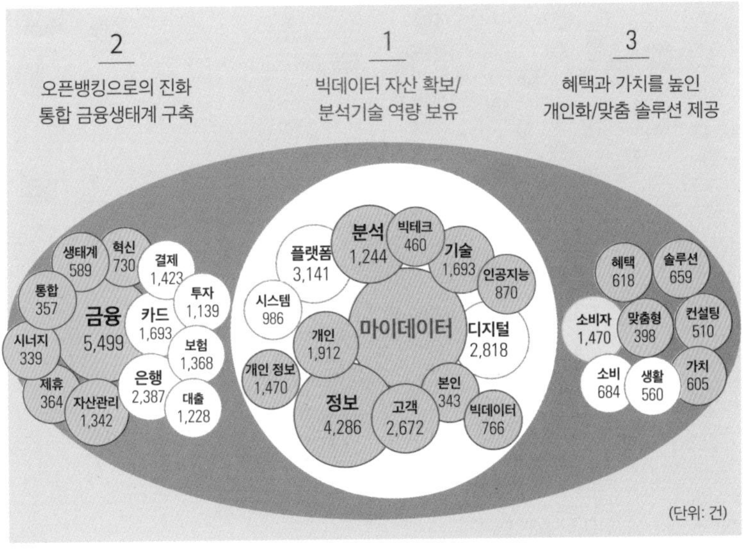

셜 네트워크 활동 내역을 수집했고, 건강정보는 건강 웨어러블 장치 기업인 핏빗(Fitbit) 등을 통해 사용자 활동 내역, 수면 기록 등을 모았다. 여기서 한발 더 나아가 영국, 미국 등 국가 수준의 의료 정보도 연계하여 수집할 계획을 갖고 있다. 디지미는 개인과 기업 모두에게 실질적 혜택을 제공하는 마이데이터 기반 비즈니스 모델을 구현한 것으로 평가받고 있다. 개인 사용자는 디지미를 통해 자신의 데이터를 한눈에 쉽게 관리하고, 기업은 사용자의 데이터 기반 서비스 플랫폼 정보를 제공받을 수 있는 것이다.

데이터 기반 비즈니스는 거스를 수 없는 시대의 흐름이다. 그렇기 때문에 금융은 기존 상품과 서비스 기반의 가치 제안에서 데이터 기반의 가치 제안으로 무게중심을 이동해야 한다. 은행은 물리적인 서비스를 제공하는 차원을 넘어 데이터를 기반으로 고객에게 새로운 가치를 제공해야 할 것이다. 이를 위해 데이터 역량을 창출할 수 있는 디지털

Digi.me 서비스 개념도 (출처: Digi.me 사이트)

인프라를 확보해야 한다. 금융의 경쟁력이 최종적으로 데이터 자산과 역량으로 판가름날 것이기 때문에 인공지능, 머신러닝 등 최신 데이터 분석 기술 경쟁력이 더욱 중요하다. 따라서 빅데이터, 클라우드 등 데이터 신기술을 도입하고 데이터 분석 전문가를 확보하는 등 데이터 역량을 내재화하는 데 더욱 힘써야 할 것이다.

오픈뱅킹으로의 진화

마이데이터 시대가 본격화되면서 수많은 개개인의 금융거래 빅데이터를 모으는 시스템 인프라를 구축하고 인공지능 분석 기술을 바탕으로 고도화된 데이터 분석 역량을 확보하는 것은 앞으로의 성공과 실패를 좌우하는 핵심 역량이 될 것이다. 그중 데이터 경쟁력을 좌우하는 중요한 성공 요인은 수집한 데이터를 단순하게 쌓아두는 것에 그치지 않고 데이터를 유기적으로 연결하며 이를 적극적으로 활용하는 것에 있다. 데이터를 근간으로 은행을 넘어서서 카드, 증권, 보험 등 모든 금융 업종의 경계를 허물고 새로운 경쟁구도를 이끌 수 있는 통합 금융 서비스라는 새로운 생태계를 구축해야 하는 것이다.

실제로 마이데이터가 실행될 경우 은행뿐만 아니라 카드회사, 증권회사, 보험회사 등 모든 금융기관이 보유한 다양한 개인 데이터가 오픈 API*로 개방될 예정이다. 은행 입출금 내역은 물론 카드 결제 내역, 증권사 투자예탁금, 주식 보유 내역, 보험계약 등 개인의 수많은 금융 정보가 모두 공유될 수 있다. 이처럼 마이데이터가 활성화되면 오픈

★

오픈 API　API는 애플리케이션 프로그래밍 인터페이스(Application Programming Interface)의 약자로 응용 프로그램에서 자유롭게 사용할 수 있도록 환경을 제공하는 인터페이스를 뜻하며, 개발사라면 누구나 사용할 수 있도록 공개되어 있음

플랫폼을 중심으로 새로운 생태계가 이루어질 것이다. 금융의 오픈뱅킹은 은행과 빅테크 기업 등 은행의 데이터를 필요로 하는 모든 이해관계자들이 참여하는 오픈 플랫폼이 만들어져야 가능하다. 오픈뱅킹 초기 단계에는 은행의 이체 내역이나 계좌 내역 조회 등과 같은 일반적인 API가 열릴 것이다. 하지만 향후 API 생태계 참여사들이 많아지고 성숙도가 높아짐에 따라, 은행들도 다양한 서비스 API들을 폭넓게 개방하기 시작하고 오픈 플랫폼은 더욱 풍부해질 것이다.

오픈뱅킹은 마이데이터라는 시대적 변화에 금융기관이 고려할 수 있는 가장 실효성 있는 대응 방안이기 때문에, 향후 오픈뱅킹의 진정한 승자는 새로운 생태계를 선점하는 금융기관이 될 것이다. 데이터를 폭넓게 개방하는 금융사가 새로운 오픈뱅킹 생태계의 승자와 리더로 혜택을 누리게 되는 것이다.

API기반 오픈뱅킹 플랫폼 개념도 (출처: 금융위원회)

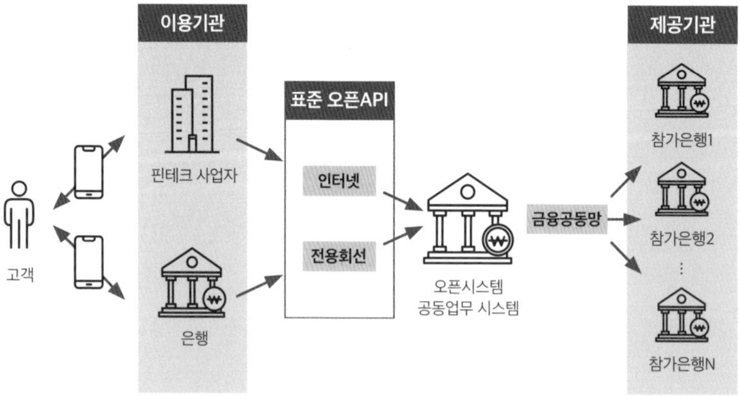

대표적으로 KB국민은행도 마이데이터 시대에 금융기관의 가치를 결정하는 중요한 경쟁력이 금융상품이 아니라 자체 플랫폼이라고 판단하고 있다. 금융과 비금융의 경계가 사라지는 가운데 빅테크 기업들과 금융 플랫폼 전쟁을 치러야 하는 상황이기 때문에, 은행의 틀에서 과감히 벗어나 디지털 금융 플랫폼 기업으로 변신하여 고객의 모든 일상을 함께하는 생활 속 금융을 목표로 한다.

KB국민은행은 마이데이터 사업 본허가를 받은 직후, 금융권 최초로 2016년부터 운영해왔던 자산관리 플랫폼 'KB마이머니'를 'KB마이데이터'로 개편했는데, KB마이데이터 출범과 함께 자산관리 서비스도 확대할 계획이다. KB마이데이터 서비스의 목표는 다양한 정보와 안전한 금융망을 활용한 생활 맞춤형 서비스다. 흩어져 있는 고객 정보를 모아 원스톱 재무 상담, 신용 관리, 자동차 관리 등 다양한 생활밀착형

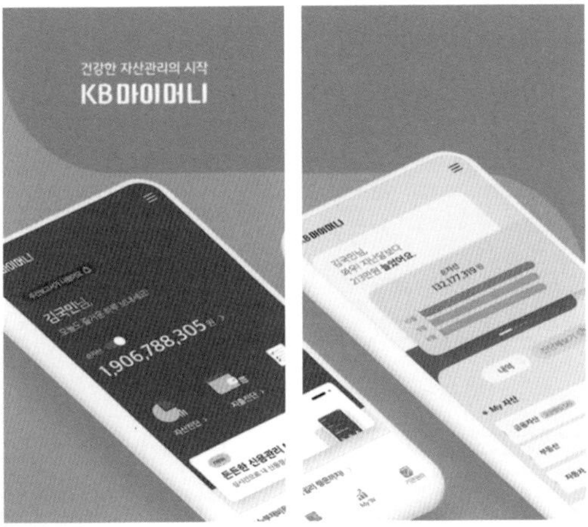

KB마이머니 (출처: KB국민은행)

서비스를 제공하고 시니어 특화 서비스, 데이터 분석 시스템 등 유관 업무를 클라우드 기반으로 추진해 고객에게 차별화된 서비스를 제공할 계획이다. 마이데이터 서비스 시행으로 금융 정보뿐 아니라 유통이나 통신 등 비금융 정보와 통합되면, 더 큰 시너지를 만들어내고 고객에 대한 인사이트가 강화될 것이라 예측된다.

금융 서비스의 초개인화

은행들은 오랫동안 수익성 분석을 중심으로 상품과 서비스를 제안하고 이를 판매해왔다. 현재도 은행들의 마케팅 전략은 대부분 과거의 수익성에 기반하고 있다. 그러나 이제 이러한 방식으로 급변하는 환경에 대응하기에는 한계가 있다. 디지털 혁신과 데이터 기술 발전이 가속화됨에 따라 금융이 더 편리하고 유연하며 금융의 접근성을 개선해야 한다는 새로운 흐름이 자리잡고 있기 때문이다. 이 같은 추세는 고객 경험에 대한 소비자의 기대를 바꾸어놓았다. 오픈뱅킹이 본격화되고 머신러닝과 고급 분석기술이 상용화되어 데이터 분석 기반의 개인화된 금융 서비스가 확대되면서, 이제 개인화된 탁월한 고객 경험을 제공하는 것이 기업의 가장 중요한 경쟁 요소가 된 것이다.

단기적으로 금융상품과 서비스의 개인화는 대부분 마케팅 분야에서 집중적으로 이루어질 것으로 보인다. 하지만 중장기적으로는 데이터 분석을 통해 금융기관의 모든 조직이 고객과 소통하는 형태로 변화할 것으로 예측된다. 거래 내역 통합 조회 등 단순한 서비스를 넘어 데이터 분석을 통한 다양한 상품 추천 등 모든 영역에 걸쳐서 초개인화된 맞춤 서비스를 중심으로 상품과 서비스 영역이 확장될 것이다.

미래 은행의 강력한 경쟁력은 고급 분석 기술을 바탕으로 개개인에게 맞춤화된 고객 경험을 실시간으로 전달하는 능력이다. 이러한 흐름을 빠르게 포착하고 선제적으로 개인화된 경험을 제공하는 금융기관이 새롭게 열리는 마이데이터 시대의 리더가 될 것이다. 이를 위해 고도화된 데이터 역량과 데이터 기반 개인화 서비스 자산을 적극적으로 확보해야 한다.

마이데이터 사업 시행을 앞두고 새롭게 부상할 브랜드로 뱅크샐러드를 꼽을 수 있다. 2012년 설립 이후 지금까지 뱅크샐러드는 은행, 카드, 보험, 증권 등에 흩어져 있던 개인의 금융 데이터를 하나에 모으는 자산관리 솔루션으로 금융 혁신에 집중했다. 캠페인에서도 '신경 꺼도 내 돈 관리', '나로부터 내 돈을 지켜줘' 등 개인화된 자산관리 서비스의 가치를 지속적으로 강조해왔던 뱅크샐러드는 최근 개인 '라이프 내비게이션' 구축에 집중하고 있다. 이를 통해 정보 비대칭을 해결하고 향후 세금, 건강, 노후 등 개인의 데이터를 바탕으로 한 초개인화 맞춤 솔루션을 구축하여 금융을 넘어 개인의 삶 전반으로 확장한 라이프 혁신을 꿈꾸고 있다. 특히 금융 이력이 부족해 신용평가에서 배제돼온 주부, 사회초년생, 초기 사업자와 같이 금융거래가 거의 없는 소비자, 신 파일러*도 마이데이터를 통한 금융혁신 수혜를 누릴 수 있도록 할 계획이다. 이를 위해 뱅크샐러드만의 5대 마이데이터 영역을 기반으로 '마이데이터 맵'을 제시하고 개인의 생활 전반에 걸쳐 만들어지는 모든 정보를 4,000여 개 이상의 데이터 항목으로 체계화했다. 이렇게 생성된 마이데이터는 끊임없는 이동과 가공을 통해 개인에게 최적화된 초개인화 서비스로 제공할 계획이다.

★

신 파일러(Thin Filer) 서류가 적어 파일이 없다는 의미로 금융 이력이 부족해 금융활동을 제한받는 사람

마이데이터를 기점으로 현재 진행중인 거대한 전환은 금융업의 본질을 뒤흔들 정도로 혁명적인 변화를 요구하고 있다. 이에 대한 대응으로 금융기관들은 마이데이터를 중심으로 자사 경쟁력의 전면적인 혁신을 추구해야 한다. 그러나 많은 은행들이 기존 금융산업의 연장선으로 마이데이터를 이해하고 활용하는 경우가 많다. 단순히 데이터 축적, 개인화된 마케팅 효율 등 기술에 한정된 영역이라고 판단하고 있는 듯하다.

사실 데이터 전환은 기술혁신만을 뜻하지 않는다. 진정한 의미의 전환은 금융 비즈니스 전반을 데이터 기반으로 전환하는 것을 넘어 고객에게 최선의 가치와 경험을 제공하기 위해 기존 비즈니스 모델을 전면적으로 바꾸어내는 것이다. 결국 본질은 변화의 시대에 맞게 데이터를 기반으로 고객의 니즈를 이해하고 이를 충족시키기 위해 현재 비즈니스를 근본적으로 혁신하는 것이다. 마이데이터 시대를 여는 현시점이 모든 것이 급변해서 기존의 법칙이 적용되지 않는 특이점*이라는 상황 인식을 가지고, 단순히 서비스와 마케팅 차원이 아니라 금융 비즈니스의 본질적인 변화가 필요하다. 이는 새롭게 마이데이터 비전을 수립하고 장기적인 성장동력을 구축하며 기존 금융 서비스의 근본적인 변화를 추구하는 비즈니스 혁신과 만나야 가능할 것으로 보인다.

★

특이점(singularity) 어떤 기준을 상정했을 때, 그 기준이 더이상 적용되지 않는 점을 뜻함

"

마이데이터 세상에서는
나의 모든 정보를 한곳으로 모아 **통합·관리**하고
다양한 데이터를 유기적으로 연결해
새로운 가치를 만들어낸다.
행동 패턴을 파악하고 취향을 반영하여
개개인에게 최적화된 맞춤형 서비스를
제공하는 것이 **마이데이터의 최종 목표**다.
개별적으로는 파편화된 각각의 데이터이지만,
모두가 연결되면 한 사람이 보이게 되고
진정한 의미의 **초개인화 서비스 세상**이
열리게 되는 것이다.

"

Part 4 마케팅

비즈니스 현장의 마케팅 전문가들이 주목한
라이프스타일 인사이트

애드버콘텐츠:

웹예능으로 진화한 앞광고

1

웹예능은 웹과 예능의 합성어로, 문자 그대로 전파를 통해 TV로 송출되는 예능방송이 아닌 다양한 온라인 플랫폼을 통해 공개되는 예능 콘텐츠이다. 사람들이 주요하게 사용하는 미디어 플랫폼이 TV에서 모바일로 이동하면서 드라마와 영화를 중심으로 형성된 디지털 콘텐츠산업이 예능까지 빠르게 확대됐다. 카카오TV의 〈개미는 오늘도 뚠뚠〉, 티빙의 〈환승연애〉, 스튜디오 훅(STUDIO HOOK)의 〈오늘도 삽질〉, 스튜디오와플의 〈터키즈 온 더 블럭〉, 스튜디오 SSAK의 〈자영업자 김다비〉 등 소재도 TV예능 못지않게 다양하다.

이러한 트렌드에 발맞춰 웹예능을 활용한 콘텐츠 마케팅 사례도 다양해지고 있다. 개인정보보호가 강화된 새로운 쿠키 정책과 애플, 구글의 개인정보 규제 강화 등으로 인해 온라인 광고의 효과가 이전 같지 않은 상황에서 '광고 같지 않은 광고'로 소비자에게 다가가는 콘텐츠 마케팅이 더욱 중요해졌다. 지난해 펴낸 『친절한 트렌드 뒷담화 2021』에서는 '앞광고의 시대'를 예고했다. 2020년 여름 유튜브 생태계가 '뒷광고' 논란으로 홍역을 치른 이후 디지털 콘텐츠 광고의 규제가 강화되고, 콘텐츠 크리에이터의 자체적인 자정작용이 더해져 노골적으로 광고임을 밝히는 '앞광고' 콘텐츠가 부상했다. 2020년에 '달라스튜디오'의 〈네고왕〉이 새로운 앞광고 시대의 가능성을 열었다면, 2021년에는 웹예능의 유행과 맞물려 앞광고가 다양하게 진화했다.

©Carolexm, Unsplash

TV예능보다 웹예능

웹예능 전성시대

오픈서베이의 '온라인 동영상 시청 트렌드 리포트 2021'에 따르면, 2019년부터 2021년까지 최근 3년간 10~50대 남녀가 하루에 시청한 온라인 동영상 수와 시간이 모두 증가한 것으로 나타났는데, 동영상 수는 5.3개에서 6.3개, 시간은 58.6분에서 71.7분을 기록했다. 또한 즐겨 보는 동영상 콘텐츠 장르는 표에서 보는 바와 같이 영화/드라마, 예능/코믹, 뮤직비디오/음악/무대영상 등의 순으로 나타났다. 예능/코믹 장르는 영화/드라마에 이어 근소한 차이로 2위를 차지했는데, 특히 20~30대의 예능/코믹 시청은 타 연령층 대비 월등히 높았다.

최초의 웹예능은 2015년에 방영한 tvN의 〈신서유기〉 시리즈로 시작됐다. CJ ENM 나영석 PD의 〈신서유기〉는 2015년 네이버 TV캐스트를 통해 공개된 지 5일 만에 누적 조회수 1,000만 건을 돌파했고, 그

즐겨 보는 동영상 콘텐츠 (출처: 오픈서베이)

영화/드라마	37.7%
예능/코믹	36.6%
뮤직비디오/음악/무대영상	27.5%
온라인/SNS 이슈영상	18.3%
게임	17.2%
재테크/금융	16.7%
스포츠	16.3%
요리(쿡방)	15.6%

전체 응답자 640명, 순위형 응답(1+2+3순위), 조사기간: 2021. 5. 28 - 5. 31

인기를 몰아 tvN의 정규 예능프로그램으로 편성되어 지금까지 꾸준히 사랑받고 있다. JTBC의 크로스미디어 스튜디오인 '스튜디오 룰루랄라'에서 2018년 공개한 〈와썹맨〉은 현재까지 이어져오는 웹예능 특유의 편집 호흡과 자막 플레이를 정착시킨 시초격이라 할 수 있다. 그러나 본격적인 웹예능 전성시대가 시작된 것은 2020년 인기 헬스 유튜버 김계란을 주축으로 제작된 〈가짜 사나이〉가 조회수 1억 뷰를 돌파하고, 웹예능을 전문으로 제작하는 달라스튜디오의 〈네고왕〉이 1회차를 선보이자마자 단숨에 조회수 300만 뷰를 달성하면서부터다. 이후 지상파, 종편, 케이블 등의 방송사와 넷플릭스, 티빙, 카카오TV 등의 OTT 플랫폼, 외주 제작사, 개인 전문 유튜버 및 이들의 소속사인 MCN* 등 다양한 제작 주체가 웹예능에 뛰어들고 있다. 기존 방송사들 또한 다각화된 미디어 플랫폼 환경에 대응하기 위해 디지털 콘텐츠 스튜디오와 플랫폼을 신설했다. 〈문명특급〉은 SBS의 '스브스뉴스'라는 디지털 채널에서 시작하여 현재 별도 채널로 독립한 대표적인 웹예능 프로그램이며, 장성규의 〈워크맨〉 역시 JTBC 산하의 스튜디오 룰루랄라의 작품이다. 이 밖에도 웹예능을 통해 오리지널 콘텐츠의 차별화를 꾀하는 카카오TV의 〈톡이나 할까?〉, 〈체인지 데이즈〉 등 다양한 콘텐츠 스튜디오에서 선보이고 있는 웹예능프로그램만 수십 개에 이른다.

글로벌 신문물 전파 프로젝트를 표방하는 〈문명특급〉
(출처: 〈문명특급〉 유튜브 채널)

★

MCN 다중 채널 네트워크(Multi Channel Network)의 줄임말로, 유튜브, 아프리카TV등 인터넷 스트리밍 플랫폼에서 활동하는 인터넷 방송 스타들의 기획사

TV예능을 앞서가는 웹예능 유행의 배경

웹예능 분야가 폭발적으로 성장하고 있는 배경으로 첫번째로는 접근성의 우위를 들 수 있다. 보고 싶은 방송 편성 시간에 맞춰 TV 앞에 대기하고 있어야 하는 것에 비해, 24시간 언제 어디서나 접근이 가능한 모바일 미디어는 물리적 접근성에 있어 TV보다 절대적인 우위에 있다. 수년 전 등장한 '코드 커터(Cord-Cutter)족'이란 개념은 TV방송서비스를 해지하고 인터넷으로 방송을 보는 소비자를 뜻한다. 코드 커터족은 어릴 때부터 인터넷으로 동영상을 시청하는 데 익숙한 젊은층을 중심으로 형성됐지만, 갈수록 전 연령대로 확산되고 있다. 방송통신위원회의 '2020년도 방송매체 이용행태조사' 결과에 따르면, 스마트폰을 필수적인 방송매체로 인식하는 비율이 67.2%인 것에 비해 TV는 29.5%를 기록하여, 스마트폰 보급 확대에 따라 방송매체로서 모바일의 영향력이 TV를 훨씬 앞서는 것을 확인할 수 있다.

콘텐츠 형태 차원에서 웹예능이 TV예능보다 유리한 점은 짧은 러닝타임이다. TV예능의 러닝타임이 1~2시간인 것에 비해 웹예능은 대개 10분 안팎으로 구성된다. 이러한 짧은 러닝타임은 짧은 시간 동안 빠르고 간편하게 콘텐츠를 소비하는 '스낵컬처'에 익숙해진 콘텐츠 소비 패턴과 잘 맞는다. 오픈서베이의 '온라인 동영상 시청 트렌드 리포트 2021'에 따르면, 실제로 시청자가 선호하는 온라인 동영상의 평균 길이는 12.4분, 평균 동영상 시청 길이는 12.2분이라고 한다. 따라서 10분 남짓의 웹예능은 출퇴근 등의 이동시간과 일과 중 잠시 쉬는 시간 등에 빠르고 재미있게 소비할 수 있는 콘텐츠로 매우 적절하다. 콘텐츠를 제작하는 입장에서도 짧은 러닝타임으로 인해 1분, 1초의 컷과 자막의 디테일에 더 많은 노력을 들이게 됨에 따라, 시청자에게 높은 몰입도를 선사한다.

마지막으로 방송규제로부터 자유로운 콘텐츠 제작 환경을 들 수 있다. 방송통신심의위원회의 엄격한 제재 아래에 있는 기존 방송사들은 콘텐츠 제작에 있어 자체 심의를 거칠 수밖에 없다. 또한 개인 미디어 대비 TV방송의 공공성에 대한 대중들의 높은 기대 수준과 편성 시간에 대한 고려, 그리고 사내 기획안 통과 절차 등 다양한 요인으로 인해 웹예능에 비해 소재 선정에 제약도 있다. 반면 디지털 콘텐츠들은 아직 방송법 규제 밖에 있으며, 이용자 또한 디지털 콘텐츠에 대해서는 TV방송과는 다른 방식의 새로움을 기대하기 때문에 다양하고 참신한 시도와 창작이 가능하다. 단적인 예로 2020년 비슷한 시기에 MBC와 카카오TV가 각각 부동산과 주식을 소재로 한 예능프로그램 〈돈벌래〉와 〈개미는 오늘도 뚠뚠〉을 선보였다. 두 프로그램 모두 경제 초보자의 시선에서 코로나19 이후 급상승한 자산시장을 쉽고 재미있게 다루는 의도로 출발했다. 그런데 MBC의 〈돈벌래〉는 공영방송이 부동산 투기를 조장한다는 비난을 받으며 파일럿 수준에서 막을 내린 반면, 카카오TV의 〈개미는 오늘도 뚠뚠〉은 주린이들의 인기에 힘입어 1년 넘게 콘텐츠를 이어가고 있다. 물론 주식보다는 부동산에 공공성의 기준이 더 예민하게 작용한 결과일 수 있지만, TV예능 소재 선정의 어려움을 확인할 수 있는 대목이었다.

웹예능의 주요 유형

스핀오프형

웹예능 분야는 스낵컬처, 부캐, 세계관 확장, 미디어 개인화 등 거의 모든 콘텐츠 트렌드가 망라되어 디지털 콘텐츠 시청자의 주목을 끌고 있다. 그중 스핀오프*형은 정규프로그램의 세계관이 확장되어 TV에서 미처 보여주지 못한 이야기를 여과 없이 보여주거나, 기존 프로그램의 콘셉트를 일부 유지하면서 새로운 설정과 포맷을 더하는 형태를 의미한다. 대표적으로는 '채널 십오야'의 〈삼시네세끼〉, 〈이식당〉, 〈슬기로운 캠핑생활〉 등이 이에 해당된다. 또한 tvN 〈코미디빅리그〉의 인기 코너 '사이코러스'는 유튜브에서 〈빽사이코러스〉라는 B급 감성의 토크쇼로 재탄생하기도 했다.

★

스핀오프(Spin-off) 영화나 드라마와 같은 기존 작품의 본편을 바탕으로 새롭게 파생되어 나온 작품

비연예인 리얼리티형

2020년 웹예능의 새로운 가능성을 보여준 〈가짜사나이〉와 2021년 이를 잇는 〈머니게임〉은 유튜버가 소속된 콘텐츠 제작사에서 만든 콘텐츠로, 연예인보다는 다소 생소한 스트리머*들이 출연하여 더욱 리얼하고 신선한 재미를 안겨주었다. 또 콘텐츠 크리에이터와는 전혀 상관없는 일반인들의 연애와 이별을 다루는 연애 리얼리티가 웹예능의 대세 포맷으로 떠오르기도 했다. 티빙의 〈환승연애〉, 카카오TV의 〈체인지 데이즈〉는 실제 이별한 연인과 이별 위기에 처해 있는 연인이 각각 등장하여 기존 TV예능에서 보여준 연애 리얼리티와는 다른 차원의 현실감과 몰입감을 선사하며 큰 인기를 끌었다.

티빙의 오리지널 웹예능 콘텐츠 〈환승연애〉
(출처: TVING 유튜브 채널)

★

스트리머(Streamer) 유튜브, 아프리카TV 등의 인터넷 스트리밍 플랫폼에서 인터넷 방송을 하는 사람

라이프스타일형

MZ세대의 다양한 취향과 라이프스타일을 반영한 웹예능도 등장하고 있다. 2021년에 개설된 JTBC의 디지털 채널 스튜디오 훜은 MZ세대 사이에서 유행하는 다양한 여가생활을 소재로 한 콘텐츠를 선보이고 있다. 방송인 강남이 쓰레기를 주우면서 달리는 운동인 플로깅(Plogging)을 하며 스타들과 인터뷰하는 〈줍터뷰〉, 가수 정재형과 이장원이 도심 가드닝을 의뢰받아 진행하는 〈오늘도 삽질〉, 유세윤과 소유가 패들 보드 등 여름 액티비티를 즐기는 〈찐친행〉 등이 대표적이다. 〈김국진TV 거침없는 골프〉, 〈김구라의 뻐꾸기 골프 TV〉 등의 골프 웹예능은 MZ세대의 관심을 받고 있는 골프의 인기를 실감하게 했다.

브랜드 홍보형

TV예능과 달리 상표명을 자유롭게 노출할 수 있는 웹예능 특성상 브랜드의 광고·홍보를 소재로 한 웹예능 또한 주요한 유형이다. 콘텐츠의 목적 자체가 브랜드의 제품이나 서비스를 홍보하는 데 있다는 것이 단순 PPL이나 제작 지원과는 다르다. MC가 기업에 찾아가 직접 직원들과 대표를 만나서 프로모션 가격을 협상하는 〈네고왕〉의 포맷은 이제 웹예능 분야에서 브랜드를 홍보하는 콘텐츠의 전형적인 방식이 되었다. 이 외에도 기업이 홍보를 목적으로 자체 제작하거나 디지털 콘텐츠 제작 스튜디오와 협업하는 등 다양한 브랜드 홍보형 콘텐츠가 등장했다.

시즌2에서 새로운 MC로
인기를 이어간 〈네고왕2〉
(출처: 달라스튜디오 유튜브 채널)

브랜드 홍보형 웹예능의 다양한 포맷

홍보/프로모션 플랫폼으로서의 콘텐츠

브랜드 홍보형 웹예능의 가장 대표적인 포맷은 '홍보/프로모션 플랫폼으로서의 콘텐츠'이다. 〈네고왕〉이 제품이나 서비스 가격을 네고한다는 명분하에 브랜드를 홍보한다면, 탁재훈이 출연하는 〈탁사장〉은 종합 홍보 컨설팅사를 표방하여, 대놓고 기업들의 홍보 플랫폼임을 자처한다. 기업 관계자들은 탁사장의 사무실에 찾아와 탁재훈, 장동민 등의 MC에게 홍보 아이디어에 관한 상담을 받는다. 이 과정에서 출연진들의 거침없는 입담으로 흥미를 자아내고 마지막에는 〈네고왕〉과 마찬가지로 프로모션 이벤트를 협상하는 것으로 마무리된다. 또다른 홍보/프로모션 플랫폼 콘텐츠로 〈홍보22팀〉을 들 수 있다. 〈홍보22팀〉은 MC 홍진호가 '만년 2위'의 아이콘이라는 특성을 기반으로 어떤 브랜드도 업계 2위로 만들어주겠다는 차별화된 콘셉트를 도입했다. 〈홍보22팀〉은 2위를 꿈꾸는 아이돌 등 다양한 게스트들이 출연하여 노랑통닭, 이디야 등의 브랜드를 업계 2위로 만들어줄 코믹한 아이디어를 구상하고 프로모션 이벤트를 진행한다.

어떤 브랜드도 업계 2위로 만들어준다는 설정의 〈홍보22팀〉
(출처: 〈홍보22팀〉 유튜브 채널)

홍보/프로모션 플랫폼으로서의 콘텐츠는 프로그램 자체가 특정 기업과 브랜드에 대한 광고로 이루어지기 때문에 브랜드 홍보형 웹예능의 대표적인 포맷이다. 브랜드는 각 에피소드에 일회성으로 출연하는 만큼 임팩트 있는 홍보 소재와 프로모션 이벤트로 소비자의 주목을 이끌어야 한다. 잠재고객과의 장기적인 관계 구축 차원의 콘텐츠라기보다는 파격적인 프로모션을 통한 단기적인 매출 성과를 목표로 할 때 적합한 포맷이라고 할 수 있다.

브랜드 자체 제작 콘텐츠

기업이 자체 제작하는 웹예능 콘텐츠도 증가하고 있다. 공식 유튜브 채널을 더이상 브랜드 필름이나 광고캠페인 영상, PR 영상의 아카이브용으로만 이용하지 않는 기업들이 늘어나는 것이다. 무신사의 무신사TV는 2019년 말 채널을 개설하고 1년 만에 230여 개에 달하는 콘텐츠를 선보이며 대표적인 패션 콘텐츠 채널로 자리매김했다. 〈무신사 출근룩〉, 〈쇼미더클로젯〉 등 패션 관련 다양한 콘텐츠가 지금까지도 롱런하는 가운데 2021년에는 웹예능 트렌드에 맞춰 〈패션왕 KCM〉을 선보였다. 대표적인 연예계 '패알못'인 KCM을 무신사의 다양한 인프라를 통해 패션왕으로 거듭나게 한다는 내용으로, 기존 무신사TV의 감각적이고 패셔너블한 콘텐츠들에 비해 웹예능의 전형적인 호흡과 감성을 녹였다. 또다른 패션몰인 SSF샵도 2021년 유튜브 공식 채널인 〈세사패TV〉를 개설하여 광희, 딘딘, 키, 정혁 등 셀럽들이 고정 출연하는 다양한 웹예능 콘텐츠를 공개했다. 경쟁적으로 웹예능 콘텐츠를 제작하고 있는 또다른 분야는 편의점업계이다. GS25, CU, 세븐일레븐은 모두 실버 버튼을 받은 공식 채널을 통해 다양한 웹예능 콘텐츠를 선보이고 있다.

이미 구독자 수와 팬덤을 확보한 인기 웹예능프로그램에 일회성으로 출연하는 것과 비교하여, 브랜드 자체 제작 웹예능 콘텐츠의 단기적인 효과는 미비할 수 있다. 그러나 단발적인 가격 프로모션 목적이 아닌, 더 장기적인 관점에서 고객 관계를 구축하고 일관된 브랜드 이미지를 쌓아가는 것을 목표로 한다면 자체 제작 웹예능이 효과적인 커뮤니케이션 채널이 될 수 있을 것이다.

브랜디드(Branded) 콘텐츠

자체 제작 대신 웹예능 제작 스튜디오에 콘텐츠 제작 지원을 함으로써 웹예능프로그램을 만들 수도 있다. 펀딩 플랫폼 와디즈가 스튜디오 룰루랄라와 함께 제작한 〈아이디어판다〉라는 프로그램은 MZ세대에게 펀딩에 대한 인지도를 높이고 진입장벽을 낮추기 위해 기획됐다. 이미 여러 차례 성공적인 컬래버레이션 굿즈 펀딩을 기록한 와디즈는 MZ세대에게 쉽고 친근한 소재인 컬래버레이션 굿즈 등의 아이템을 기획하는 웹예능 콘텐츠를 통해 브랜드 인지도를 높이고 실질적인 신규 고객 유입을 유도했다. 여가 액티비티 플랫폼 프립은 스튜디오HOOK과 함께 연예계 대표 액티비티 마니아인 소유와 유세윤을 섭외하여 〈찐친행(찐친들의 취미 여행)〉을 선보였다. 총 4화로 제작된 〈찐친행〉은 패들 보드, 서핑, 비치코밍* 등 MZ세대의 대표적인 여름 액티비디 체험을 다루었다. 각 에피소드 공개 시점마다 할인 기획전을 여는 등의 연계 프로모션도 함께 진행함으로써 실질적인 마케팅 효과로 이어지도록 했다.

브랜디드 콘텐츠는 홍보형 웹예능을 위한 채널을 새로 개설하고 관리하는 노력을 최소화할 수 있다는 장점이 있다. 또한 검증된 웹예능 제작 스튜디오의 역량을 기반으로 브랜드가 지향하는 이미지와 타깃에 적합한 콘텐츠를 기획할 수 있으며, 제작 스튜디오가 보유한 채널 파워와의 시너지 효과를 기대할 수 있다.

와디즈가 제작 지원한 웹예능 〈아이디어판다〉
(출처: 스튜디오 룰루랄라 유튜브 채널)

프립이 제작 지원한 웹예능 〈찐친행〉
(출처: 스튜디오 훜 유튜브 채널)

비치코밍(Beachcombing) 해변에 버려진 쓰레기나 바다 표류물을 주워 업사이클링 작품을 만드는 활동

예능형 라이브커머스 콘텐츠

교보증권에 따르면, 국내 라이브커머스 시장 규모는 2020년 4,000억 원에서 2021년 약 2조 8,000억 원, 2023년에는 약 10조 원까지 성장할 것이라고 한다. 가파르게 성장하는 라이브커머스 시장에도 웹예능이 접목되고 있다. 11번가는 '라이브11'을 통해 중독성 있는 간식들을 모아 〈인간사료 눕방〉을 진행하는가 하면, 집에서 먹는 간편 안주 판매를 위해 시청자들과 실시간으로 소통하며 랜선 건배와 안주 먹방을 하는 〈일일포차〉 방송도 진행했다. G마켓의 〈장사의 신동〉은 한층 더 진화한 예능형 라이브커머스를 선보였다. 제품을 판매하는 본방송 전에 진행자 신동이 직접 브랜드에 찾아가 판매 상품 구성과 가격 할인 등을 협상하는 과정을 웹예능 콘텐츠로 제작한 것이다. 이러한 사전 웹예능 콘텐츠를 통해 라이브커머스 본방송에 대한 소비자의 관심과 흥미를 유도하여 판매 효과를 극대화하였다.

현재 라이브커머스 시장은 네이버, 카카오, 쿠팡, 배달의 민족 등 굴지의 플랫폼 기업들이 진입하며 치열하게 경쟁하고 있다. 그러나 대부분의 라이브커머스가 플랫폼만 모바일로 옮겨왔을 뿐 콘텐츠는 홈쇼핑의 방식을 그대로 답습하고 있는 실정이었다. 반면 예능 요소가 적용된 라이브커머스는 재미와 몰입감을 높여 고정 시청자를 확보하기 쉽고 치열한 경쟁 환경에서 차별화된 제품 제안을 가능하게 했다.

G마켓과 CJ ENM이 협업하여 제작한 〈장사의 신동〉 (출처: tvN D ENT 유튜브 채널)

브랜드 홍보형 웹예능의 빛과 그림자

웹예능을 활용한 콘텐츠 마케팅의 장점

웹예능을 통한 브랜드 홍보에 있어 가장 큰 장점은 재미있고 솔직하면 지갑을 여는 MZ세대를 공략할 수 있다는 점이다. MZ세대 사이에서 펀(Fun) 마케팅과 가치소비는 메가트렌드로 자리잡았다. 홍보형 웹예능 콘텐츠는 단순히 재미있는 광고성 콘텐츠를 넘어, 기업 직원들이나 대표까지도 출연하여 MC와 프로모션 조건을 협상하는 등의 연출을 통해 투명하고 친근한 모습으로 소비자에게 다가간다. 여기에 정말 재미있고 신선한 장면이 있다면, 해당 콘텐츠는 다양한 소셜미디어를 통해 '짤'로 무한하게 확산될 수 있다. 좀처럼 소비자의 주목을 끌기 어려운 디지털 광고 환경에서 재미로 먼저 소비자의 이목을 끌고 긍정적인 내부 스토리를 통해 브랜드에 대한 친근감과 선호도를 높일 수 있을 것이다.

웹예능의 두번째 장점은 프로모션 이벤트에 새로운 맥락과 명분을 제공하여 소비자 유입 효과를 극대화할 수 있다는 점이다. 항상 다양한 가격 프로모션이 쏟아지는 시장 환경에서 프로모션 이벤트를 효과적으로 알리기는 쉽지 않다. 〈네고왕〉, 〈탁사장〉, 〈장사의 신동〉 같은 홍보형 웹예능에서 프로모션이 다루어질 때는 프로모션 이벤트 자체의 인지도를 높일 뿐 아니라, 프로모션을 진행하는 이유와 프로모션 혜택이 결정되는 과정 등이 하나의 서사로 전달됨으로써 소비자의 구매 명분을 높여준다. 또한 라이브커머스를 통해 제시하는 가격 혜택이 얼마나 파격적인 결정인지를 극적으로 보여줌으로써 구매 욕구를 더 자극하게 된다.

마지막으로 일반적인 콘텐츠 마케팅이 온드미디어*를 통해 콘텐츠를 생산하여 소비자의 유입을 유도해야 하는 것인 반면, 웹예능 콘텐츠는 스트리밍 플랫폼을 통해 소비자 도달률을 높이고 정교한 타기팅이 가능하다는 점을 들 수 있다. 타깃의 취향과 라이프스타일에 맞춘 웹예능 콘텐츠의 경우 동영상 플랫폼 이용자의 평소 시청 패턴에 따라 추천 알고리즘을 타고 해당 콘텐츠가 목표 타깃에게 도달될 수 있는 확률이 높아진다.

웹예능으로 콘텐츠 마케팅할 때 주의할 점

웹예능을 이용한 콘텐츠 마케팅의 다양한 장점에도 불구하고 마케팅 효과에 대한 맹신은 금물이다. 일부 웹예능의 히트와 예능형 광고의 성공 사례만 보고 제한된 마케팅 예산을 무작정 웹예능에 투자하는 것은 위험할 수 있다. 영화, 웹드라마 등에 비해 제작이 쉽고 제작비가 낮아 진입장벽이 낮은 만큼 웹예능산업은 경쟁도 과열되고 있는 상황이

★

온드미디어(Owned Media) 조직이 자체적으로 보유한 미디어. 홈페이지 외에도 페이스북, 트위터, 유튜브 등의 자사 소셜미디어도 포함

다. 과연 기업의 홍보성 웹예능이 치열한 콘텐츠 경쟁에서 유의미한 성과를 낼 수 있을 만큼의 재미와 신선함을 줄 수 있는지에 대해서는 객관적이고 냉철한 판단이 필요하다. 또한 웹예능을 이용한 마케팅이 현재 브랜드가 당면한 이슈를 해결하고 전략적 목표 달성에 부합한 방법인지에 대해 면밀한 검토가 필요할 것이다.

또한, 여느 콘텐츠 마케팅이 그러하듯이 웹예능 역시 정확한 투자자본수익률(ROI)을 측정하기 어렵다는 점을 유의해야 한다. 인지도가 높지 않은 브랜드의 신규 웹예능 콘텐츠일 경우, 즉각적인 팬덤 형성이나 대중의 반응을 얻기는 더욱 어렵다. 콘텐츠 마케팅의 기본적인 존재 이유는 4대 매체 광고를 통해 전달할 수 없는 정보를 전하고 잠재고객과의 관계를 지속적으로 쌓아가기 위한 것이기 때문에 보다 장기적인 관점에서 웹예능 콘텐츠를 고려할 필요가 있다.

이미 웹예능 제작을 결정했다면 발생 가능한 부정 이슈에 대해 콘텐츠 기획 단계부터의 면밀한 사전점검이 필수적이다. 〈네고왕〉은 지금까지 방영된 3개 시즌에서 각각 한 번씩 출연한 브랜드가 부정 이슈에 휘말렸다. 콘텐츠가 업로드된 이후 해당 기업의 면접에서 성차별을 당한 경험이 댓글로 올라와 '돈쭐'의 반대인 '혼쭐' 기업으로 회자되기도 했으며, 〈네고왕〉을 통해 진행한 프로모션이 100% 본사 부담이 아니라는 댓글이 달리면서 평소 해당 기업의 점주에 대한 갑질을 고발하는 여론이 이어지기도 했다. 웹예능 콘텐츠가 높은 화제성을 불러일으킬 수 있는 만큼, 그 방향이 긍정적일 수 있도록 다방면에서 사회적 감수성에 예민하게 대비하는 것이 필요하다.

『보랏빛 소가 온다』, 『마케팅이다』의 저자로 유명한 마케팅의 대가 세스 고딘(Seth Godin)은 '콘텐츠 마케팅만이 끝까지 남아 있는 유일한 마케팅(Content marketing is only marketing left)'이라고 했다. 인터넷과 소셜미디어의 발달로 발생한 콘텐츠 마케팅은 페이스북, 인스타그램, 트위터, 유튜브 등의 소셜 플랫폼을 통해 다양한 커뮤니케이션 접점을 만들어가며, TV와 같은 올드미디어가 할 수 없는 역할을 보완해왔다. 전통 미디어의 제한된 콘텐츠 형식에서 벗어나 더 다양하고 자유로운 방식으로 소비자와 커뮤니케이션을 할 수 있다는 측면에서 웹예능은 기업들에게 새로운 기회라고 할 수 있다.

그러나 이미 다양한 커뮤니케이션 채널과 콘텐츠를 운영하고 있는 기업 입장에서 새로운 무언가를 만들고 관리한다는 것은 쉽지 않은 시도이기도 하다. 웹예능 콘텐츠가 부상하면서 많은 브랜드가 웹예능 콘텐츠를 선보이고 있지만, 이러한 흐름에 무조건적으로 뛰어들 필요는 없다. 콘텐츠마케팅협회(Content Marketing Institute)에 따르면, 콘텐츠 마케팅이란 '명확한 타깃을 대상으로 가치 있고 연관성 있는 콘텐츠를 지속적으로 제공함으로써, 수익 창출로 이어지는 마케팅 기법'이다. 이러한 차원에서 웹예능 역시 단순히 유행에 따라 제작하는 콘텐츠가 아니라 전략적인 타깃과 목표 수립을 기반으로 진행되어야 하는 마케팅 수단이 되어야 한다.

플랫폼 전성시대:

무한경쟁에서 살아남기

2

아침에 눈을 뜨면 출근을 준비하며 인스타그램에 밤새 올라온 피드를 살펴보고, 주차장 앱에서 사무실 근처에 주차가 가능한 곳을 찾아 예약한 후, 최근 인기를 끌고 있는 베스트셀러를 오디오북으로 들으며 출근길을 나선다. 업무상 필요한 파일은 카카오톡에서 주고받고, 점심은 배달 앱을 통해 주문한다. 자리에서 빠르게 식사를 마친 후에는 남은 점심시간을 이용하여 중고거래 앱으로 관심 있던 상품을 저렴하게 구입하거나 숙박 앱으로 주말여행을 위한 숙소를 검색한다. 좋아하는 음악들을 들으며 집에 돌아와서는 새롭게 시작한 취미활동으로 온라인 클래스를 시청하거나 즐겨 보는 유튜브 채널을 보며 하루를 마무리한다.

우리는 하루에 얼마나 많은 플랫폼을 사용하고 있는 것일까? 스마트폰이 등장한 후 우리의 삶에서 빼놓을 수 없게 된 서비스가 바로 플랫폼 서비스이다. 첨단기술의 발전은 서비스를 공급하고 싶어하는 사람과 이를 이용하고 싶어하는 사람들이 쉽게 연결될 수 있도록 만들어주었다. 초기에는 온라인쇼핑 플랫폼이 주류를 이루었지만 지금은 쇼핑을 비롯해 독서, 숙박, 부동산 거래까지 과거에는 미처 상상하지도 못했던 서비스를 제공하는 플랫폼들이 등장하며 우리의 삶을 완전히 바꾸고 있다.

코로나19로 인해 사람들 간의 대면접촉이 점점 줄어들고, 온라인에서 많은 활동을 하는 것에 점점 더 익숙해지면서 그 편리함을 즐기는 소비자들을 위해 첨단기술을 기반으로 한 플랫폼 비즈니스가 더 많이 생겨날 것이다. 그리고 24시간이라는 정해진 하루를 살아가는 사람들에게 자신의 플랫폼을 어필하기 위한 마케팅 또한 더욱 치열해질 것으로 예상된다.

©Charles Deluvio, Unsplash

끝 모를 플랫폼 비즈니스의 성장

진화하는 비즈니스의 형태

초기 플랫폼 비즈니스는 유통산업 중심으로 이루어졌으며, 플랫폼이라는 의미 그대로 공급자와 소비자를 연결하는 기능 위주였다. 예를 들면, 소비자가 원하는 상품을 구매할 수 있도록 온라인쇼핑몰에 다양한 브랜드를 입점시키거나 거래를 주선해주는 형태가 주류를 이루었다. 기술의 발전과 함께 온라인 스트리밍을 통해 음악을 듣는 뮤직 플랫폼이나 원하는 책을 구독 서비스로 읽을 수 있는 독서 플랫폼이 생겨나고, 개인이 가진 차량이나 집을 다른 사람과 공유할 수 있게 하는 모빌리티나 숙박 플랫폼이 생겨나면서 플랫폼이 제공하는 서비스는 다양해지고 있다.

최근에는 거래를 주선해주는 역할 이상의 신규 서비스를 기획하여 소비자를 유입시키는 플랫폼들이 증가하고 있다. 이제는 플랫폼 서비스들도 거래수수료나 광고수익에 의존하지 않고 독자적인 사업 모델을 통해 새로운 시장을 만들어가고 있는 것이다. 예를 들어, 패션 플랫폼인 무신사는 베이직 캐주얼웨어인 무신사 스탠다드라는 자체 브랜드를 출시한 데 이어, 최근에는 홍대에 플래그십 스토어를 오픈하는 등 플랫폼의 역할을 넘어 자체 브랜드를 키우는 형태로도 사업 영역을 확장하고 있다.

플랫폼의 가장 큰 경쟁력은 소비자들에 대한 정보가 쌓인다는 것이다. 특정 연령대나 거주지역에서 선호하는 브랜드, 구매 패턴 등의 기본적인 정보는 물론이고, 무료배송이나 가격할인 같은 쿠폰이 더 큰 영향을 미치는 브랜드, 선호 브랜드의 변화 등 플랫폼 시장에서 일어나는 고객들의 다양한 행동 변화를 확인할 수 있다. 고객행동 변화를 누적한 데이터는 플랫폼 자체의 비즈니스 기회를 만들어내는 데 유의미한 역할을 하게 된다.

무한한 영역 확장

인터넷이 등장하고 아마존이 비즈니스를 시작할 때만 해도 플랫폼은 주로 쇼핑에 한정되어 있었다. 하지만 지금은 공급자와 수요자가 존재하는 다양한 거래형태로 그 영역이 매우 넓어지고 있으며, 태생적으로 플랫폼 비즈니스를 지향하지 않았던 전통적인 제조업들도 플랫폼 비즈니스로의 전환을 꿈꾸고 있다. 2021년 8월 기준 전 세계 시가총액 상위 기업들을 보면 3위에 오른 사우디아라비아 국영석유기업 아람코를 제외하고 1위를 차지한 애플을 포함하여 마이크로소프트, 구글 알파벳, 아마존 등의 플랫폼 기업들이 상위 5위를 차지한 것으로 나타났다.

대부분의 플랫폼 기업들은 다수의 기업과 개인을 플랫폼이라는 매개체를 통해 연결하는데, 최근에는 개인과 개인 간의 거래를 매개하는 플랫폼들도 증가하고 있다. 예를 들어 작가, 디자이너 등 전문가들을 연결해주는 크몽, 인테리어 시공·청소·설비 등의 숨은 고수를 찾는 숨고 등의 서비스가 대표적인 예이다. 이 외에 과거에는 소개소를 통해 구해야 했던 가사 도우미를 연결해주는 청소연구소 같은 플랫폼들도 최근 많은 인기를 끈다. 코로나19로 인해 재택근무가 늘어나고 근무 형태가 바뀌기 시작하면서 여가시간을 활용하여 추가적인 수익을 얻고자 하는 긱 잡*에 대한 니즈가 높아지고 있고, 직장에 얽매이기보다는 자신의 시간을 자유롭게 관리하며 살아가기를 원하는 프리랜서가 증가할 수 있었던 것도 수요자와 공급자를 쉽게 연결해줄 수 있는 플랫폼이 발달하였기 때문이라고 볼 수 있다.

코로나19 이후 비대면으로 생활하는 것에 익숙해진 소비자들이 온라인에서 많은 거래를 처리하고 있는 만큼, 배달, 숙박, 쇼핑, 모빌리티 서비스 등 우리가 자주 이용하는 서비스는 물론 새롭게 주목받고 있는 부동산 거래나 취미 클래스, 심지어는 인력 파견 서비스까지, 거래의 니즈가 있는 공급자와 수요자를 연결해주는 플랫폼 비즈니스는 앞으로 더욱 성장할 것이다. 실제로 2020년 세계경제포럼(WEF)은 2025년 디지털 플랫폼이 창출할 매출액이 약 60조 달러에 이를 것이며, 전체 글로벌 기업 매출액의 30%를 차지할 것이라 전망하기도 했다.

★

긱 잡(gig job) 자신이 원할 때 임시직이나 단기직으로 일하는 직업

플랫폼 비즈니스의 성장 이유

브랜드 관점:
상대적으로 낮은 진입장벽

기업 소유의 공간을 임대해주는 위워크나 패스트파이브와 달리 숙박 공유 플랫폼인 에어비앤비는 자체적으로 소유하고 있는 공간이 없다. 여유 공간을 임대하여 수익을 창출하고 싶은 공급자와 원하는 장소, 가격, 스타일 등에 맞는 숙소를 찾는 수요자만이 존재할 뿐이다. 이처럼 대부분의 플랫폼 비즈니스는 플랫폼 기업 자체가 보유한 고정자산 없이 공급자와 수요자가 자유롭게 교류할 수 있는 가상의 공간을 제공하는 역할을 한다. 온라인에서 제공하는 서비스이기에 차별적인 상품 개발을 위한 특허 기술이나 생산을 위한 설비, 그리고 재고 확보를 위한 시설 또한 필요하지 않다. 다만 상호 니즈가 있는 공급자와 수요자를 연결해줄 수 있는 창의적인 아이디어만 있다면 많은 투자 비용이나 고정자산 없이도 비즈니스를 시작할 수 있다.

그렇기 때문에 특정 서비스 플랫폼이 성공하게 되면 유사한 플랫폼들이 쉽게 생겨나고 경쟁은 점점 더 치열해진다. 특히 후발업체들은 이미 시장에 진입한 경쟁사의 약점이 무엇인지를 파악하고 이를 개선

할 수 있는 아이디어를 가진 채 접근하기 때문에 시장의 위상을 바꿀 수 있는 기회가 충분히 많다. 예를 들어, 쿠팡이츠는 배달음식 플랫폼 시장에서 절대적 강자였던 배달의민족의 배달 시간이 오래 걸린다는 고객들의 불만을 간파하고 한 번에 한 집만 배달하는 서비스임을 강조하며 시장을 흔들어놓았다. 이에 대응해 배달의민족은 빼앗긴 고객을 되찾고 이탈하는 고객을 방지하기 위해 배민1 서비스를 출시하며 배달 속도 경쟁에 뛰어들었다.

소비자 관점:
자유로운 플랫폼 간 이동

대부분의 소비자는 자신의 스마트기기에 수많은 서비스 플랫폼 앱을 설치하여 사용하고 있다. 과거 공급자 중심의 시장에서는 어떠한 제품 혹은 서비스가 소비자의 니즈를 정확하게 맞추지 못한다 하더라도 소비자들은 선택의 여지가 많지 않았기 때문에 불가피하게 그 제품과 서비스를 사용할 수밖에 없었다. 만약 꼭 원하는 것을 찾고 싶으면 많은 시간과 비용을 투자하여 직접 다양한 오프라인 매장을 방문하거나 수많은 온라인 사이트를 검색하여 자신이 원하는 것을 찾아내기도 했다. 하지만 플랫폼에서는 수많은 공급자가 연결되어 있어 소비자에게 많은 선택권과 대안을 제시할 수 있으며, 소비자는 직접 많은 시간을 투자하여 정보를 탐색하는 수고를 덜 수 있다. 이것이 소비자들이 플랫폼 서비스에 매력을 느끼는 이유이다.

많은 브랜드가 소비자를 자신의 서비스만 이용하는 충성고객으로 만들고 싶어하지만, 소비자는 관심을 끌 만한 서비스가 등장하면 부담 없이 새로운 앱을 설치하고 새로운 서비스를 체험해본다. 플랫폼 서비스 이용자의 특징은 음식 배달, 쇼핑, 여행 등 특정 서비스에 대해 단 하나의 플랫폼만을 이용하지는 않는다는 것이다. 마치 상품을 쇼핑할 때처럼 자신의 스마트폰에 설치된 여러 플랫폼 사이를 편하고 쉽게 넘나들며 보다 저렴한 가격, 빠른 배송 시간, 다양한 선택권, 차별적인 제품이나 서비스 등을 적극적으로 비교하고 찾아다닌다. 사실 많은 브랜드가 저마다 자신의 캐릭터를 분명히 하려고 하지만, 솔직히 소비자 입장에서는 그들이 강조하는 차별적인 서비스에 특별한 매력을 느끼지 못할 때가 많다. 그뿐 아니라, 차이를 명확하게 인지하지 못할 수도 있다. 압도적으로 차별적인 요소가 존재하지 않는 한, 소비자들에게는 그냥 비슷한 온라인쇼핑 경험 또는 서비스를 제공하는 플랫폼이라고 인식된다. 그 때문에 새로운 서비스가 등장하고 신규가입 고객에게 특별한 혜택을 제공한다면 쉽게 다른 서비스로 넘어가기도 한다. 마켓컬리의 폭발적 성장 이후 첫 구매시 100원, 또는 신규가입시 주식 1주 증정 등과 같이 소비자들의 가입을 노리는 특별한 프로모션이 유행하고 있는데, 새로운 서비스로 쉽게 이동할 수 있는 소비자의 행동 패턴을 고려한 것이라 할 수 있다.

플랫폼 비즈니스의 성공 방정식

플랫폼의 성공을 위해 필수적인 것은 가입자를 보다 많이 확보하는 것이다. 여기서 가입자란 소비자만을 의미하는 것은 아니다. 브랜드가 운영하는 쇼핑몰이라면 가입자가 잠재고객이 될 수 있지만, 플랫폼 서비스에서는 소비자 숫자만 많다고 해서 성공을 보장하지 못한다. 거래를 원하는 소비자를 위해 충분한 공급자가 필요하기 때문이다. 이용하는 소비자가 많으면, 많은 사람에게 어필하기 위해 플랫폼에 들어오는 공급자가 늘어나게 되고, 거래가 활성화되면 더 많은 사람이 플랫폼을 찾아오게 된다. 이를 네트워크 효과*라고도 한다.

대표적인 국내 쇼핑 플랫폼으로 성장한 무신사는 본래 '무진장 신발 사진이 많은 곳'이라는 콘셉트의 커뮤니티로 출발하였다. 신발에 관심

언어유희를 통해 다양한 브랜드가 입점하고 있음을 보여준 무신사 광고(출처: 무신사TV)

★

네트워크 효과(Network Effect) 특정 상품에 대한 어떤 사람의 수요가 다른 사람들의 수요에 의해 영향을 받는 효과

있는 마니아들이 무신사에 올라온 신발을 비롯한 패션 콘텐츠들을 즐기기 위해 모이기 시작한 이후 수많은 브랜드가 이 플랫폼에서 거래를 시작하면서 국내외의 패션 브랜드를 취급하는 대표적인 쇼핑몰로 성장하는 발판을 마련하게 되었다. 최근에는 "다 무신사랑 해"라는 카피의 TV 광고를 통해 다양한 브랜드가 입점해 있는 쇼핑 플랫폼임을 자연스럽게 어필하였으며, 기존 플랫폼의 성공을 기반으로 럭셔리 쇼핑 플랫폼인 무신사 부티크와 무신사 골프를 론칭하였다.

브랜드의 확실한 각인

포털사이트나 앱스토어에서 쇼핑 플랫폼을 검색해보면 수많은 플랫폼 브랜드를 확인할 수 있다. 처음 듣는, 생소한 브랜드명도 많을 것이다. 이러한 플랫폼들 사이에서 성공하기 위해서는 브랜드를 강력하게 각인시키는 것이 중요하다. 하지만 신생 브랜드의 경우, 브랜드가 소비자의 마음속에 자리잡기도 전에 기술적으로 자신의 플랫폼이 얼마나 다른지를 어필하고자 하는 경우들도 많다. 예를 들면, 다른 플랫폼에는 없는 첨단기술을 도입하여 얼마나 차별화된 경험을 제공하는지, 그리고 자신들이 축적한 데이터를 기반으로 얼마나 개인화된 서비스를 제공하는지를 강조한다. 대표적인 예가 가상체험을 제공하는 것이다. 이미 VR(가상현실)에 익숙해지고 심지어는 메타버스라 불리는 가상공간에서의 생활이 일상화되고 있기 때문에 소비자들에게는 웬만한 가상체험으로는 특별한 경험이 되지 못한다. 따라서 그동안 한 번도 보지 못한 완전히 새로운 기술이 아니라면 기술에 초점을 맞춰서 우리가 얼마나 앞선 플랫폼인가를 내세우는 것은 큰 의미가 없을 수 있다.

그보다는 브랜드 자체를 쉽게 떠올리게 만드는 것이 중요하다. 코로나19 이후 보복 소비의 여파 때문인지 럭셔리 시장이 폭발적으로 성장하고, 럭셔리 시장 내에도 다양한 쇼핑 플랫폼들이 생겨나고 있다. 오프라인 중심의 판매를 고집하다가 뒤늦게 온라인 판매를 시작한 럭셔리 브랜드들은 이러한 럭셔리 쇼핑 플랫폼과의 경쟁 또한 불가피하게 되었다. 럭셔리 쇼핑 플랫폼들은 저마다 정품 보장, 최저가 등을 강조하며 소비자의 마음을 사로잡으려고 노력한다. 에스아이빌리지(S.I.Village)는 이러한 경쟁 속에서 독특하게 '신세계군 럭셔리 시마을'이라는 카피로 광고를 집행하여 관심을 끌었다. 배우 이서진을 모델로 기용하여 신세계라는 대기업이 운영하는 플랫폼임을 강조하는 동시에 긴 이름의 에스아이빌리지를 쉽게 기억할 수 있도록 하는 캠페인을 전개한 것이다. 소비자들이 사용하는 시마을이라는 애칭을 마치 실제 주소처럼 재미있게 표현하여 론칭하자마자 화제가 되었다.

소비자들이 부르는 애칭을 활용하여 브랜드를 쉽게 각인시킨 에스아이빌리지 광고
(출처: 에스아이빌리지 유튜브 채널)

새로운 플랫폼이 지속적으로 등장하는 상황에서 자사의 브랜드를 정확히 기억하게 만드는 것은 고객을 유입시키는 데 필수적이다. 하지만 단순히 이름만을 남기는 것이 아니라 그 플랫폼의 성격까지도 함께 기억할 수 있게 하는 것이 중요하다. 다양한 브랜드가 입점해 있다는 점을 강조한 무신사나 신세계가 운영하는 럭셔리 쇼핑 플랫폼임을 각인시킨 에스아이빌리지처럼 말이다.

불편함에 대한 해결

브랜드명을 강하게 각인시켜 소비자들의 관심을 이끌어낸다 하더라도 인지도만으로는 소비자들을 해당 플랫폼으로 유입시키기 쉽지 않을 수 있다. 브랜드를 알리는 것과 동시에 그 브랜드만 제공할 수 있는 차별화된 가치를 명확하게 제시해야 관심을 끌 수 있다. 특히 기존 플랫폼 서비스들에서 느끼는 소비자의 불만과 불안을 해결해줄 경우 소비자는 새로운 서비스에 관심을 갖게 된다.

'좋은 경험의 부동산'이라는 가치를 내세운 집토스 직영부동산의 경우, 프롭테크*가 발전하면서 점차 치열한 경쟁으로 치닫고 있는 공인중개사 시장에서 실매물만 취급한다는 차별적인 가치를 고객들에게 적극적으로 어필하였다. 부동산 중개 플랫폼들에 허위 매물이 많고 이로 인해 소비자들이 불편함을 느낀다는 것을 인지한 집토스 직영부동산은 모든 매물을 직접 확인하여 실매물만을 취급한다는 것을 강조해 소비자들의 관심을 유도했다. 집토스 직영부동산은 광고캠페인에

★

프롭테크 부동산(Property)과 기술(Technology)이 결합된 용어

개그우먼 장도연을 산신령으로 등장시켜 실매'물'이라는 특별한 물이 있는 부동'산'이라고 소개하였다. 실제 거래 과정에서 허위 매물로 고생해본 소비자라면 실매물만 있는 서비스에 충분히 매력을 느낄 수 있다.

실매물만 존재한다는 것을 강조한 집토스 직영부동산 광고
(출처: 집토스 직영부동산 유튜브 채널)

샛별배송 서비스로 젊은 주부들의 마음을 사로잡은 마켓컬리나 로켓배송으로 온라인쇼핑 플랫폼을 평정한 쿠팡 역시 기존의 플랫폼들이 가진 한계와 문제점, 소비자들의 잠재된 욕구를 잘 파악하고 이를 해결할 수 있는 솔루션을 제안했기 때문에 치열한 플랫폼 경쟁에서 안정적인 위상을 확보하고 있는 것이다.

소비자와의 공감

경쟁이 치열해질수록 소비자들과 높은 공감대를 형성하는 브랜드가 시장에서 높은 위상을 차지할 수 있다는 것은 기본적인 마케팅 상식이지만, 플랫폼 비즈니스에서는 특히 이러한 상식이 중요한 성공 요인이 될 수 있다. 대부분 자신이 판매할 제품과 서비스를 직접 생산하는 것이 아닌 매개의 역할만을 하기 때문이다.

젊은층을 대상으로 하는 온라인쇼핑 플랫폼이지만 70대의 배우 윤여정을 모델로 기용한 지그재그는 의외의 모델 기용과 더불어, 자유롭게 살면서도 자신만의 확고한 철학과 소신을 지닌 그녀의 가치관을 담은 "니 맘대로 사세요"라는 카피로 많은 화제를 일으켰다. 2021년 아카데미 시상식 여우조연상 수상과 겹쳐 다양한 프로모션활동이 함께 전개된 이 캠페인은 전 연령층에서 높은 인기를 끌었다. 또한 이후 진행된 광고효과조사에 의하면 모델 발탁 이후 브랜드 이미지가 긍정적으로 바뀐 것으로 나타났다. 젊은층과 공감하는 방식이 꼭 그들이 좋아하는 연예인이거나 음악일 필요는 없다는 것을 그대로 보여준 사례라고 할 수 있다.

배우 윤여정을 모델로 기용해 화제가 된 지그재그 광고
(출처: 지그재그 유튜브 채널)

이 외에 여행 플랫폼인 여기어때는, 현실에서 도피하고 싶을 때 여행을 떠나고 싶은 심리를 파악한 캠페인으로 많은 공감을 불러일으켰다. 실제로 '도망가자' 캠페인은 론칭 이후 한 달도 되지 않아 유튜브, 페이스북 등에서 통합 누적 조회수 1,000만 뷰를 기록할 정도로 높은 화제를 일으켰다. 이노션 데이터커맨드팀에서 진행한 소셜 버즈량 데이터 분석 결과에 의하면 이 캠페인은 캠페인 이후 여기어때 관련 연관어로 '도망가다'가 높은 순위를 차지할 정도로 큰 임팩트를 남긴 것으로 나타났다. 이는 여행의 설렘과 기대를 표현하는 기존의 익숙한 방식이 아닌, 누구나 겪을 법한 상황과 그 상황을 회피하고 싶은 심리를 '도망가자'라는 배경음악으로 잘 풀어냈기 때문이다.

최근 많은 브랜드들이 혁신적인 이미지를 구축하기 위해 첨단기술에 기반한 경험과 고객 데이터의 활용 등에 집중하고 있지만 결국 소비자의 마음을 사로잡는 핵심은 그들의 가치관과 감정에 공감하는 것이다. 코로나19가 지속되며 정서적으로 지친 소비자들의 마음을 달래고 이들이 원하는 경험과 서비스를 제공하는 브랜드가 결국 소비자의 사랑을 받을 수 있다.

현실에서 도피하고 싶은 상황을 위트 있게 표현한 여기어때 광고
(출처: 여기어때 유튜브 채널)

언젠가부터 우리는 스마트폰이 있고, 인터넷에 연결만 되어 있다면 하루종일 집밖으로 나가지 않더라도 많은 일을 할 수 있는 세상을 살아가고 있다. 이전처럼 마음에 드는 서비스를 찾아 발품을 팔며 돌아다닐 필요가 없다. 간단한 정보 입력 한 번이면 내가 원하는 서비스 견적이 수시로 나에게 전달되고, 배우고 싶은 클래스가 있으면 교육 플랫폼에서 찾으면 된다. 쇼핑 플랫폼도 과거에는 복합쇼핑몰처럼 모든 것이 총망라되어 있는 경우가 많았지만, 요즘은 특정 카테고리에 대한 전문성을 갖춘 플랫폼들도 증가하고 있다. 예를 들면, 축산물만을 전문적으로 다루는 쇼핑 플랫폼인 정육각은 직접 축산농가와 계약하여 고객의 주문을 기반으로 신선한 고기를 가공하여 배송하는 온디맨드* 서비스 플랫폼으로 인기를 끌고 있다. 기술의 발전으로 소비자는 더이상 복잡한 유통 구조를 거치지 않고도 쉽게 산지와 직접 연결되는 것이다.

코로나19가 지나간다 하더라도 사람들은 온라인에서 하던 쇼핑을 다시 오프라인에서 하지 않을 것이라고 말한다. 코로나19로 인해 불가피하게 시작된 온라인 라이프이지만 어느새 우리는 가상의 공간에서 이루어지는 거래를 당연한 일상으로 받아들이며 살고 있다. 이러한 소비자 행동의 변화는 앞으로 플랫폼 비즈니스가 지속적으로 성장할 수 있는 발판이 된다. 진보된 기술에 기반한 새로운 서비스로 소비자들의 잠재 욕구를 해결해주는 브랜드들이 치열한 플랫폼 경쟁에서 성공할 수 있을 것이다. 소비자 데이터를 확보하기 위해 자체 쇼핑몰을 만들어 운영하기를 원하는 기업들이 이러한 플랫폼 서비스와 어떻게 공생하며 새로운 기회를 만들어나갈지 또한 앞으로 눈여겨볼 포인트이다.

★

온디맨드(On-Demand) 공급이 아닌 수요가 모든 것을 결정하는 시스템

네오 스페이스:

오프라인 공간 새로고침

3

코로나19 이후 많은 사람들이 토요일 아침 눈을 뜨자마자 '나가고 싶다'와 '나가도 될까' 하는 마음 사이에서 갈등하고 있다. 집에 있자니 좀이 쑤시고, 밖에 나가자니 무섭게 늘어나는 확진자 뉴스가 떠오른다. 심심함, 감염에 대한 공포, 사회 분위기 사이에서 고민하다 주말을 허비해버린 경험이 누구나 한 번쯤 있을 것이다.

사람들이 가급적이면 움직이지 않아도 되는 방향으로 비즈니스와 사회가 나아가고 있다. 원격근무가 도입되었고, 많은 상품이 하루 만에 배송되며, 취미생활도 집에서 즐길 수 있도록 다양한 키트와 온라인 강의가 성장하고 있는 지금, 직장을 제외하고 생활과 생존을 위해 필수적으로 나가야만 하는 일은 줄어들었다. 집밖의 위험은 몇 년째 사그라들지 않고 또 굳이 나가야만 하는 이유도 없어진 상황에서, 브랜드가 고객을 집밖으로 불러내는 일은 점점 어려워지게 되었기 때문에 리테일 공간들은 생존의 위협에 직면하게 되었다.

'나올 필요가 없는 사람들'을 불러내기 위해 공간은 어떻게 변화하고 있을까? 한국은 전면적인 록다운이 시행되지 않은 채 제한적인 규제만 진행되었던 소수의 국가이다. 이동의 전면적인 제한이 없었기에, 코로나19 상황에서 굳이 방문하지 않아도 되는 곳과 그럼에도 방문해야 하는 곳을 확인할 수 있었다. 이러한 상황에서도 고객의 관심을 끌고 고객이 찾아오게 만드는 등 활로를 찾아내는 것이 리테일 공간이 생존할 수 있는 길이다.

©Tony Reid, Unsplash

리테일 공간에 더욱더 가혹해진 팬데믹 사회

감염에 대한 공포, 번거로운 방역 절차, 집합 인원수 제한 등으로 인해 외출은 부담스러운 행위가 되었다. 서울시가 발표한 생활 인구의 이동 데이터에 따르면, 코로나19 이후 서울 사람의 하루 평균 이동 건수는 1,867만 건으로 코로나19 이전 대비 18%가량 감소했다. 특히 청소년, 청년 인구의 이동 수요는 학교 수업이 대부분 비대면으로 대체되면서 55.9%가 감소하여 수업 후 다른 장소의 방문이나 오프라인 지출은 기대할 수 없게 되었다. 또한 영업시간 제한으로 10시 이후 이동 건수는 코로나19 이전 대비 48.4%나 감소한 것으로 나타났다. 이동의 필요성이 줄어들고, 이동이 가능한 시간대가 제한되면서 오프라인 매장으로의 방문과 그로 인한 충동구매의 가능성도 감소했다.

이제는 자동차도 명품도 집에서 쇼핑

팬데믹 상황에 발맞춘 온라인 커머스의 성장으로, 오프라인에서만 구매할 수 있던 상품들도 온라인에서 구매가 가능해지고 있다. 2021년 8

월 현대자동차는 국내에서 최초로 경형 SUV 캐스퍼를 온라인으로만 판매하기 시작했다. 실제 차에 앉아보고 시승도 해보고, 딜러와 대화하며 견적을 조정하는 자동차 특유의 오프라인 구매 경험 또한 온라인으로 전환되고 있는 것이다. 캐스퍼를 시작으로 자동차의 온라인 판매에 대한 데이터가 축적된다면, 차량의 온라인 구매가 일반화되는 것은 시간문제가 될 것으로 보인다. 오프라인 구매가 당연시되던 명품패션 브랜드의 온라인 판매 또한 증가하고 있다. 해외에서는 마이테레사, 네타포르테, 육스 등의 플랫폼이 성장하고 있으며, 국내 또한 발란, 트렌비 등의 온라인 명품 쇼핑 플랫폼이 성장하고 있다. 이처럼 매장을 방문해야만 살 수 있는 상품의 리스트는 빠르게 줄어들고 있고, 쇼핑을 위한 외출은 그 필요성이 급격하게 감소하고 있다.

캐스퍼 웹사이트 (출처: 현대자동차)

백화점과 편의점, '노는 곳'과 '들르는 곳'만 성장

통계청의 리테일 채널별 매출 증감을 보면, 대형마트와 슈퍼마켓, 잡화점 등 오프라인 매장은 전년 같은 분기 대비 5% 내외의 성장 답보 상태를 유지하고 있는 반면, 백화점과 편의점만 높은 성장세를 기록하고 있는 것을 확인할 수 있다. 특히 백화점은 전년 같은 분기 대비 21%의 높은 성장세를 기록하였는데, 이는 사람들이 여행에 지출하던 소비가 명품패션 시장으로 이동한 이유도 있지만, 백화점이 해당 지역 내의 문화체험 공간으로 변화한 것이 주효했기 때문이다. 주요 3개 백화점 브랜드 모두 최근 몇 년간 식품관의 리뉴얼을 진행했으며, 하이엔드 명품만이 자리잡았던 1층을 문화공간으로 변경하고 있다. 신규 개점한 롯데백화점 동탄은 공간의 콘셉트를 스테이 플렉스(Stay+Plex)로 규정하고 고객이 언제든 편하게 들러 시간을 보낼 수 있는 체험형 매장으로 꾸몄다. 여의도에 자리잡은 현대백화점 더현대서울은 '도심 속 자연주의'를 콘셉트로 삼아 나무와 숲을 인테리어 요소로 사용하는 플랜테리어(Plant+Interior) 방식을 통해 쉼의 경험을 제공하고 있다. 전체 영업 면적에서 매장 면적은 줄이고 약 50%에 달하는 나머지 면적을 조경이나 소비자 휴식공간으로 디자인하여 오픈과 동시에 새로운 랜드마크로 부상했다.

한편 편의점은 기존의 리테일 이외에 생활과 연결되는 서비스를 꾸준히 도입하고 무인화도 시도하고 있다. 무인·하이브리드 편의점* 수는 2020년 250개에서 2021년 1,300개로 크게 증가하였다. 기업 사옥, 대형 쇼핑몰, 휴게소 등 고객 유형화가 가능한 곳 위주로 입점하던 기존 방식에서 벗어나 일반 상권 입점도 증가하고 있다. 편의점 내 프린

★

무인·하이브리드 편의점 특정 시간에만 점원이 근무하는 무인 매장

팅, 공문서 출력, 택배 허브의 기능은 이미 성공적으로 정착된 상황이다. 또한 하나은행은 CU와 함께 편의점 내에서 무인 계좌 개설, OTP 발급, 은행원 원격 상담 등이 가능한 금융 특화 편의점을 개설하고 이를 확대할 계획이다. 이렇듯 비대면으로 다양한 생활 서비스를 제공하는 편의점은 팬데믹 시기에도 여전히 방문이 필요한 공간으로 여겨지고 있다.

더현대서울의 플랜테리어 공간
사운즈 포레스트
(출처: 더현대서울 홈페이지)

무인 매장인 이마트24 스마트코엑스점
(출처: 이마트24 홈페이지)

생존을 위한 공간의 변화:

문화적 경험에 집중한다

코로나19 이후 고객을 매장에 불러오기 위해 많은 브랜드가 매장을 문화적, 예술적인 경험을 할 수 있는 아이덴티티 박물관으로 탈바꿈하고 있다. 브랜드 아이덴티티 전달에 집중한 공간을 조성하여 외출의 불안감을 뚫고 찾아온 고객들에게 정서적 만족감을 제공한다. 이런 공간은 매출 자체보다 브랜드에 대한 선호도를 높이는 데 집중한다.

오프라인에서 경험하고, 온라인에서 구매한다

나이키, 버켄스탁, 이케아 등 많은 브랜드가 아마존 같은 유통 플랫폼에서 자사 상품을 판매하지 않기로 결정하면서 자체적인 몰(Mall)을 강화하는 전략을 취하고 있다. 브랜드가 중간 유통을 거치지 않고 소비자와 연결되는 생태계를 구축하는 D2C 전략으로, 자사 온라인몰을 중심으로 마케팅을 재편하지 않으면 생존이 어렵다는 위기감이 반영된 것으로 보인다. 나이키는 이미 자체 온라인몰로 채널 시프트*를 완성한 상태이다. D2C 전략의 핵심은 바로 오프라인 공간의 집중화와

★

채널 시프트(Channel Shift) 온라인을 기점으로 오프라인에 진출하고, 고객과의 접점을 만들어냄에 따라 마케팅 요소 자체를 변혁하는 방법

경험의 공간화이다. 고객 접근성 확보 및 매출 증대의 목적으로 확장하던 상설할인매장 등의 판매만을 위한 공간을 최소화하고, 브랜드 아이덴티티의 경험을 제공하는 공간을 구축하는 데 집중하는 것이다.

2021년 8월 나이키는 명동에 '나이키 서울' 매장을 선보였다. 지역 도시와 스포츠, 유저를 연결하는 나이키의 새로운 콘셉트인 '라이즈(Rise)'를 반영한 매장으로는 중국 광저우에 이어 세계 두번째다. 벽면에 있는 스포츠 펄스(Sports pulse)라는 대형 스크린을 통해 서울에서 일어나고 있는 모든 스포츠활동을 다채롭게 볼 수 있게 하는데, 펄스라는 이름 그대로 도시 전체의 맥박이 뛰고 있는 것만 같은 느낌을 준다. 이 스크린은 나이키가 성공적으로 운영하고 있는 애플리케이션인 NRC(Nike Run Club), NTC(Nike Training Club)와 연동되어 사람들이 스포츠를 즐기는 공간을 보여주는 것이다. 이 밖에도 다른 매장에서는 체험할 수 없는 특별하고 다양한 경험들로 사람들의 관심을 유도하고 있다. 나이키는 매장에 방문한 고객들의 구매를 유도하는 것을 넘어, NRC, NTC 등 다양한 서비스를 통해 나이키 브랜드 경험에 익숙해지게 만드는 것을 목표로 한다.

나이키 서울 (출처: 나이키 홈페이지)

매출 자체를 올리는 것보다 제품과 관련된 경험을 제공하는 것을 중시하는 경향은 규모가 작은 브랜드에서도 동일하게 나타난다. 신진 디자이너의 패션잡화 브랜드나 소규모 문구 브랜드 또한 고객이 관심을 쏟을 만한 독보적인 분위기를 전달하는 단일 매장과 온라인몰을 결합한 비즈니스 구조를 활용한다. 연남동에 위치한 작은 문구 매장 '흑심'은 각각의 연필에 담긴 스토리를 알려주는 등 다른 곳에서 볼 수 없는 아날로그적인 분위기를 통해 연남동의 핫플레이스로 자리잡았다. 흑심은 쉽게 구할 수 없는 수입 연필의 질감과 스토리를 제공하여 사람들이 자신에게 맞는 연필을 찾는 경험을 할 수 있게 하고, 마음에 드는 연필을 찾은 후에는 자연스럽게 온라인 구매가 계속 이어지게 한다.

흑심 매장 (출처: 흑심 인스타그램)

경험 확장을 위해 발전하는 인터랙티브 오브젝트(Interactive Object)

대면 커뮤니케이션이 제한되는 시대이기 때문에 방문객이 직접 브랜드를 경험할 수 있는 오브젝트의 중요성이 높아지고 있다. 이러한 경험 요소들은 그 브랜드의 지향 가치를 잘 전달하는 데에 핵심적인 역할을 한다.

2021년 8월, 기아는 전기차 EV6를 론칭하면서 성수동에 'EV6 언플러그드 그라운드 성수'를 오픈했다. 이 공간은 EV6의 체험형 쇼룸이자 기아의 전기차에 대한 미래 비전을 고객에게 전달하기 위한 공간으로, 충전 시간과 항속거리를 간접적으로 경험하게 해주는 디스플레이, 자신만의 차를 디자인하고 견적을 확인할 수 있는 라이브 캔버스, 전기차의 가속감을 체험할 수 있는 공간 등 다양한 인터랙티브 오브젝트를 통해 EV6의 차별적인 특성을 체험할 수 있도록 한다.

EV6 언플러그드 그라운드 성수의 인터랙티브 오브젝트
(출처: Play KIA, KIA 인스타그램)

한편 젠틀몬스터는 브랜드 공간 '하우스 도산'에 특별한 전시물을 설치해 브랜드를 미술적으로 경험할 수 있게 한다. 하우스 도산의 1층에서는 아티스트 프레드리크 하이먼(Fredrik Heyman)이 만든 조형 설치물을 만나볼 수 있으며, 3층에서는 자체 로봇 랩에서 만든 거대 6족 보행 로봇 더 프로브(The Probe)가 방문객을 맞이한다. 젠틀몬스터는 하우스 도산의 많은 예술 전시물을 통해서 상품을 설명하고자 하는 것이 아닌 새로움을 향한 도전 정신이라는 아이덴티티를 전달하고 있다.

젠틀몬스터 하우스 도산
(출처: 젠틀몬스터 홈페이지)

점원은 도슨트, 커피는 기념품

고객이 굳이 시간을 내어 오프라인 매장을 방문했을 때, 그들은 방문 시간 동안 흥미로운 정보를 접하길 원한다. 그 니즈를 충족시키기 위해 많은 브랜드가 단순한 판매원이 아니라 상품과 브랜드에 대한 지식이 해박하고 팔기보다는 알려주는 것을 목적으로 하는 미술관의 '도슨트'와 같은 직원을 배치한다. 2018년 이천에 설립된 시몬스의 브랜드 경험 공간인 시몬스 테라스는 휴식과 수면에 대한 주제를 다루는 박물관이라고 할 수 있다. 그 중 브랜드 히스토리를 다루는 공간인 '헤리티지 앨리'에서는 전문 큐레이터와 함께 살펴보는 도슨트 프로그램이 운영된다. 인지도는 높지만 브랜드 히스토리는 잘 알려져 있지 않은 시몬스 브랜드의 역사와 아이덴티티를 경험할 수 있도록 구성되어 있다. 또다른 예로, 다이슨의 직원은 고객의 헤어 스타일링에 대한 열정적인 조언자로 활약하고 있다. 다이슨 에어랩을 통해 어떤 방식의 스타일링을 할 수 있는지에 대한 조언을 제공하며, 다양한 스타일링 툴을 잘 활용할 수 있도록 돕는다. 월마트는 2020년 7월부터 직원들이 보다 더 효율적으로 고객들을 도울 수 있도록 직원 전용 애플리케이션 'Ask Sam'을 제공해 직원의 도슨트화를 위한 QnA 툴을 구축했다.

커피와 카페 푸드는 음식 이상의 가치를 지니게 된 지 오래되었다. 어떤 공간에 앉아 있을 수 있는 권리를 의미하기도 하고, 내가 그 공간에 방문했음을 알리고 기념하기 위한 기념품의 역할을 하기도 한다. 스포츠카 튜닝 콘셉트의 스트리트 패션 브랜드 '피치스(Peaches)'는 자신의 오프라인 전시 공간 도원(D8ne)에 핫한 도넛 카페인 카페 노티드(Cafe Knotted)를 입점시켰다. 도원의 음료 메뉴에는 카페 노티드의 곰 캐릭터가 타이어를 튜브처럼 끼고 있는 모양의 얼음을 띄워 주며, 이는 인스타그램에서 도원에 다녀왔다는 인증샷을 올릴 때 트레이드마크가 된다.

시몬스 테라스의 헤리티지 앨리 (출처: 시몬스 홈페이지)

도원에 입점한 카페노티드의 음료와 도넛

생존을 위한 공간의 변화:

쇼핑 행동을 다이어트한다

오프라인이 온라인을 따라잡기 위해 쇼핑 행동의 간편화를 시도하는 것이 어제오늘 일은 아니다. 코로나19로 인해 오프라인 공간은 더 빠르게 전통적인 리테일의 모습을 파괴하며 프로세스를 변화시키고 있다. 굳이 점원과 대화할 필요가 없고, 계산과 결제를 알아서 수행하며, 제품 또한 챙기지 않아도 집 앞으로 가져다주는 등 전통적인 쇼핑 행동에서 불필요한 단계를 다이어트하기 위해 노력하고 있다.

만나지 않는다

2017년 급속도로 인기를 끌다 사라진 인형 뽑기를 기억하는가? 점심시간이나 퇴근길에 사람들의 동전을 빼앗아가던 인형 뽑기 매장은 불경기 속 즉각적인 보상을 원하는 소비심리와 직원을 상주시킬 필요가 없는 소자본 창업 심리가 맞물려 생겨난 것이었다. 이후 직장가 무인카페, 안마의자 휴식공간 등 점포 내에 사람이 상주하지 않아도 되는 매장 형태가 점점 성장해왔다.

특히 코로나19로 인해 리테일 환경이 급격하게 악화되면서, 키오스크와 셀프 계산대, 감시 카메라만으로 비즈니스를 구현한 무인 점포 프랜차이즈들이 등장하고 있다. 제품의 단가가 낮고 재고관리가 쉬운 아이스크림 매장에서부터 시작되어, 카페, 문구, 반찬과 HMR* 등으로 빠르게 퍼지고 있다. 길거리 CCTV가 많고 치안 수준이 높은 한국에서는 현재의 보안기술로도 무인 매장의 운영이 가능하기 때문에, 초기 창업 비용이 낮고 1인 창업이 가능하다는 점을 내세워 가맹점을 빠르게 확장하고 있다.

2020년 스타벅스는 향후 미국의 매장 중 400개 매장을 닫고, 대신 커브사이드 픽업*과 드라이브스루(Drive-through) 중심의 매장을 확대하겠다고 발표했다. 스타벅스 CEO 케빈 존슨(Kevin Johnson)은 이를 "미국 매장 포트폴리오 트랜스포메이션"이라고 칭하며, 코로나19

무인 HMR매장 (출처: 집밥;뚝딱 홈페이지)

★

HMR(Home Meal Replacement) 가정식 대체식품의 약자로 일종의 즉석식품. 일부 조리가 된 상태에서 가공·포장되기 때문에 간단한 조리로 혼자서도 신선한 음식을 먹을 수 있다는 장점이 있음

커브사이드 픽업(Curbside Pickup) 온라인으로 주문한 제품을 차에서 내리지 않고 지정 장소에서 받는 서비스. 차량이나 오토바이, 자전거를 댈 수 있는 공간에서 만나 매장에 들어가지 않고 물품을 전달받는 방식

로 인한 소비 행동의 변화에 대응하면서 스타벅스 고객들에게 안전하고 편리한 경험을 제공하기 위함이라는 것을 강조했다. 월마트는 '클릭 앤 콜렉트(Click & Collect)' 전략을 통해 아마존에 대응중이다. 클릭 앤 콜렉트는 고객이 온라인에서 제품을 주문한 뒤 오프라인 매장을 방문해 구입한 제품을 가져가는 형태로, 매장에 들어가지 않고 주문한 제품만 가져가는 드라이브스루 방식을 통해 고객의 언택트 욕구를 충족시키고 있다.

고민하지 않는다

고객이 오프라인 리테일에서 느끼는 불편함의 층위는 다양하다. 온라인에서는 한 번의 터치로 해결되는 상품 태깅과 결제 단계의 귀찮음 또한 극복해야 할 대상이다. 아마존이 RFID(무선 주파수 인식), AI 기술 우위를 무기로 오프라인 시장에서 두각을 나타내고 있기에, 다른 유통 대기업에서도 관련 기술을 발전시키고 있다.

2020년 7월 아마존은 스마트 카트인 대시 카트(Dash Cart)를 론칭했다. 대시 카트는 컴퓨터 비전 알고리즘과 센서 퓨전을 탑재하여 카트에 담기는 상품을 파악한다. 쇼핑을 마치고 대시 카트 라인으로 통과하면 센서가 카트를 인식해 아마존 계정에 연동된 신용카드로 자동 결제가 이루어진다. 또한 카트에 장착된 스크린에서 아마존의 인공지능 비서 '알렉사'의 쇼핑 리스트를 볼 수 있고, 지금까지 담긴 상품들의 합계 금액도 실시간으로 확인이 가능하다. 스포츠용품 대형할인점인

데카트론(Decathlon)의 결제 시스템 또한 고객의 고민과 부담을 줄여준다. RFID 라벨이 붙은 상품들은 고객들이 일일이 바코드를 스캔하지도 않고도 계산대에 가까이 가기만 해도 자동으로 인식되어 금액이 합산된 상태로 결제 단계만을 기다리고 있다. 이 솔루션을 통해 데카트론은 대기시간을 대폭 단축하고 심리스(Seamless)한 구매 경험을 제공중이다.

아마존 대시 카트 (출처: 아마존 홈페이지)

가져가지 않는다

이제 쇼핑에서 제품의 검수와 전달은 별로 중요하지 않다. 얼마든지 온라인을 통해 쉽게 전달하고 반품할 수 있게 되면서 오프라인 공간은 구매 조건을 설득하고 결정하도록 돕는 역할에 집중하고, 상품은 추후에 전달하는 시스템을 적극 활용하고 있다.

급격히 성장하여 온라인 스트리트 패션몰의 대세가 된 무신사는 '무신사 스탠다드 홍대'라는 리테일 공간을 오픈했다. 무신사는 온라인에서 시작된 브랜드답게, 구매 경험을 온라인에 필적하도록 간편하게 만드는 데에 중점을 두었으며, QR코드를 통해 온라인과 오프라인을 쉽게 넘나드는 매장 모델을 제시하였다. 예를 들어, 모든 제품에 QR코드를 부착하여 온라인에서 구매할 수 있도록 하며, 할인 및 적립 혜택 또한 동일하게 적용하고 있다. 그뿐 아니라 랜덤 기프트를 받을 수 있는 QR코드를 매장 곳곳에 부착하는 이벤트도 진행하고, 온라인으로 구매한 제품을 오프라인에서 받아 가는 무인 락커인 픽업 락커(Pick up Locker)도 준비중이다.

이케아는 현대백화점 천호점에 '이케아 플래닝 스튜디오'를 열었다. 이 스튜디오는 거대한 건물에서 다양한 상품을 직접 체험하고 직접 차에 담아 가는 이케아의 기존 쇼핑 방식과 다른 경험을 제공한다. 이곳은 옷장 팍스(Pax), 수납장 스투바(Stuva) 등 자유롭게 구성이 가능한 모듈 가구를 중심으로 컨설팅 서비스만을 진행한다. 숙련된 직원이 고객이 원하는 가구 구성을 디자인해주고, 조립 배달 스케줄을 잡아주는 창구만을 운영하여 가치가 높은 상품을 집중적으로 판매하고 있다. 이런 식의 매장 구성이 가능한 이유는 완성도 높은 가상 플래너 덕분이다. 고객이 원하는 가구 구성을 스크린으로 구현하여 보여주고, 실제로 제품을 보지 않아도 공간 활용을 계획할 수 있도록 돕는 것이다.

무신사 스탠다드 제품 태그 QR코드
(출처: 무신사 홈페이지)

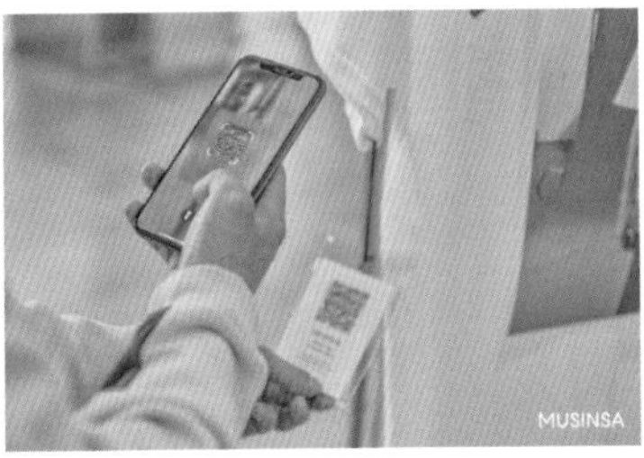

이케아 플래닝 스튜디오 천호점
(출처: 이케아 홈페이지)

팬데믹으로 급격히 성장한 온라인 리테일은 코로나19 이후에도 리테일 시장의 가장 큰 부분을 차지하게 될 것이며, 아마 머지않은 미래에 모든 쇼핑이 온라인에서 가능하게 될 것이다. '굳이' 나가지 않아도 되는 시대에 '굳이' 나가야 할 이유를 만들어내야 하는 브랜드들의 노력은 코로나19의 종식 이후에도 험난할 것으로 예상된다. 하지만 이러한 상황에서도 고객 경험이 잘 구성된 리테일 공간을 가진 브랜드의 파워는 점점 더 강해질 것이다. 고객에게 더 입체적인 스토리를 전달할 수 있을 뿐 아니라, 충성도를 가진 고객에게 효과적인 커뮤니케이션을 시도할 수 있기 때문이다. 자신만의 이야기를 들려줄 수 있는 장소를 가진 브랜드의 설득력은 온라인에서만 활동하는 브랜드와는 차이가 있을 수밖에 없다.

하지만 고객이 브랜드 공간에서 주는 특별한 경험에 매료되어 있다 하더라도, 여전히 쇼핑의 편리성에 대한 기준은 온라인 구매에 맞추어져 있다는 것을 잊어서는 안 된다. 그들은 여전히 쉽고 빠르게 결제하며, 바로 사용할 수 있는 상태로 집에 배달되기를 바란다. 오프라인 매장은 다양한 기술을 활용해 온라인 쇼핑 경험과의 갭을 메꾸기 위해 계속 노력할 것으로 보인다. 따라서 브랜드가 차별적인 경험을 보여주기 위한 공간을 조성하는 것과 온라인 구매에 필적하는 간편하고 쉬운 쇼핑을 위한 장치를 개발하는 것은 향후 오프라인 공간의 생존을 위해 확보해야 하는 필수 역량이 될 것이다.

"

코로나19 상황에서
소비자들은 **굳이 방문하지 않아도 되는 곳**과
그럼에도 **방문해야 하는 곳**을
좀더 **적극적으로 판단**한다.
이러한 상황에서 **기업은**
불안을 뚫고 찾아온 고객들에게
정서적 만족감을 제공하기 위해
브랜드 아이덴티티 전달에 집중하거나,
온라인몰에 필적하는 **쇼핑 프로세스를**
제공하고 있다.

"

마케팅 시프트:

AI가 주도하는 마케팅 시대

4

개봉 당시 많은 이들에게 충격을 주었던 영화 〈터미네이터〉 시리즈는 스스로 생각하는 기계에 대한 인간의 두려움을 잘 표현하고 있다. 이는 마치 19세기 초반 산업혁명이 다가오자 영국에서 기계를 부수면서 자신의 일자리를 지키려고 러다이트 운동(Luddite Movement)을 했던 사람들이 느끼는 심리와 그 궤를 같이한다고 생각된다. 하지만 러다이트 운동은 산업혁명이라는 큰 흐름을 바꾸지 못했으며, 〈터미네이터〉의 감독 제임스 카메론이 두려워했던 것처럼 AI가 일으킨 핵전쟁으로 인류가 멸망하지도 않았다. 오히려 우리는 AI를 활용한 수많은 혁신적인 서비스와 제품을 통해 편리함을 누리고 있다. 그리고 AI는 앞으로 다가올 우리들의 일상생활도 바꿔놓을 것이다.

실제로 AI가 우리 삶을 어떻게 바꿔놓을 수 있는지를 잘 보여주는 카이스트 출신의 사회복무요원의 스토리가 있다. 그는 일반적인 경우라면 6개월이나 걸리는 단순 엑셀 작업을 부여받았다고 한다. 그런데 카이스트 출신답게 자동화 소프트웨어를 개발해서 6개월 치 단순 엑셀 작업을 단 하루 만에 끝내버렸다. 이것이 바로 AI의 힘이다. 이 이야기만 들어도 AI를 어떻게 활용하는지에 따라 우리의 삶이 크게 달라질 것이라는 것을 쉽게 알 수 있다. 마케팅 분야도 마찬가지다. 최근에는 마케팅(Marketing)과 기술(Technology)을 결합한 신조어 '마테크(Mar-Tech)'라고 부르기도 하는 등 마케팅 분야에도 AI가 빠르게 도입되고 있다.

©Markus Winkler, Unsplash

AI의 비즈니스 활용 범위와 세 가지 능력

글로벌 컨설팅회사 '캡제미니(Capgemini)'가 2021년에 발간한 「The-AI Powered Enterprise」라는 보고서에 따르면, 산업 전 분야의 기업들에 있어 AI는 개념을 증명하기 위한 파일럿 테스트(Pilot Test) 수준을 넘어서 실무 영역으로 빠르게 확대되고 있는 것으로 나타났다. 기업이 속해 있는 산업 카테고리별로 보면 유통, 소비재, 자동차, 텔레콤 업종에서 AI를 실무에 활용하고 있는 것으로 나타났으며, AI를 선제적으로 도입한 기업의 97%가 고객 참여도 개선, 매출 증대, 비용 절감 등 계량화할 수 있는 많은 긍정적인 변화들을 만들어내고 있다고 소개했다.

이러한 변화는 AI가 지닌 세가지 특별한 능력에 기인한다. 첫번째는 '예측' 능력으로 말 그대로 특정한 값을 예측하는 것을 의미한다. 예를 들어, 중고차의 시세를 예측한다거나, 특정 제품의 수요를 예측한다거나, 조직 관리 측면에서 특정 사원의 성과를 예측하는 것이 가능하다. 두번째는 '분류' 능력이다. 조직 관리 측면에서 퇴사 가능성이 높은 직원을 분류하거나 장비 고장 여부를 분류하는 등의 예가 대표적이다. 마지막 AI의 능력은 바로 '추천' 능력이다. 이는 일상에서 쉽게 접할 수 있다. 유튜브나 넷플릭스에서 AI가 추천해주는 콘텐츠를 보는 것이 대표적인 예라고 할 수 있다. 그렇다면 이런 AI의 특별한 능력이 마케팅의 핵심 요소라 할 수 있는 마케팅 믹스 4P(Product, Placement, Price, Promotion)의 세부 영역에서 구체적으로 어떻게 활용되고 있을까?

AI를 활용한 제품/서비스 개발

새로운 수요의 창출

수없이 많은 경우의 수를 고려해야 하는 어려움으로 인해 개발하는 것이 불가능했던 제품/서비스를 새롭게 탄생시키는 데 AI의 능력이 발휘되고 있다. 우리는 흔히 동물성 식품의 섭취를 제한하고 과일, 채소, 곡물 등 식물성 식품만을 섭취하는 사람들을 채식주의자(비건)라고 한다. 글로벌 채식주의자 인구가 점점 증가하고 있는 흐름 속에서 이들을 위한 우유를 만든다면 어떨까? 사실 비건들에게 우유는 '그림의 떡' 같은 음식이다. 그들 중에는 과거에 마셨던 우유의 맛을 그리워하는 사람도 분명히 있을 것이다. 두유나 곡물 우유는 맛이 별로라고 생각하면서도 동시에 채식주의자로서 정체성을 지키고 싶은 사람들을 위한 제품을 새롭게 개발해낼 수만 있다면 틈새시장을 효율적으로 공략해낼 수 있을 것이다.

AI가 그 일을 해냈다. 다양한 식물 성분을 조합해서 실제 성분은 우유가 아니지만 우유 맛으로 느껴지는 '우유 같지 않은 우유' 제품을 만들어낸 것이다. 제품명에서부터 우유가 아니라고 주장하는 '낫밀크'는 칠레 스타트업 낫코가 만들어냈는데, 제품 개발의 주인공은 주세페(Giuseppe)라는 AI이다. 주세페는 완두콩 속 단백질, 치커리 속 섬유질, 파인애플 주스 농축액, 코코넛 오일, 양배추 주스 농축액 등 복잡한 성분을 다양하게 조합해서 '실제 우유와 차이점을 구별하기 어려운 맛'을 개발했다. 이를 위해서 미국 농무부 데이터베이스 자료를 뒤져 수천수만 개의 레시피 조합을 만들어냈고, 레시피로 만든 가짜 우유를 사람들이 먹고 얼마나 실제 우유와 비슷하게 느끼는지에 대한 데이터들을 AI에게 학습시켰다. 그리고 6개월 만에 진짜 우유와 맛과 향, 질감, 식감까지 가장 비슷한 결과물, 즉 '황금비율'을 찾아낸 것이다. 아마 사람이 수작업으로 진행하려고 했다면 몇십 년이 걸렸을지도 모를 일이다. 현재 미국에서 판매되고 있는 낫밀크의 가격은 2리터 기준 5,000원인데, 수많은 비건 소비자들이 찾을 만큼 인기를 끌고 있으며, 아마존 평점은 5점 만점에 4.6으로 좋은 평가를 받고 있다.

낫밀크 (출처: 낫밀크 공식 홈페이지)

소비 트렌드 선도

FMCG(Fast Moving Consumer Goods) 분야는 소비자들이 자주 구매하고 접하기에, 최신 트렌드를 반영하는 것에 대한 중요성이 일반적으로 다른 업종보다 높다. 따라서 FMCG 업계에서는 새로운 제품을 개발하는 과정에 소비자 조사도 하고 내부에 축적된 데이터도 살펴보는 등 많은 노력과 시간을 투자한다. 문제는 이러한 과정을 거쳐서 제품을 출시하게 되면 힘들여 찾은 트렌드가 소위 한물간 트렌드가 되어버리는 상황이 생기기도 한다는 점이다. 그렇다고 검증 과정을 생략하고 제품을 개발하기에는 감당해야 하는 리스크가 만만치 않다.

만약 AI가 최신 트렌드를 분석해 트렌드를 선도하는 제품을 만드는데 도움을 준다면 어떨까? 펩시그룹은 AI를 통해 음식 트렌드 변화를 분석해 소비자들의 니즈를 선도하는 신제품을 개발하였다. 그들은 블랙스완데이터(Black Swan Data), 테이스트와이즈(Tastewise) 등 AI 분석 업체들과 협업해 트렌드 검색 플랫폼 '360 Always On'을 구축하였다. 이 플랫폼을 통해 일반인들이 소셜미디어에 게재하는 각종 음식 포스팅의 영향력을 분석하여 집에서 만들어 먹는 과일맛 소다 '버블리 드롭(Bubly Drop)' 등의 신제품을 개발하였다. 이 신제품들은 트렌드를 재빠르게 반영한 만큼 소비자로부터 좋은 반응을 얻고 있다.

빅데이터를 통해 개발된 소다스트림의 버블리 드롭
(출처: 소다스트림 공식 홈페이지)

AI를 활용한 혁신적 유통 전략

전통 기업에서의 변화

상품이나 서비스를 고객이 원하는 시점에 제공하는 유통 전략은 마케팅에서 매우 중요한 요소다. 마켓컬리가 혁신기업으로 인정받는 데에는 '신선식품은 온라인 배송이 불가능하다'는 인식을 깨고 새벽배송을 통해 고객이 원하는 시점에 제품을 배송하는 시스템을 구축해냈기 때문이다. 유통 전략 측면에서도 AI의 능력이 빛을 발하고 있다.

아마존은 드넓은 미국 전역에 배송망을 구축하고 이를 바탕으로 미국 내 온라인 전자상거래를 선도하는 선도기업으로 자리잡았다. 그리고 온라인을 넘어 오프라인까지 점점 더 영향력을 확대하고 있다. 실제로 아마존 이펙트*로 인해 오랜 역사를 자랑하는 백화점도, 전통 서점들도 아마존의 공세 앞에 무릎을 꿇었지만, 아마존 이펙트에 맞서 자신만의 영역을 구축해나가고 있는 기업이 있다. 바로 유통 공룡 월마트다. 월마트는 디지털 전환을 빠르게 이뤄낸 전통산업의 가장 대표적인 기업으로 이를 기반으로 유통 관점에서 다양한 혁신 서비스들을 만들어냈다. 가장 대표적인 것이 바로 익스프레스 딜리버리(Express Delivery) 서비스다. 이 서비스는 월마트 고객들의 90%가 매장의

★

아마존 이펙트(Amazon Effect) 세계 최대의 유통 기업인 아마존이 사업을 확장하고, 그 분야에서도 승승장구하면서 기존 기업들에게 안기는 공포를 뜻하는 신조어

15km 내에 거주하고 있다는 데이터 분석 결과에 기반하고 있다. 그리고 AI가 상품 재고, 배송용 차량, 직원들의 근무 상황, 교통, 기상정보까지 고려하여 가장 효율적인 배달 경로를 계산해, 주문 후 2시간 이내에 고객에게 전달할 수 있는 상품을 온라인에서 실시간으로 고객이 직접 확인하고 주문까지 할 수 있게 해주는 서비스다. 게다가 경쟁사인 아마존의 상품 가격보다 훨씬 더 저렴한 가격으로 제공하니, 고객 입장에서는 이 서비스를 선택하지 않을 수 없다.

업그레이드된 배달 서비스

미국에서 가장 혁신적인 IT기업인 애플과 구글보다 훨씬 더 빠른 속도로 시가총액이 늘어난 기업은 어떤 기업일까? 아마 또다른 혁신 IT 기업을 떠올리겠지만, 도미노피자가 바로 그 주인공이다. 시장에서 도미노피자의 기업가치를 이렇게 높게 평가하는 이유는 바로 디지털 트랜스포메이션을 빠르게 이뤄냈으며, 이를 바탕으로 유통망에서 AI의 능력을 활용한 다양한 서비스를 제공하고 있기 때문이다. 도미노피자는 매장별로 근무중인 작업자의 주문 수, 현재의 교통 상황 등의 변수들을 반영해 배달 소요시간을 예측하는 AI 모델을 만들어서 주문 시간 예측 정확도를 75%에서 95%로 높였다. 배달의민족이나 쿠팡이츠에서 배달 현황과 예상 시간을 보여주는 것과 유사한 서비스를 제조사에서 독자적으로 구현한 것이다. 더불어 2021년에는 AI 기술을 적용한 수요 예측으로 매장 개설 위치와 시점을 결정하고, 매장별로 피자 주문 건수를 예측해 이에 따라 사업자 수를 늘리거나 줄이는 시스템까지 선제적으로 도입하면서 AI 기반의 기업으로 다시 태어나고 있다.

자동화 유통 시스템의 적용

'극한알바'로 악명 높은 택배 상하차 아르바이트도 조만간 사라질지 모르겠다. 영국의 온라인 슈퍼마켓 '오카도(Orcado)'는 AI 기반 로봇을 활용해 물류 시스템을 완전히 자동화하여 코로나19 기간 동안 늘어난 온라인 구매 수요에 적절히 대처해 매출이 전년 대비 20%나 증가했으며, 주문을 주기적으로 하는 활성화 고객 수도 77만 명가량에 이를 정도로 빠르게 성장하고 있다. 오프라인 매장이 하나도 없는 상태로 2000년에 처음 비즈니스를 시작했던 이 기업은 이제 2,300여 대의 로봇과 물류 자동화 알고리즘을 활용하고 있다. 오카도 물류센터는 AI가 고객의 주문량과 재고를 실시간으로 모니터링하고, 주문이 이뤄지는 즉시 AI 기반 로봇이 물류창고에서 상품을 찾아 신속하게 포장해서 바로 배송할 수 있도록 하는 선진화된 유통망 시스템을 갖추고 있다.

오카도 물류센터
(출처: 오카도 공식 유튜브)

AI를 활용한 정교한 가격 전략

실시간으로 가격 최적화

최근 들어 기업들은 가격에 대한 전략을 수립할 때에도 AI 활용도를 높이고 있다. 제품이나 서비스의 가격을 올릴 때 전체 수요가 얼마나 영향을 받는지와 관련한 AI 모델링 기반 시뮬레이션을 내부적으로 진행하고 제품 가격에 변동을 줄 때 중요한 참고자료로 사용한다.

최근에는 이를 넘어 제품, 서비스 가격을 유동적으로 바꾸는 다이내믹 프라이싱 전략을 적용하는 데 AI를 활용하고 있다. 떨이 세일이나 성수기 가격 적용과 같이 상황에 따라 가격을 변경하는 사례들이 있으나, 이는 특정 시간대나 조건에 미리 정해놓은 가격을 적용시키는 것에 불과하다. 다이내믹 프라이싱 전략은 수요와 공급 등 가격에 영향을 미치는 다양한 요소를 고려해 실시간으로 가격을 최적화시키는 것을 의미한다.

최근 경쟁업체의 가격, 수요와 공급, 제품 생애주기 등 다양한 데이터들을 학습시킨 AI가 다이내믹 프라이싱을 현실에 적용하는 사례가 생겨나고 있다. 온라인 플랫폼 기업들이 가장 대표적이다. 쿠팡에서는 온라인쇼핑몰에서 판매되고 있는 상품의 가격을 AI가 24시간 모니터링하고, 타 쇼핑몰에서 쿠팡의 판매가보다 저렴한 상품이 있는 경우 해당 상품의 가격을 동일하게 또는 조금 낮게 변경한다. 이것이 바로 쿠팡에 유난히 최저가가 많다고 소비자들이 느끼는 비결이다. 카카오도 마찬가지다. '카카오T대리'는 지역별 수요/공급을 AI가 계산해 적정 대리운전 요금을 고객에게 제시한다. 예를 들어, 날씨가 맑은 날 붐비지 않는 시간대에 대리기사 매칭을 원하게 되면 AI가 3만 원을 제시할 수도 있고, 비가 오는 날 피크 시간대인 9~10시에 이용하고 싶다면 4만 2,000원을 제시할 수도 있는 것이다. 이는 매칭 가능성을 AI가 예측하고 분석한 결과를 실시간으로 반영한 것이다.

AI를 활용하여 가격을 제안하는 카카오T대리
(출처: 카카오T대리 AI편 광고)

플랫폼 기업뿐 아니라 오프라인 기업도 동일한 전략을 적용하기 시작했다. 2021년 6월에 문을 연 밀키트 전문점 '프레시스토어'는 냉동, 냉장 자판기 12대를 사용해 200여 종의 밀키트를 판매하고 있는데, 재미있는 점은 상품 가격이 계속 변한다는 점이다. 시간대별로 어떤 물건이 많이 팔렸는지, 유통기한이 얼마나 남았는지를 AI가 지속적으로 체크한다. 그리고 이를 반영하여 자판기에 디지털로 표시된 상품 가격이 실시간으로 변한다.

오프라인 매장 기반 기업들도 이를 도입하기 위해 적극적인 움직임을 보이고 있다. 다이내믹 프라이싱이 가능해지면 폐기되는 상품이 감소되며 이로 인한 비용 절감 효과가 크기 때문이다. 이제 폐기가 임박한 상품만 따로 모아서 저렴하게 파는 것이 아니라, 실시간으로 유통기한이 얼마나 남았는지에 따라 가격이 천차만별이 되는 시대가 찾아올 수도 있다. 실제로 이스라엘의 스타트업 웨이스트리스(Wasteless)는 남은 유통기한에 따라 소비자들이 가격을 얼마나 더 지불할 용의가 있는지에 대한 행동 데이터, 거주지역, 시간대, 대체재, 재고 상태 등 40~50여 가지의 변수를 AI 알고리즘에 학습시켜서 이를 오프라인 매장에 성공적으로 적용시켜나가고 있다. 유럽의 일부 오프라인 매장에서도 고기와 우유 등 신선식품 카테고리를 중심으로 다이내믹 프라이싱을 선제적으로 적용하고 있으며 이러한 형태의 매장을 점차 확대할 예정이다.

AI를 활용한 커뮤니케이션활동 최적화/효율화

개인 성향에 맞춘 최적화된 광고물 노출

커뮤니케이션 측면에서는 AI가 어떻게 활용되고 있을까? 2019년에 나이키에서 AI가 만든 광고를 선보였고, 렉서스에서도 유사한 형태의 광고를 선보였다. 당시에는 기계가 인간을 대체할 수 있는 가장 마지막 영역에 대한 도전이라는 측면에서 많은 주목을 받았지만, 여전히 사람들에게 주목받는 광고캠페인은 대체로 기계가 아닌 인간인 크리에이티브 디렉터(Creative Director)들의 제작물이라는 점에서, 역시나 감성적인 크리에이티브 영역은 AI 대비 인간들이 가질 수 있는 우위 영역으로 당분간 남아 있을 것으로 보인다. 실제로 커뮤니케이션 차원에서 AI의 활용도가 점점 더 높아지고 있는 영역은 커뮤니케이션 집행의 최적화, 효율화 측면이다.

동일한 광고 영상이라도 TV광고는 불특정 다수를 대상으로 하기 때문에 개인 성향에 맞춰서 세부 콘텐츠를 변형시키는 것이 어렵다. 반면, 디지털 영상 광고물의 경우에는 하나의 광고물을 기반으로 내레이션 보이스, 자막, 지역이나 구매 관여도를 고려한 세부 문구, 영상 배경, 색감, 글꼴, 글꼴 색깔 등등 세부적인 요소들을 조정해 개인별 니즈를 고려한 특화 광고물로 만드는 것이 가능하다. 이는 '어떻게 하면 고객들에게 광고물을 효율적, 효과적으로 노출할 수 있을까?'라는 최적화에 대한 고민에서 비롯된 것으로, 최근 이를 가능케 하는 디지털 광고 솔루션 상품을 많은 기업에서 경쟁적으로 내놓고 있다.

IBM에서 AI를 기반으로 내놓은 '왓슨 애드버타이징 액셀러레이터(Watson Advertising Accelerator)'라는 솔루션은 하나의 동영상 광고물을 수백 혹은 수천 개의 동영상의 조합으로 구성하고, 타깃 고객 개개인의 니즈에 맞추어 광고물에 대한 도달 및 반응 효율을 높이는 것이 가능하다. 예를 들어, 분당구에 거주하면서 축구를 좋아하고, 초록색 배경과 여자 성우가 내레이션한 광고물에 상대적으로 좋은 반응을 보였던 사람이 있다고 해보자. 이 사람에게 노출되는 광고 영상 말미에 '탄천의 아름다움을 즐기는 당신에게'라는 지역 특성을 고려한 문구를 넣을 수도 있고, 축구를 좋아하는 성향을 고려해 광고 영상 뒷배경에 축구 스타디움을 넣을 수도 있으며, 여성 내레이션을 넣은 광고물을 노출할 수 있다. 이런 식으로 같은 광고물이라고 할지라도 수많은 최적화 변경 사항(Variation)을 적용한 광고물을 타깃 고객 개개인에게 노출할 수 있도록 하는 솔루션들이 최근 디지털 광고업계에 도입되고 있다. 이는 AI가 타깃 행동의 예측과 분석을 통해 커뮤니케이션 타깃을 심층적으로 이해하고, 각 개인의 니즈를 고려한 최적화된 광고물을 노출하는 전 과정을 관할하는 능력을 갖고 있기 때문이다.

이러한 트렌드는 디지털 광고업계에서 빠르게 퍼져나가고 있으며, 최소한의 비용으로 최대한의 효과를 얻어야 하는 광고주 입장에서 매력적인 선택지로 자리잡고 있다. 실제로 쉐보레 트레일블레이저가 미국에서 론칭한 디지털 광고캠페인에서 CTR*라는 핵심성과지표를 100% 증대시켰고, 마스터카드, CVS Health 등 다양한 기업들이 이 솔루션을 적극적으로 활용하면서 디지털 광고 최적화를 위한 노력을 전개하고 있다.

★

CTR(Click Through Rate) 광고를 본 사용자가 해당 광고를 클릭하는 빈도의 비율. 광고가 클릭된 횟수를 광고가 게재된 횟수로 나누게 되면 CTR 값을 도출 가능. 수치가 100%에 가까울 수록 좋은 성과를 의미

기업들이 하는 다양한 활동 가운데 마케팅은 기본적으로 고객들의 니즈를 이해하고 그들의 니즈를 충족시켜줄 수 있는 제품과 서비스를 고객들이 구매할 수 있도록 설득하는 과정으로, 다른 어떤 영역보다도 특히 소비자와 맞닿아 있는 접점이 많다. AI는 이러한 마케팅활동을 이전보다 더 효율적으로 하게 하는 데 많은 도움을 줄 것으로 전망된다. 실제로 딜로이트가 2020년에 실시한 'AI 글로벌 얼리 어답터 대상의 설문조사'에 따르면, AI 활용을 통해 달성하고 싶은 비즈니스 목표 상위 5개 중 3개가 마케팅과 관련된 것이다.

앞서 다양한 사례에서 살펴본 것처럼 AI를 활용한 마케팅은 무궁무진한 활용 가능성이 존재한다. 하지만 이는 AI 활용 수준이 아직은 고도화되어 있지 않다는 의미도 된다. 또한 AI 활용의 단기적인 성과에 천착하는 경우도 발생한다. 실제로 콜센터 상담원을 대상으로 한 AI 기반 서비스가 최근 론칭했는데, 상담 직원의 단어와 어조, 말하는 속도 등을 분석해 문제가 나타나면 AI가 즉각적으로 반응하며 '좀더 공손해지세요'라는 식으로 조언을 한다고 한다. 단기적으로 고객들의 불만은 줄어들 수 있지만 상담원 입장에서 느낄 수 있는 자존감 저하를 생각하면 중장기적으로 오히려 효율이 저하될 수 있는 가능성이 더 높다. AI를 활용한다는 그 자체 또는 AI 활용을 통해 기대되는 단기적 성과보다는 중장기적인 비즈니스 목표를 달성하는 관점에 집중해 아직은 고도화되어 있지 않은 AI 활용 수준을 어떻게 하면 높일 수 있을지에 대해 깊은 고민이 필요한 시점이다.

“

기업은 **AI를 활용**해 **고객의 니즈**를
심층적으로 이해·예측해 제품을 만들고,
가격을 정하고 최적화된 광고와
유통 전략을 세운다.
이제는 단기적 성과보다 **중장기적인**
비즈니스 목표를 달성하는 관점에 집중해
AI 활용 수준을 어떻게 하면
높일 수 있을지에 대해
깊은 고민이 필요한 시점이다.

”

스페셜 리포트

비즈니스 현장의 마케팅 전문가들이 주목한
라이프스타일 인사이트

So Far So Cool 2022:

쿨함에 대하여

아날로그와 디지털을 모두 경험한 1970년대생(이하 70년대생)과 태어나면서부터 디지털 세상에서 자란 2000년대생(이하 00년대생)은 '쿨(Cool)'함을 어떻게 느끼고 있을까? 어떤 브랜드를 쿨하다고 생각할까? 지난해에 이어 이노션월드와이드는 쿨함의 의미와 브랜드 '쿨니스(Coolness)'에 대한 조사를 진행했다. 올해는 성장환경과 문화가 다른 세대별로 쿨에 대한 인식을 보다 더 심층적으로 살펴보기 위해 15~49세까지 연령대를 넓혀 남녀 1,211명을 대상으로 질문을 하였으며, 전년 대비 쿨함에 대한 인식 변화를 살펴보았다.

연령대별로 공통적으로 생각이 겹치는 부분도 있지만 조금씩 다르게 인식하고 있는 부분도 나타나 본 스페셜 리포트를 통해 내 또래들은 쿨에 대해 어떤 생각을 가지고 있는지, 다른 연령대에서는 어떻게 생각하고 있는지 확인해볼 수 있을 것이다. X세대, MZ세대 등의 세대 구분이 있지만, 명확하고 쉽게 구분할 수 있는 출생 연도별로 쿨에 대한 인식과 쿨한 브랜드를 지금부터 소개한다.

©Collin Armstrong, Unsplash

‘쿨하다’는 것은 어떤 의미일까?

‘쿨하다’의 의미 탐색

쿨하다는 말을 얼마나 많은 사람이 알고 이용하고 있을까? 설문을 진행한 1,211명의 사람들 중 약 76% 정도가 쿨하다라는 말을 알고 있다고 응답했다. 이는 작년 결과인 78%와 유의미한 차이를 보이지 않는 유사한 수준이다.

그렇다면, 쿨하다에 포함되어 있는 의미에는 어떤 것들이 있을까? 연령에 관계없이 공통적으로 ‘솔직하다’, ‘자유롭다’, ‘신선하다’, ‘가식없다’, ‘개성적이다’ 등이 쿨함을 표현한다고 응답했다. 이는 쿨하다고 하면 새롭고 솔직하고, 자유로운 느낌을 준다고 해석할 수 있으며, 자신만의 개성을 당당하게 드러내는 것을 쿨한 느낌으로 받아들인다고 할 수 있다. 전반적으로 쿨함에 대한 해석은 전년과 크게 다르지 않은 것으로 나타났다.

‘쿨하다’라는 단어를 알고 계십니까?

연령대별로 자세히 살펴보면, 쿨함에 대해 조금씩 인식이 다르다는 것을 알 수 있다. 예를 들면, 70년대생은 쿨함을 가장 잘 표현하는 단어로 '자유롭다'를 선택했지만, 80년대생은 '솔직하다', 90년대생은 '신선하다', 00년대생은 '센스 있다'를 선택했다. Top 5 키워드 기준으로 살펴보면, 흥미롭게도 70년대생에게는 '개성적이다'라는 키워드가 유일하게 들어가 있으며, Top 10 키워드 기준에서는 '고정관념이 없다'도 포함되어 있는 것을 확인할 수 있었다. 70년대생에게 쿨함이란 마치 히피문화처럼 자유롭고 솔직하면서도 개성이 있는 이미지를 연상시키는 것이다. 한편 80년대생에게 쿨함은 솔직하고 자유로운 측면에서는 다른 세대와 유사하나 '소신 있다'는 키워드가 Top 10 안에 들어간 것을 주목해볼 만하다. 소비, 문화, 여론 등 모든 측면에서 주도적인 역할을 하고 있는 80년대생에게 쿨함은 자유롭고 솔직하면서도 자기 소신을 분명히 드러내는 것을 의미하는 것이라고 해석할 수 있다. 또한 90년대생은 신선하고 가식 없는 자유로움을 추구하면서도 자신감을 잃지 않는 모습을 쿨하다고 생각하는 경향이 있다. 00년대생은 타 연령층과는 달리 '센스 있다', '여유 있다'와 '트렌디하다'를 Top 5 키워드로 꼽았다. 이러한 조사 결과를 볼 때 이들에게 쿨함은 윗세대

연령대별 '쿨하다'의 의미

[n=1,211, 단수응답, 단위: %]

1970년대생	1980년대생	1990년대생	2000년대생
자유롭다	솔직하다	신선하다	센스 있다
신선하다	자유롭다	가식 없다	신선하다
솔직하다	신선하다	자신 있다	여유 있다
가식 없다	가식 없다	자유롭다	자유롭다
개성적이다	자신 있다	솔직하다	트렌디하다
트렌디하다	개성적이다	개성적이다	감각 있다
고정관념이 없다	소신 있다	감각 있다	개성적이다
자신 있다	활기 있다	트렌디하다	솔직하다
센스 있다	트렌디하다	활기 있다	활기 있다
감각 있다	감각 있다	세련되다	세련되다

와는 다른 이미지를 가지고 있음을 알 수 있다. 이들에게는 솔직하고 가식이 없는 이미지보다 센스 있으면서도 자신만의 여유가 있고, 트렌디한 것들이 더 쿨하게 느껴지는 것이다. 이 외에도 Top 10 안에 '감각 있다', '세련되다', '개성적이다' 같은 키워드들이 포함된 것을 보면 00년대생들에게 쿨함은 자신감 있고 자유분방한 것보다는 멋스러움에 더 가까운 것임을 알 수 있다.

가장 쿨한 유명인

쿨하다는 표현을 여러 상황에서 사용할 수 있지만, 일반적으로 성격이나 관계를 설명할 때 쿨한 사람, 쿨한 사이 등과 같이 표현하는 경우가 많다. 방송에서 누군가 쿨한 모습을 보이면 수많은 뉴스와 소셜미디어에서 쿨하다고 회자된다. 올해는 연예인뿐 아니라 유명인으로 대상 범위를 넓혀서 조사를 진행했고, 그 결과 배구선수 김연경이 가장 쿨한 이미지를 가진 것으로 나왔다. 개최가 연기되고 결국에는 무관중으로 치러진 하계올림픽에서 김연경은 시원한 언행과 세계 정상급 실력으로 대중을 열광시켜 올해 가장 쿨한 유명인으로 뽑혔다.

2위는 작년과 동일하게 유재석이, 3위는 이효리가 선정되었다. 유재석은 화제성 높은 TV프로그램 〈놀면 뭐하니?〉에서 다양한 부캐로 꾸준히 활약하며 사람들에게 신선한 재미를 주고 있고, 이효리는 감각적인 스타일과 센스 있는 언행으로 쿨한 이미지를 주고 있다.

쿨한 유명인(연예인, 스포츠 스타, 유튜버 등)이라고 하면 누가 떠오릅니까?

[n=1,211, 단수응답, 단위: %]

12.1%	7.7%	5.9%
"김연경"	"유재석"	"이효리"

가장 쿨한 장소

사람들은 쿨한 장소로 바다, 수영장, 워터파크 등과 같이 휴가나 여행이 연상되는 곳을 가장 먼저 떠올렸다. 다음으로 서울에서 젊은층이 많이 찾는 대표적 번화가인 홍대, 강남, 이태원, 한강 등의 구체적인 지명이 나왔고, 카페, 백화점 등의 도심 상업 시설도 쿨한 장소로 많이 언급되었다. 이는 사람들이 일상을 벗어난 장소에서 느낄 수 있는 신선하고 자유로운 분위기를 풍기고, 유흥과 여가를 즐길 수 있는 트렌디하고 감각 있는 장소를 쿨한 곳으로 여기고 있음을 보여준다.

연령대별로는 70~80년대생은 제주도라고 응답한 비율이 높아 휴가나 여행의 느낌을 좀더 쿨하다고 여기는 경향을 보였고, 90~00년대생은 백화점을 쿨한 장소 중 하나로 응답했는데, 이는 최근 백화점들이 새롭게 시도하는 미래형 백화점 콘셉트가 젊은 소비자에게 통한 것으로 보인다.

(출처: 제주특별자치도 공식 인스타그램)

(출처: 더현대서울 공식 인스타그램)

쿨한 느낌을 주는 산업과 브랜드는 무엇일까?

쿨한 산업

쿨하다고 인식되는 산업 분야는 전년과 유사하게 패션, 모바일 기기, IT 산업 등이 높은 순위에 있으며, 전년 대비 쿨한 산업이라는 인식이 다소 높아진 산업은 엔터테인먼트, 자동차, 스포츠이다.

최근 패션계에서는 혁신적인 친환경 소재를 도입하거나 다양한 컬래버레이션 등을 통해 새로운 시도를 하고, 광고 전면에 다양한 인종과 체형의 모델을 등장시켜 자유롭게 자신을 표현하고 고정관념을 없애는 방향으로 쿨한 이미지를 이끌고 있다. 가젯* 상품의 영향으로 새롭고 트렌디한 느낌을 주는 모바일 기기, IT 산업이 쿨하다고 인식되는 경향이 높은 것은 당연한 결과라고 볼 수 있다.

엔터테인먼트, 자동차, 스포츠 분야는 80년대생들의 높은 지지에 힘입어 올해 순위가 상승했다. 엔터테인먼트산업은 AI와 메타버스 콘텐츠를 적극적으로 활용하고, K팝과 드라마의 높아진 위상으로 쿨한 이미지를 높인 것으로 보인다. 자동차산업은 전기차, 자율주행, 모빌리티 솔루션으로 전통적인 제조업에서 벗어나 첨단산업으로 방향을 전환하고 있는 점이 소비자에게 쿨한 이미지를 심어주고 있다. 스포츠 분야

★

가젯(Gadget) 혁신적인 기술이 적용되어 크기가 작아지고 성능이 뛰어난 작은 기계장치나 도구, 부속품 등을 가리킴

는 하계올림픽을 통해 스포츠과학과 첨단기술을 활용한 훈련법 등이 많이 소개되었고, 무엇보다 승부에 집착하지 않고 경기를 즐기는 선수들의 모습에서 쿨한 이미지가 상승했다고 볼 수 있다.

연령대별 차이를 보면, 90년대생은 패션, IT 산업, 스포츠 분야를, 00년대생은 화장품, 식품, 음료, 방송 분야를 쿨하다고 응답한 비율이 높은 것이 눈여겨볼 만한 현상으로 보인다.

다음 각 분야들 중에서 쿨하다고 평가할 수 있는 분야를 모두 선택해주세요.

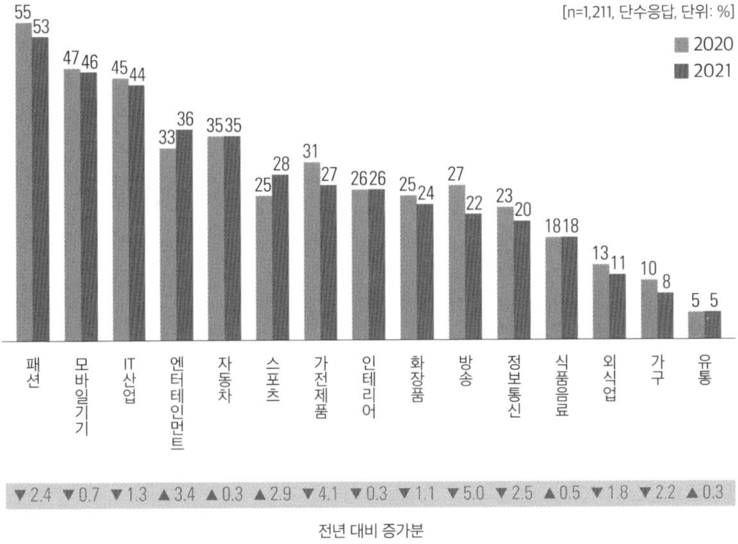

쿨한 브랜드

사람들은 전년과 동일하게 쿨하다고 생각하는 브랜드에 삼성과 애플이라고 가장 많이 응답했다. 특히 삼성은 가장 쿨한 브랜드로 선정됐는데, 이는 폴더블폰인 Z폴드3와 Z플립3의 출시와 개인의 취향대로 선택할 수 있는 맞춤형 가전인 비스포크 시리즈의 폭발적인 인기로 삼성이 디자인 혁신을 주도한다는 인상을 강하게 준 영향으로 보인다. 전년도에

쿨하다고 생각하는 브랜드 TOP 10

순위	2020	2021
1	SAMSUNG	"없음"
2	"없음"	SAMSUNG
3	Apple	Apple
4	"모름. 기억 안 남"	NIKE
5	NIKE	kakao
6	LG	LG
7	오뚜기	Google
8	kakao	adidas
9	CHANEL Google	MUSINSA
10	CJ GUCCI	Coca-Cola
	[n=1,000, 자유응답, 단위: %]	[n=1,211, 자유응답, 단위: %]

이어 올해도 삼성은 쿨한 브랜드로서의 이미지를 탄탄히 구축하고 있다.

전자제품 브랜드인 삼성·애플·LG 이외에, IT 서비스 브랜드 카카오·구글, 그리고 스포츠용품 브랜드인 나이키가 전년도에 이어 Top 10 순위 안에 선정되었다. 올해에는 글로벌 브랜드인 아디다스와 코카콜라가 순위권에 들었는데, 특히 이중 나이키와 아디다스는 한정판 운동화, 다양한 브랜드와의 컬래버레이션 컬렉션 출시로 젊은층에게 주목을 받으며 사랑받는 브랜드로 자리매김하고 있다. 또한 인권, 환경 등 사회문제에 목소리를 적극적으로 냄으로써 사람들에게 쿨하다는 인식 역시 심어주고 있다.

나이키 인종차별 반대 캠페인
(출처: 나이키 공식 인스타그램)

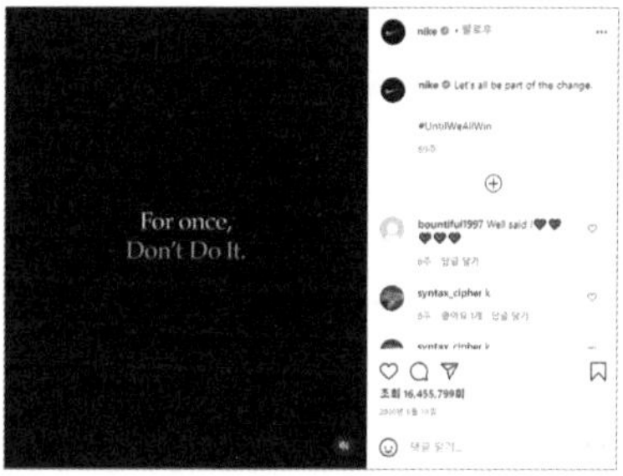

아디다스의 나이키 인종차별 반대 캠페인 리트윗

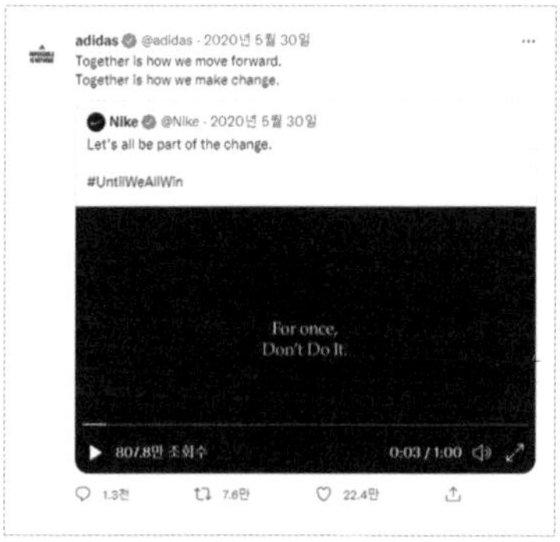

아디다스와 친환경 슈즈 브랜드 '올버즈' 컬래버레이션 컬렉션
(출처: 아디다스 트위터 공식 계정)

작년에는 순위권에 들지 못했으나 올해 Top 10 브랜드에 오른 무신사는 자신의 개성을 표현하기 위해 패션을 적극적으로 활용하는 젊은 소비자에게 매거진과 스냅 콘텐츠를 제공하여 신생 브랜드 발굴 및 감각적인 패션 트렌드 공유의 장을 열어주는 패션 플랫폼이다. 웹사이트에만 접속해도 최신 패션 스타일을 한눈에 살펴볼 수 있고, 주요 고객인 20~30대 남성에게 패션 전문성과 방송 퀄리티를 갖춘 차별화된 라이브커머스를 제공하는 점이 쿨한 이미지를 끌어올린 요인으로 볼 수 있다. 그뿐만 아니라 랜덤으로 추첨하여 저렴한 가격에 고가의 상품을 구매할 수 있게 하는 '래플'이나 한정판 마켓인 '솔드아웃' 등 독특한 아이디어로 소비자들의 많은 관심을 받았으며, 온라인 럭셔리 편집숍인 '무신사 부티크'와 오프라인 매장인 '무신사 오프라인 홍대'를 론칭하는 등 온오프라인 모두에서 새로운 도전을 이어가는 모습에 소비자들에게 쿨한 브랜드로 인식될 수 있었다.

코카콜라는 무라벨 제품을 확대하고, 사용한 음료 페트병으로 지속가능한 환경을 만드는 데 동참할 수 있는 캠페인을 오프라인과 메타버스 플랫폼에서 진행하여 자원순환, 플라스틱 감축과 같은 친환경 행보를 적극적으로 실시하고 있다. 이를 통해 코카콜라는 트렌드에 맞게 변화할 줄 아는 업계 대표 브랜드라는 쿨한 이미지를 전달한다.

연령대별로 선택한 쿨한 브랜드를 살펴보면, 70년대생은 삼성, LG와 함께 국내 대기업 브랜드인 CJ, SK를 쿨한 브랜드 순위 안에 포함시켰다. 이는 쿨한 브랜드에 대해 계속 구입해서 사용하고 싶고, 신뢰가 가는 브랜드라고 응답하는 등 쿨한 브랜드의 선정 기준으로 업계를 대표하는 브랜드력을 중요하게 고려하는 것이라고 해석된다. 다른 연령층과는 달리 개성적인 이미지를 쿨함에 포함시킨 70년대생들이 막상 쿨한 브랜드 선택에 있어서는 신뢰감에 더 높은 비중을 둔 것이다. 80년대생의 경우, 다른 세대와는 달리 코카콜라와 오뚜기를 선택한 것이 눈에 띄는데, 이 브랜드는 전년도에는 90년대생들에게 쿨한 브랜드로 꼽혔던 브랜드이나 올해는 80년대생들에게 더 긍정적인 평가를 받았다. 80년대생들은 계속 구입해 사용하고 싶은 매력적인 브랜드를 쿨한 브랜드로 인식하기 때문에 자신감 있게 새로운 시도를 하는 브랜드들을 긍정적으로 평가한 것이라 보인다.

반면, 전년도에는 80년대생에게 쿨한 브랜드로 선정된 스타벅스가 올해는 90년대생들의 선택을 받았다. 출시할 때마다 품절 대란을 일으키는 굿즈와 시즌 메뉴 등 끊임없이 새로운 아이디어를 내는 스타벅스에 높은 매력을 느낀 것으로 보인다. 마지막으로, 00년대생이 삼성과 애플을 동일한 수준으로 쿨하다고 생각하고, 구찌, 샤넬 등 명품 브

세대별 쿨 브랜드 Top 10

[n=1,211, 단수응답, 단위: %]

1970년대생	1980년대생	1990년대생	2000년대생
삼성	없음	없음	삼성·애플
없음	삼성	삼성	없음
애플	애플	애플	나이키
나이키	나이키	나이키	구글
LG	카카오	카카오	샤넬
카카오	LG	구글	구찌
CJ	코카콜라	스타벅스	아디다스
SK	아디다스	무신사	아모레퍼시픽
아디다스	오뚜기	아디다스	LG
구글	무신사	LG	자라

랜드와 아모레퍼시픽, 자라 같은 뷰티·패션 브랜드를 쿨한 브랜드로 선택한 것은 주목할 만하다. 이는 00년대생의 경우 센스 있는 이미지로 남들에게 주목받을 수 있고 자랑하고 싶은 브랜드를 쿨한 브랜드로 여긴다는 점이 브랜드 선정에 영향을 미친 것으로 볼 수 있다. 또한 이들은 다른 브랜드보다 비싸더라도 구입하고 싶고 선망하는 브랜드를 쿨하다고 인식하는 경향이 있으며, 다른 세대와 달리 브랜드의 신뢰성은 쿨한 브랜드로서의 인식에 그다지 중요한 영향 요인이 아닌 것으로 나타났다.

연령대별로 비교해보면, 젊은 세대일수록 쿨한 브랜드를 더 매력적이고 주목받는 브랜드로 인식하는 경향이 있다. 그렇기 때문에 선망하는 브랜드가 쿨하다는 인식이 형성될 수 있는 것이다.

쿨한 브랜드에 대한 각 세대별 동의도

[n=1,211, 단수응답, 단위: %]

1970년대생		1980년대생		1990년대생		2000년대생	
신뢰 가는 브랜드	81.5	계속 구입해 사용하고 싶은 브랜드	79.9	매력적인 브랜드	79.0	매력적인 브랜드	76.3
계속 구입해 사용하고 싶은 브랜드	81.5	매력적인 브랜드	79.6	신뢰 가는 브랜드	76.9	주목받는 브랜드	74.2
매력적인 브랜드	79.1	주목받는 브랜드	78.0	주목받는 브랜드	75.1	계속 구입해 사용하고 싶은 브랜드	73.3
주목받는 브랜드	77.7	신뢰 가는 브랜드	77.6	계속 구입해 사용하고 싶은 브랜드	73.5	다른 브랜드보다 비싸더라도 구입하고 싶은 브랜드	66.5
다른 브랜드보다 비싸더라도 구입하고 싶은 브랜드	71.6	다른 브랜드보다 비싸더라도 구입하고 싶은 브랜드	70.3	선망하는 브랜드	69.6	선망하는 브랜드	65.6

한편 지난해 4위를 차지했던 '모름. 기억 안 남' 응답의 경우 올해는 순위권 밖으로 밀려났으나, '쿨하다고 생각하는 브랜드가 없다'는 응답이 전 연령대에서 높게 나왔으며, 전체 순위에서도 '없음'이 1위로 지난해보다 더 높은 순위를 차지하였다.

약간의 순위 차이는 있으나 전 연령층의 소비자가 쿨하다고 생각하는 브랜드는 매력적일 뿐 아니라 신뢰할 수 있고 주목을 이끄는 브랜드로, 다른 브랜드보다 비싸더라도 계속 구입하고 싶은 브랜드이다. 이렇게 긍정적인 인식이 있음에도 사람들에게 쿨한 이미지를 연상시키는 대표적인 브랜드가 없다는 것이 기업들에게 여전히 기회이자 과제로 남겨져 있다는 것을 보여준다. 물론 쿨한 이미지를 구축하기에 유리하지 않은 분야도 있지만, 앞서 쿨한 브랜드 사례에서 보듯이 브랜드 고유의 색깔이 있고 새로운 트렌드를 이끄는 상품과 마케팅활동이 결합된다면 소비자들은 분명 변화된 브랜드의 행보에 관심을 가질 것이다.

©Sandra Grünewald, Unsplash

쿨함을 하나의 단어로 정의하기에는 너무나 많은 이미지를 내포하고 있다. 힙함과 비교하면 생각보다 일상어로는 자주 쓰지 않는 단어이지만, 쿨한 브랜드라 했을 때 소비자들이 느끼는 매력은 분명히 존재한다. 전년도 결과와 올해 결과를 종합해보면 소비자들은 전반적으로 자기만의 색깔을 가지고 자신감 있는 브랜드의 모습에서 쿨함을 느끼는 것으로 나타났으나, 쿨함에 대한 연령대별 인식은 조금씩 차이가 있는 것을 확인할 수 있었다. 특히 젊은 연령대의 소비자일수록 쿨함을 느끼는 지점이 솔직하고 자유로운 이미지보다는 더 새롭고, 세련되고, 트렌디한 이미지로 변화하고 있었다. 이러한 결과는 지금 쿨하게 느껴지는 브랜드라도 트렌드에 맞게 변화하지 않으면 언제든 소비자의 마음에서 멀어질 수 있다는 시사점을 제공한다.

아마 앞으로도 쿨의 의미는 제자리에 머무르지 않을 것이다. 그러므로 내년에도 이노션은 사회와 소비자의 라이프스타일 변화 양상을 주의깊게 살펴보고, 트렌드를 연구하여 시대 변화에 맞는 쿨함을 이야기할 수 있도록 노력할 것이다.

"

소비자가 **쿨하다**고 생각하는 브랜드는
매력적일 뿐 아니라 **신뢰할 수 있고**
주목을 이끄는 브랜드로,
다른 브랜드보다 비싸더라도
계속 구입하고 싶은 브랜드이다.

"

친절한 트렌드 뒷담화 2022
마케팅 전문가들이 주목한 라이프스타일 인사이트

초판 1쇄 2021년 10월 20일
초판 3쇄 2022년 1월 12일

지은이 김나연 이상길 류현준 김태원 허은정 김은영 권정주 이현명
이지희 정승철 전준석 정다운 윤현중 김승지 이애린 이우빈

편집 김승주 정소리 이희연 **디자인** 디자인판 **저작권** 박지영 이영은 김하림
마케팅 정민호 배희주 김선진 **홍보** 김희숙 함유지 이소정
제작 강신은 김동욱 임현식 **제작처** 상지사

펴낸곳 (주)교유당 **펴낸이** 신정민
출판등록 2019년 5월 24일 제406-2019-000052호

주소 10881 경기도 파주시 회동길 210
전화 031.955.8891(마케팅) 031.955.2680(편집) 031.955.8855(팩스)
전자우편 gyoyudang@munhak.com

인스타그램 @thinkgoods **트위터** @thinkgoods **페이스북** @thinkgoods

ISBN 979-11-91278-76-7 03320